HIC SUNT DRACONES

ATLAS
DER LEGENDÄREN LÄNDER

VON ATLANTIS BIS ZUM GARTEN EDEN

Von Judyth A. McLeod

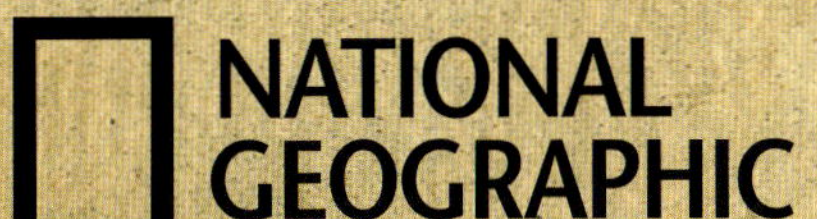

Widmung

Für Keith, der mit mir auf viele Reisen zu entlegenen Welten geht und die Faszination ihrer Geschichten teilt.

Inhalt

Frontispiz: „Hic sunt dracones" – Die Erde als Scheibe, mit hinabstürzenden Schiffen und lauernden Monstern.
Seite 2: Eine Galeone inmitten eines Schwarms fliegender Fische, von Theodor de Bry.
Seiten 4–5: Mittelalterlichen Reiseberichten zufolge war der Ferne Osten von Drachen und anderen fremdartigen Bestien bewohnt.

Einführung

Versunkene Länder, wandernde Inseln, patagonische Riesen, die Quellen des ewigen Lebens, der Garten Eden ... Wenn dies für uns nach Fantasterei klingt, so ist es doch nur eine kleine Auswahl der Vorstellungen, die Kartographen vor nicht allzu langer Zeit von der Erde und ihren Bewohnern hatten. Dieses Buch erzählt die faszinierende Geschichte der Welt, wie sie nie war, aber wie die Kartenzeichner von einst sie sich ausmalten. Sie kannten nur wenige Fakten, dennoch versuchten sie, angetrieben von der Angst vor dem Unbekannten und gefangen in den Dogmen ihrer Zeit, ihren meist herrlich detailreichen Landkarten, auch außerhalb der ihnen bekannten Welt, eine sinnvolle Ordnung zu verleihen. Es scheint eine menschliche Angewohnheit, sich das Leben durch einen Hauch von Geheimnis interessanter zu machen und einen wohligen Schauer des Sich-Gruselns zu genießen. Die Fantasien des 21. Jahrhunderts ranken sich um Aliens, Welten außerhalb unseres Sonnensystems und Reisen zwischen den Dimensionen. Unsere Vorfahren waren da nicht viel anders: Sie erschufen in ihren Karten schreckliche Meere voller Seeungeheuer und fremdartige Länder, die nur auf ihre Entdeckung warteten.

Von der Zeit der frühesten Aufzeichnungen bis noch zum Beginn des 21. Jahrhunderts waren Karten und offizielle Forschungsberichte voll von Ungenauigkeiten, Irrtümern und absichtlichen Fehlinformationen. Bei der Erstellung früher Landkarten spielten Hörensagen und Gerüchte eine ebenso große Rolle wie fundierte Erkenntnisse, gewonnen durch militärische Eroberungen oder die Erkundungen früher Seefahrer und Reisender. Die intellektuelle Wüste, in der das mittelalterliche Europa durch religiöse Dogmen gefangen war, produzierte jahrhundertelang unglaubliche kartographische Irrtümer. Mangelnder technologischer Fortschritt, insbesondere das Fehlen von Methoden zur verlässlichen geographischen Positionsbestimmung, beeinträchtigte die Seefahrt noch lange nach Kolumbus und führte zu unzähligen kartographischen Fehlern. Nicht zuletzt entstand dadurch der Irrglaube, der nordamerikanische Kontinent, jene lästige Barriere, die Europa von den Reichtümern des Orients trenne, könne in einem Fußmarsch von wenigen Tagen durchquert werden.

Wissen war schon immer der Schlüssel zur Macht, und für viele europäische Staaten waren die neuen Territorien, die von risikobereiten Seefahrern entdeckt wurden, vor allem Schauplätze für ihre konkurrierenden politischen Machtansprüche. Schließlich lockten internationales Ansehen, Landerwerb und großer Reichtum. Allzu oft wurde dabei die Geschichte nach den jeweiligen politischen Interessen der Länder umgeschrieben. Viele herausragende Verdienste wurden zu diesem Zweck geschmälert oder gänzlich unterschlagen. Dieses Buch rückt einige dieser historischen Unwahrheiten wieder zurecht.

Die Welt ist ganz und gar nicht der beständige Ort, für den wir sie gern halten. Immer wieder ereignen sich Katastrophen wie Tsunamis, Erdbeben und Vulkanausbrüche, die ganze Landstriche zerstören und neu erschaffen. Aber auch Meteoriteneinschläge und extreme klimatische Veränderungen haben das Bild der Erde gewandelt. Einige dieser Naturereignisse haben sich innerhalb unserer Zeitrechnung abgespielt, andere sind uns nur mündlich überliefert, verborgen unter dem Mantel der Geschichte. Manche der untergegangenen legendären Länder wurden inzwischen mithilfe modernster Technologien wiederentdeckt. Mit diesen neuen Erkenntnissen werden wir in dem Buch unsere ungewöhnliche Reise in die Vergangenheit beenden.

So stellten sich unsere Ahnen die Welt vor: Europa, Asien sowie Afrika und darunter ein großer Südkontinent als Gegengewicht.

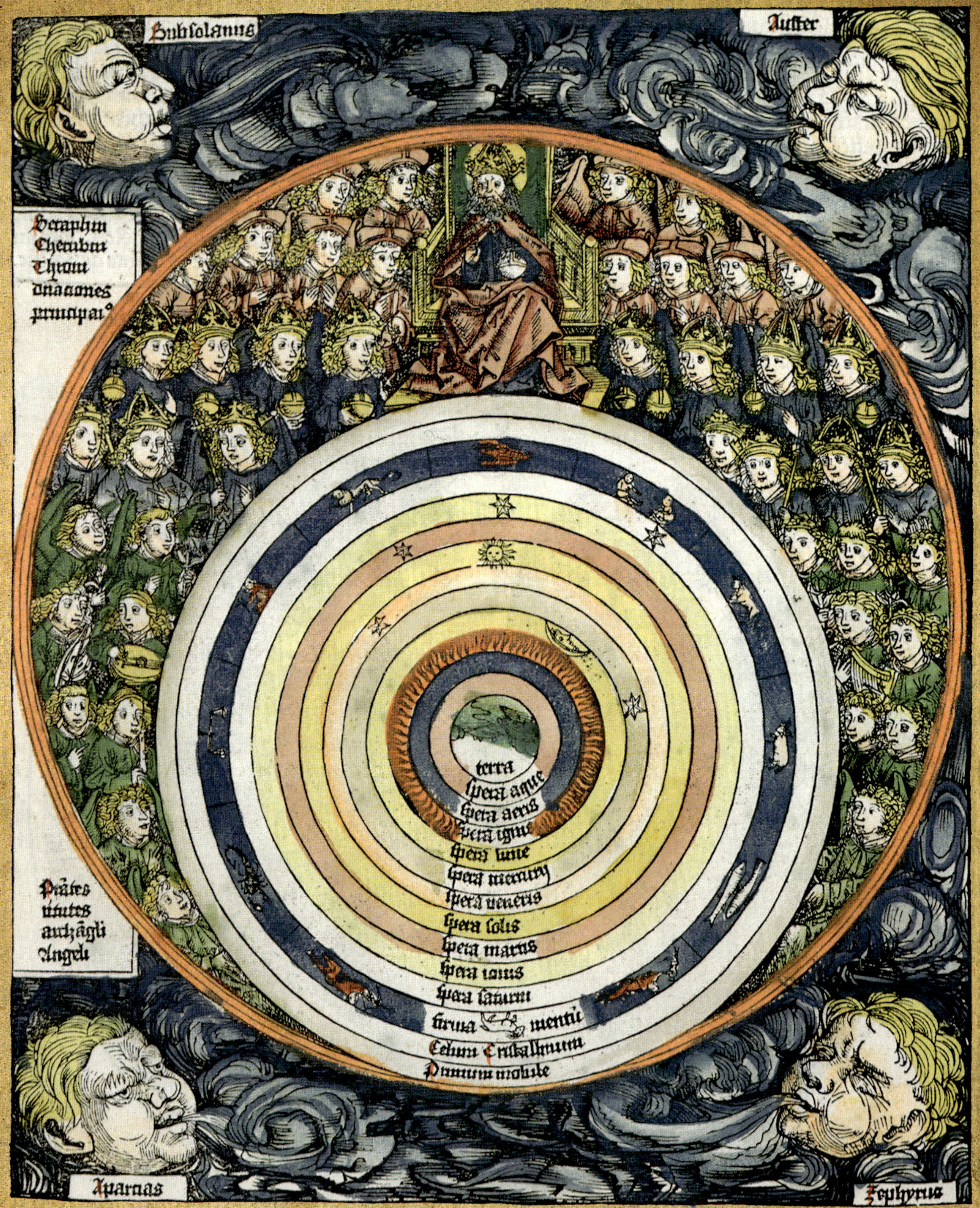

Subsolanus
Auster
Seraphin
Cherubin
Throni
dnaciones
principat9
Ptātes
vtutes
archāgli
Angeli
terra
Spera aque
Spera aeris
Spera ignis
Spera lune
Spera mercurij
Spera veneris
Spera solis
Spera martis
Spera iouis
Spera saturni
Firma mentu
Celum Cristallinum
Primum mobile
Aparctias
Zephyrus

Teil 1

Die Erfindung der Erde

Eine Welt aus Fantasie, Mathematik und Wissenschaft

Frühe Weltbilder

Die ersten Weltkarten

Die Kartographie des Mittelalters

Weltkarten der Entdeckerzeit

Die Kartierung der Südhalbkugel

LINKS: Das Universum nach Ptolemäus mit der Erde als Zentrum. Reproduziert in der „Nürnberger Chronik“ von Hartmann Schedel, 1493.

FOLGENDE SEITEN: Seefahrer bei der Positionsbestimmung mithilfe eines Sternhöhenmessers, einem Vorgänger des Sextanten, aus einer Pergamenthandschrift von Jacques Devaulx, 1583.

Ensuict · L

Par le Midi du solleil
Latitude long de lequin

ſtant en quelque terre eſtrange et nayant au
ſeroit Loy ſe puiſt ſervir du premyer baſ
quil fera le ſolleil eſtant a ſon midy la

moyen · de · scauoir · treuuer ·

c le premyer baston treuué Combien lon est de degrez de haulteur d
ial) et de longitude Long de da ligne Diametralle · &c · c · ∞ ·

nes Instrumentz propres pour treuuer la longittude & lattittude du lieu ou
treuué de quelque grandeur ou petittesse quil soit Et treuuer par lhom
gittude et lattitude du lieu ou lon est. Dont premyerement pou

Eine Welt aus Fantasie, Mathematik und Wissenschaft

Wie sah unsere Welt aus, als ihr allein durch die menschliche Vorstellungskraft Grenzen gesetzt waren? Jenseits der bekannten Länder rund um das Mittelmeer lag eine Welt voll unendlicher Möglichkeiten. Sie war bevölkert von seltsamen Mischwesen wie Zentauren und Mondfrauen, von Einhörnern und Greifen, feuerspeienden Drachen und riesigen Meeresungeheuern. Dort warteten sagenhafte Schätze, versunkene Inseln, ein lange verlorenes Paradies und die Quelle ewigen Lebens – einfach alles, wonach das menschliche Herz sich sehnt, aber auch alles, was den Menschen in seinen finstersten Albträumen heimsucht, konnte hinter dem verlockenden Horizont liegen. Entsprach die Theorie, dass die Erde eine flache Scheibe sei, der Wahrheit, gab es irgendwo einen gigantischen tosenden Wasserfall, wo die Ozeane der Welt hinabstürzten. Dort rissen sie alles in den schwarzen Abgrund, was dem Rand der Erde zu nahe kam, unvorsichtige Meereskreaturen und auch allzu wagemutige Seefahrer.

Zu einer Zeit, als man noch an solch wundersame Dinge glaubte, trat Claudius Ptolemäus das Erbe einer jahrhundertealten intellektuellen Tradition an, die versuchte, das Universum mithilfe von Logik zu verstehen. Ptolemäus war ein renommierter Astronom, brillanter Mathematiker – dessen Werk grundlegend für die Entwicklung der Trigonometrie war – und einer der größten Geographen aller Zeiten.

Vermutlich hatte Ptolemäus griechische Vorfahren. Er wurde um 90 n. Chr. im römisch besetzten Ägypten geboren und starb ungefähr im Jahr 160 n. Chr. in Alexandria. Die einzige sichere Zeitangabe, die wir aus seinem Leben kennen, sind die Jahre zwischen 127 und 148, die er in Alexandria verbrachte, dem Gelehrtenzentrum des alten Ägypten. Ptolemäus schrieb unzählige Bücher, darunter die „Mathematike Syntaxis" (Almagest), ein 13-bändiges Werk über Mathematik und Astronomie, die richtungsweisende „Geographia" (Geographie), der „Tetrabiblos" (Vier Bücher), ein Grundlagenwerk der Astrologie (damals ein ernst zu nehmender Wissenschaftszweig) sowie Werke über Musik, Optik, angewandte Mathematik und die Einteilung der Erde in Längen- und Breitengrade.

Ptolemäus' Forschung basierte auf den astronomischen und astrologischen Traditionen der Sumerer, der Babylonier, der Ägypter, des antiken und später des hellenistischen Griechenlands. Dieses Wissen wurde durch Handelsreisen und Eroberungsfeldzüge über Jahrhunderte hinweg im gesamten Mittelmeerraum und im Nahen Osten verbreitet. Ptolemäus übernahm das geozentrische Weltbild der Astronomie der Griechen, wie es auch Aristoteles vertrat. In ihm stand die Erde im Zentrum des Universums, umkreist von der Sonne, dem Mond und den fünf zur damaligen Zeit bekannten Planeten Merkur, Venus, Mars, Jupiter und Saturn (siehe Karte S. 10). Das sogenannte Ptolemäische System war lange Zeit bestimmend, schmeichelte es doch in einem nicht unerheblichen Maße dem menschlichen Ego und passte später hervorragend in das vom christlichen Glauben dominierte Weltbild des Mittelalters. Erst 13 Jahrhunderte nach Ptolemäus, im Jahr 1543, stellte Nikolaus Kopernikus die ketzerische These auf, dass die Planeten – darunter auch die Erde – die Sonne umkreisten.

Auch wenn sich das Ptolemäische Weltbild schließlich als falsch herausstellte, waren seine Schlussfolgerungen das Ergebnis mathematischer Logik. Durch komplexe Berechnungen konnte Ptolemäus die Position der damals bekannten Planeten mit erstaunlicher Genauigkeit bestimmen. Im „Almagest" veröffentlichte er ein Verzeichnis von 1022 Fixsternen und 48 Sternbildern sowie die „Handlichen Tabellen" mit einer Anleitung zur Berechnung der Positionen von Sonne, Mond und Sternen. Der „Almagest", veröffentlicht in drei Sprachen – Griechisch, Arabisch und Latein –, war bis Ende des 15. Jahrhunderts *das* astronomische Grundlagenwerk.

Die Astronomie war Ptolemäus' große Leidenschaft. So schrieb er einmal: «Ich weiß, dass mein Leben begrenzt ist. Aber wenn ich im Geiste die verschlungenen Bahnen der Sterne nachziehe, berühren meine Füße nicht länger die Erde, sondern ich sättige mich Seite an Seite mit Zeus selbst mit Ambrosia, der Speise der Götter.»

Seine astronomischen Schriften waren fast anderthalb Jahrtausende von größter Bedeutung, aber seine „Geographia" stellte diese noch in den Schatten. Hätte der Begriff damals existiert, wäre Ptole-

Das Werk des Ptolemäus behielt über 1000 Jahre lang großen Einfluss. Diese Initiale aus der Ulmer Ausgabe der „Geographia" von 1482 zeigt Ptolemäus bei der Koordinatenmessung von Himmelskörpern mit einer Armillarsphäre.

mäus ein Bestsellerautor gewesen, nicht nur zu Lebzeiten, sondern mindestens noch 14 Jahrhunderte nach seinem Tod. Die „Geographia" war jahrhundertelang das unangefochtene Standardwerk. Anfang des 15. Jahrhunderts wurde sie ins Lateinische übersetzt und den Kirchenoberhäuptern Papst Gregor XII. und Alexander V. gewidmet. Mitte des 16. Jahrhunderts galt der Besitz eines Exemplars der „Geographia" als Zeichen ersichtlichen Reichtums. Die wunderschön illustrierten, hauptsächlich in Florenz angefertigten und mit der Hand kolorierten Drucke wurden durch zahlreiche Karten ergänzt. Sie wurden nach Vorlagen von Ptolemäus gezeichnet, deren Originale aber im Lauf der Jahrhunderte verloren gingen. Die „Geographia" enthielt außerdem Berechnungen von Breitengraden (mit Maßangaben in Relation zum Äquator). Die Weltkarte des Ptolemäus war natürlich nicht die erste ihrer Art. Die älteste erhaltene Karte war zu seiner Zeit bereits etwa 700 Jahre alt. Doch genau wie sein geozentrisches Modell des Universums wurde auch Ptolemäus' Weltkarte (siehe Seiten 32 f.) zum Maßstab für alle künftigen Kartographen. Obwohl sich viele seiner Vorstellungen als falsch erwiesen, hatte seine Karte lange Bestand und einen bemerkenswerten Einfluss auf die Erforschung unseres Planeten.

Plinius und wie er die Welt sah

Wenn Ptolemäus den Stand der Wissenschaft des zweiten nachchristlichen Jahrhunderts repräsentiert, so steht Gaius Plinius Secundus, besser bekannt als Plinius der Ältere, stellvertretend für das gesammelte Wissen des vorhergehenden 1. Jahrhunderts n. Chr. Geboren in Norditalien zur Zeit der turbulenten Herrschaft von Kaiser Tiberius, war Plinius ein vom Seltsamen und Bizarren in der Natur faszinierter Sammler von Wissen. Von Botanik und Zoologie bis zu Astronomie, Ackerbau, Geologie, Geographie, Geschichte, Metallurgie und Magie war er an allem interessiert. Er war ein unersättlicher Leser. Von ihm stammt der Ausspruch, kein Buch auf der Welt könne so schlecht sein, dass er nicht irgendeinen Gewinn daraus ziehen könne. Plinius behauptete, in seiner „Naturgeschichte" aus insgesamt 2000 Werken von 100 ausgewählten Schriftstellern zitiert zu haben.

In Wahrheit untertrieb er mit dieser Bemerkung sogar noch: In einer Zeit, als das aufgeschriebene Wissen noch wenig verbreitet war und nur Privilegierte Zugang dazu hatten, zitierte Plinius 140 römische und über 330 weitere Schriftsteller.

Seine Vorliebe für Exotisches in der Natur teilte er mit den Menschen des hellenistischen Zeitalters (323–30 v. Chr.). Es war ein Zeitraum der Expansion, in dem sich die Griechen weit über den östlichen Mittelmeerraum hinauswagten. Sie entdeckten dort neue Länder und Kulturen sowie zahlreiche sowohl reale als auch imaginäre Wunder.

Plinius beschäftigte sich mit der Natur nicht als neutraler Wissenschaftler, sondern vielmehr wie ein Philosoph, der versucht, das Universum und die Rolle der Menschheit darin mit rationalen Begriffen zu erklären. In einem Zeitalter, als Philosophie und Wissenschaft formal noch keine getrennten Wege gingen, ebenso wenig wie Kunst und Wissenschaft, suchte Plinius Antworten auf die großen Fragen der Menschheit. Aber auch Bemerkungen und Schriften zu gesellschaftlichen Fragestellungen finden sich bei ihm. Es gibt einige Gemeinsamkeiten zwischen seinem Werk und dem von Herodot, dem Begründer der erzählenden Geschichtsschreibung, der etwa 500 Jahre früher lebte. Beide Gelehrte verfolgten einen „enzyklopädischen" Ansatz und beide waren leidenschaftliche Sammler und Katalogisierer von Wissen. Herodot verlässt sich in seinen Werken allerdings weit mehr auf persönliche Erfahrungen und Informationen aus erster Hand. Außerdem war er um einiges misstrauischer als Plinius. Es war kaum möglich, ihn von einem Sachverhalt zu überzeugen, wenn er nicht selbst jedes einzelne Detail auf seinen Wahrheitsgehalt hin überprüfen konnte. Plinius lebte hingegen eher in der Welt der Bücher, machte sich damit aber abhängig von Informationen aus zweiter oder dritter Hand und ließ sich so schneller in die Irre führen. Er verfasste neben der „Naturgeschichte" viele weitere Abhandlungen mit einer großen thematischen Bandbreite, doch die „Naturgeschichte" ist als einziges Werk überliefert.

Die Welt, die Plinius darin beschreibt, ist eine Mischung aus Fakten, Missverständnissen und Fantasie. Der Abschnitt über Astronomie in seiner Naturgeschichte ist beispielsweise ein einzigartiges Konglomerat aus verschiedensten Ideen. Plinius stimmt darin der damals allgemein anerkannten Theorie des Pythagoras zu, dass die Erde eine in verschiedene Klimazonen aufgeteilte Kugel sei. Mehr über ferne Länder herauszufinden oder die Erde sogar vermessen zu wollen hält er allerdings für «Wahnsinn, absoluten Wahnsinn». Die Sonne betrachtet Plinius als Seele oder Geist des Universums. In Rückbesinnung auf frühe griechische Denker und ausgehend von der Lehre von den vier klassischen Elementen – Erde, Luft, Feuer und Wasser – rechnet er die Planeten der Luftsphäre zu. Die Erde wird dagegen durch das vierte Element, das Wasser, im Weltaum im Gleichgewicht gehalten. Seiner Meinung nach liegen jenseits der Sonne die Feuer des Himmels, eine «große Ansammlung leuchtender Sterne».

Plinius beschreibt viel Wundersames. So gäbe es einen Venusschrein in Zypern, wo niemals Regen fällt, und ein Minervaheiligtum in Kleinasien, das nicht nur von Regen verschont wird, sondern an dem auch Opfergaben nie verwesen. Außerdem beschreibt er einen Ort, an dem die Erde alle Wunden heilt. Manche dieser seltsamen Dinge lassen sich heute mithilfe moderner Wissenschaft erklären, zum Beispiel ein balancierender Felsbrocken, der sich mit nur einem Finger bewegen lässt oder magnetische Berge. Schwieriger zu erklären ist dagegen der Felsen der Scylla in der Straße von Messina, wo ein sechsköpfiges Monster in einer Höhle leben soll, oder das sagenhafte Land Hyperborea, das sich in der Nähe der «Angeln, um die sich die Welt dreht», befindet.

Plinius befindet sich damit am Übergang von der alten Welt der Mythen und Legenden zur modernen Welt der Fakten. Seine Beschreibungen waren meist sehr genau und detailliert. Dennoch blieb auch er ein Kind seiner Zeit, und es mag ihm schwergefallen sein, der so herrlich bunt bebilderten Welt der Fantasie gänzlich zu entsagen. In seinen Schriften über Zoologie und Botanik gelangen Plinius dagegen wegweisende neue Erkenntnisse. Hier basierten seine Forschungsergebnisse wohl hauptsächlich auf eigenen Beobachtungen und Erfahrungen. Dies lässt sich allerdings nicht von dem Kapitel über Geographie in seiner „Naturgeschichte" behaupten, auch wenn sein Werk literarisch durchaus ansprechend ist, mit lebendigen Schilderungen von weit entfernten Orten und den dort lebenden Menschen. Unverständlicherweise vertritt er darin aber meist überholte Ansichten zurückliegender Generationen und ignoriert neue Erkenntnisse, die Erkundungen und Eroberungen neuer Länder durch das Römische Reich mit sich gebracht haben.

Für Plinius waren Götter und Natur eins. Im Vergleich zu heute war der Einfluss des Menschen auf den Planeten damals zwar verschwindend gering, dennoch protestierte Plinius schon zu seiner Zeit gegen den zerstörerischen Einfluss des Menschen und Umweltschäden. Verantwortlich hierfür war seiner Meinung nach ein luxuriöser, konsumorientierter Lebensstil. Damit war Plinius in gewisser Weise seiner Zeit 2000 Jahre voraus. Als Anhänger der philosophischen Denkschule der Stoa hatte er sich für ein einfaches Leben im völligen Dienste der geistigen Beschäftigung und seines öffentlichen Amts entschieden.

Plinius war schon in jungen Jahren ein besessener Arbeiter. Er besaß ein unglaubliches Konzentrationsvermögen, schlief äußerst wenig und lebte nach der Überzeugung: «Leben heißt, wach zu sein». Er war Berater des Kaisers, arbeitete als Rechtsgelehrter, diente im römischen Heer und bekleidete zahlreiche wichtige öffentliche Ämter. Sein Neffe, der berühmte Schriftsteller und Staatsbeamte Plinius der Jüngere, der nicht im Verdacht steht, ein Faulpelz gewesen zu sein, erzählte, dass sein Onkel ihm stets Vorhaltungen machte, wenn er zu Fuß ging, anstatt sich in einer Sänfte tragen zu lassen – Laufen war in seinen Augen Verschwendung wertvoller Zeit. Auf Reisen ließ sich Plinius der Ältere stets von einem Sekretär begleiten, der für ihn seine Aufzeichnungen erledigte.

Wir werden nie erfahren, ob Plinius sich durch diesen Lebensstil nicht gesundheitlich ruiniert hätte, denn schon im frühen Alter von 55 Jahren wurde ihm seine beständige Neugier auf alles Neue zum Verhängnis. Im Jahr 79 n. Chr. diente Plinius als Präfekt der römischen Flotte am Golf von Neapel. Seine Faszination für Naturphänomene wie den Vulkanismus verleitete ihn dazu, den Ausbruch des Vesuvs aus nächster Nähe zu beobachten. Bei dieser Jahrhundertkatastrophe wurden Pompeji, Herculaneum, Stabiae und Oplontis volkommen zerstört. Plinius ließ sich nach Stabiae rudern und fand dort wie viele Tausende den Tod, vergiftet durch die tödlichen Schwefeldämpfe des Vesuv.

RECHTS: Das Frontispiz im Buch I einer Ausgabe der „Naturgeschichte" aus dem 15. Jahrhundert zeigt Plinius den Älteren bei astronomischen Berechnungen.

CAII·PLINII·SECVNDI·NATVRALIS·HISTORIA
LIBER PRIMVS
CAIVS·PLINIVS·SECVNDVS·NOVOCOMENSIS·T·VESPASIANO·SVO·SALVTEM
PRAEFATIO

LIBROS NATVRALIS HISToriae novitium camoenis quiritium tuorum opus natum apud me proxima foetura licentiore epistola narrare constitui tibi iucundissime imperator: Sit enim haec tui praefatio verissima: dum maximo consenescit in patre. Nanque tu solebas putare esse aliquid meas nugas: ut obiicere molliar Catullum conterraneum meum. Agnoscis et hoc castrense verbum. Ille enim ut scis: permutatis prioribus syllabis duriusculum se fecit: quam volebat existimari a vernaculis tuis & famulis. Simul ut hac mea petulantia fiat: quod proxime non fieri questus es in alia procaci epistola nostra: ut in quaedam acta exeant. Scianque omnes: quam ex aequo tecum vivat imperium. Triumphalis & censorius tu sextumque consul ac tribuniciae potestatis particeps. Et quod iis nobilius fecisti: dum illud patri pariter & aequestri ordini praestas praefectus praetorii eius: omniaque haec rei pu. Et nobis quidem qualis in castrensi contubernio. Nec quicquam mutavit in te fortunae amplitudo in iis: nisi ut prodesse tantundem posses & velles. Itaque cum caeteris in veneratione tui pateant omnia illa nobis ad colendum te familiarius audacia sola superest. Hanc igitur tibi imputabis: & in nostra culpa tibi ignosces. Perfricui faciem: nec tamen profeci. Quando alia via occurris ingens. et longius etiam submoves ingenii facibus. Fulgurat in nullo unquam verius dicta vis eloquentiae. Tibi tribunitiae potestatis facundia. Quanto tu ore patris laudes tonas: Quanto fratris amas: Quantus in poetica es: o magna foecunditas animi. quemadmodum fratrem quoque imitareris excogitasti. Sed haec quis posset intrepidus aestimare: subiturus ingenii tui iudicium: praesertim lacessitum. Neque enim similis est condicio publicantium: & nominatim tibi dicatium. Tum possem dicere: quid ista legis imperator: Humili vulgo scripta sunt: agricolarum: opificum turbae: denique studiorum otiosis. Quid te iudicem facis: cum hanc operam condicerem: non eras in hoc albo. Maiorem te sciebam: quam ut descensurum huc putarem. Praeterea est quaedam publica etiam eruditorum reiectio. Utitur illa & M. Tullius extra omne ingenii aleam positus. Et quod miremur per advocatum defenditur. Haec doctissimum omnium persium legere nolo. Laelium decimum volo. Quod si hoc Lucillius qui primus condidit stili nasum dicendum sibi putavit. Si Cicero mutuandum praesertim cum de re pu. scriberet: quanto nos causatius ab aliquo iudice defendimus: Sed haec ego mihi nunc patrocinia ademi nuncupatione. Quoniam plurimum refert: sortiatur ne aliquis

Frühe Weltbilder

Im antiken Griechenland glaubte man, die Erde sei umgeben von einem gigantischen Süßwasserstrom, dem Okeanos (später auch Oceanus). Er sei der Ursprung des Grundwassers sowie aller Quellen und Flüsse. Flüsse wie der Styx, der Eridanos des utopischen Lands Hyperborea und der Nil in Äthiopien, so die damalige Ansicht, würden direkt aus dem Okeanos gespeist. Er war die Grenze der Welt, jenseits der nur Dunkelheit und undurchdringlicher Nebel lagen, begrenzt durch den Rand der großen Himmelskuppel, die dort auf die Erde trifft. Manche vermuteten in dieser Dunkelheit den Hades (die Unterwelt), andere glaubten, dieser befände sich unter der Erde. Jede Nacht stiegen Mond und Sterne aus dem Okeanos auf und der Sonnengott reiste in einem goldenen Wagen vom Westen in den Osten des mächtigen Flusses, um am nächsten Morgen wieder am östlichen Himmel aufzugehen.

Die Erde hielt man für eine flache Scheibe, auf der die Menschen lebten. Über dieser wölbte sich halbkugelförmig eine Kuppel aus Licht – das Reich der Götter. Unter der Erdscheibe und unter dem Hades befand sich eine zweite, seitenverkehrte Halbkugel aus Dunkelheit, genannt Tartarus.

Der griechische Historiker Herodot, der im 5. Jahrhundert v. Chr. lebte, hielt nicht viel von der Kosmologie seiner Zeit. Im zweiten Buch seiner „Historien" schrieb er: «Die Existenz von Okeanos liegt völlig im Dunkeln und muss daher nicht einmal widerlegt werden. Mir ist kein Fluss Okeanos bekannt und ich vermute, dass Homer oder ein noch früherer Dichter den Namen erfunden und in seinen Dichtungen verwendet hat.» Um jeden Zweifel seiner Leser zu zerstreuen, fügte er im Tonfall eines Lehrers, der sich über einen verstockten und dummen Schüler ärgert, im vierten Buch hinzu: «Die Griechen behaupten, der Okeanos fließe um die ganze Welt herum, auch dort, wo die Sonne aufsteigt, aber beweisen können sie es nicht.»

Herodot vermutete richtig, als er mutmaßte, dass der Okeanos nicht mehr als ein meisterhafter literarischer Kunstgriff war. Homer legte im 7. Jahrhundert v. Chr. in seiner „Odyssee" jede Art von wundersamen Orten in die Ströme des Okeanos. Hier fanden sich die Elysischen Felder, wo immer angenehmes Wetter herrschte und der Okeanos für eine kühlende Brise sorgte, ebenso wie das „Land der Träume" und das Sonnentor. Zur selben Zeit beschrieb der Dichter Hesiod die ebenfalls im Okeanos gelegene „Insel der Seligen" – ein Ort, an dem Helden von Kummer und Sorgen unberührt lebten. Er beschrieb auch die Gorgonen, die auf einer felsigen Insel namens Sarpedon (Schwertinsel) lebten, und die „Abendinsel" Hesperia am äußersten Rand der Welt, auf der die Hesperiden einen Baum mit goldenen Äpfeln bewachten. Der Dramatiker Aischylos versah die grausigen, schlangenhaarigen Gorgonen mit Schwestern, den drei Phorkiden, und fügte Erytheia, die rote Insel, zu den Ländern jenseits der Säulen des Herakles hinzu. Dort soll Herkules die zehnte seiner zwölf Aufgaben bewältigt haben. Er besiegte das dreileibige Monster Geryon und raubte ihm seine Herde roter Stiere. Kein Wunder also, dass Herodot an den geographischen Darstellungen der Griechen schier verzweifelte, egal wie plastisch diese ausgeschmückt sein mochten.

Scheibe oder Kugel?

Der Meinungsstreit, ob die Erde flach oder kugelförmig sei, spaltete das frühe philosophische Denken in zwei Lager. Viele der frühen wissenschaftlichen Debatten neigten dazu, dass sich, wenn schon nicht im Verhalten der Götter, so doch wenigstens in der Schöpfung ein Sinn für Ordnung, Ausgewogenheit und Symmetrie zeigen müsse.

Pythagoras von Samos, ein griechischer Mathematiker des 6. Jahrhunderts v. Chr., war ein ebenso großer Mystiker wie Philosoph. Heute ist er allerdings vor allem berühmt für seine geometrische Formel, den „Satz des Pythagoras". Für ihn waren die Reinheit der Zahlen und die Grundmuster, die man in Zahlen erkennen kann, das Fundament des Universums, das einzig und allein auf Logik und Perfektion gegründet war. Er war ein früher Fürsprecher der Idee, dass die Erde kugelförmig sein müsse. Diese Vorstellung basierte auf der Annahme, dass die Erde und die Planeten auf der vollkommensten und ausgewogensten geometrischen Form beruhen müssten, der Kugel. Die pythagoreische

Kosmologie beinhaltete auch kugelförmige Planeten und planetare Achsen. Zunächst befürwortete er die Vorstellung von einem geozentrischen System, bei dem die Planeten und Sterne die Erde umkreisten, doch später gelangte er zur Ansicht, dass die Planeten um ein zentrales Feuer kreisen müssten. Seine Schriften sind verloren gegangen und man kennt seine Theorien nur noch aus der Überlieferung anderer, aber es scheint plausibel, dass er mit dem zentralen Feuer die Sonne meinte. Dies war eine bemerkenswerte Einsicht, wenn man bedenkt, dass die Gelehrten in den Jahrhunderten zuvor kaum über die Idee hinausgekommen waren, die Erde sei eine auf einem großen Gewässer schwimmende, runde, flache Scheibe. So wurde es auf alten griechischen Weltkarten wie der von Anaximander aus dem 6. Jahrhundert v. Chr. dargestellt.

Unter den Gelehrten der griechischen Antike setzte sich im 5. Jahrhundert v. Chr. weitgehend die Meinung durch, dass die Erde eine Kugel sei. Platon, der zusammen mit seinem Lehrer Sokrates und seinem Schüler Aristoteles die Philosophie der westlichen Welt begründete, hatte in der pythagoreischen Schule studiert, und so gaben Platon und auch Aristoteles diese Lehre an ihre Schüler weiter.

Aristoteles untermauerte diese Idee durch eigene praktische Beobachtungen. Er entdeckte, dass die Erde bei einer Mondfinsternis einen runden Schatten auf den Mond wirft, was ihn folgern ließ, die Erde sei kugelförmig. Außerdem verglich er die re-

RECHTS: Kosmas Indikopleustes und einige seiner frühchristlichen Zeitgenossen glaubten, die Erde sei eine Fläche, umgeben von einem kastenförmigen Gebäude mit einer Gewölbedecke nach dem Vorbild des biblischen Tabernakels (ca. 540 n. Chr.).

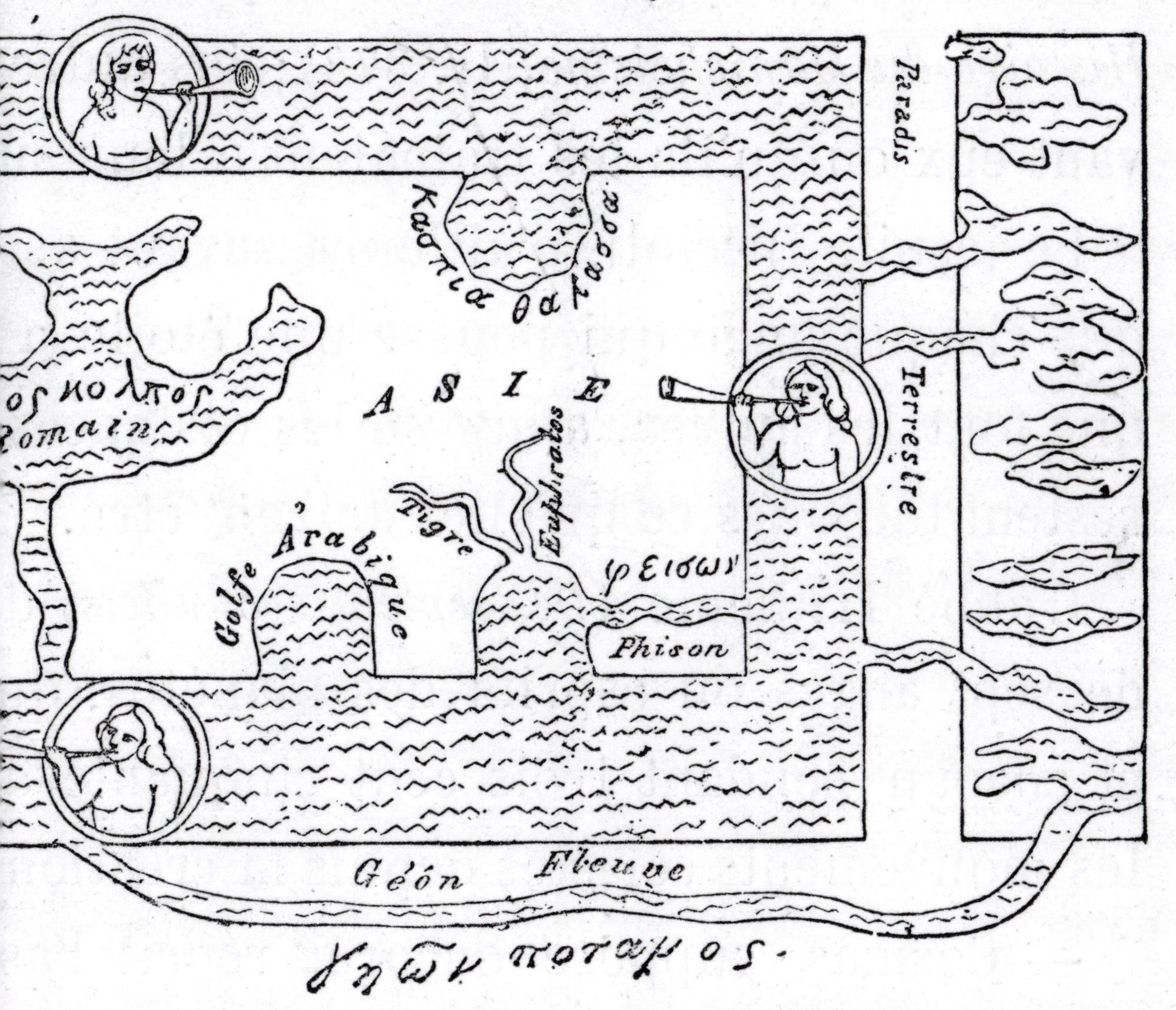
πρὸ τοῦ κατακλυσμοῦ κατῴκουν
ommes habitaient avant le déluge.
Paradis
Terrestre
Κασπια θαλασσα
ASIE
κολπος
omain
Golfe Arabique
Tigre
Euphrates
Φεισων
Phison
Géon
Fleuve
γηων ποταμος.

lativen Positionen bestimmter Sternbilder von unterschiedlichen Orten auf der Erde und folgerte korrekterweise daraus, die Oberfläche der Erde müsse gekrümmt sein. Ferner unterteilte er die Erdkugel in Klimazonen mit einer heißen Zone am Äquator, kalten Zonen an den Polen und zwei gemäßigten Regionen dazwischen. Im 3. Jahrhundert v. Chr. gelang dem griechischen Gelehrten und Geographen Eratosthenes sogar die trigonometrische und logische Meisterleistung, den Erdumfang zu berechnen. Sein Ergebnis ist erstaunlich präzise und weicht nur um fünf bis zehn Prozent vom korrekten Wert ab.

Im 1. Jahrhundert n. Chr. schrieb Plinius der Ältere eindringlich: «Die Form der Erde ist die erste Tatsache, über die allgemeine Einigkeit herrscht. Die Erde ist eine Kugel und besitzt zwei Pole.» Er differenzierte jedoch zwischen dem Wissen der Gelehrten und dem der Allgemeinheit und fügte hinzu: «Die Gelehrten gehen davon aus, dass Menschen auf der ganzen Erdkugel leben und sich an den jeweils voneinander entferntesten Punkten mit den Füßen gegenüberstehen ... Ein gewöhnlicher Mensch fragt, warum die Menschen auf der anderen Seite der Erde nicht herunterfallen – als gäbe es keinen genauso guten Grund zu fragen, warum *wir* nicht herunterfallen.»

Die christliche Kirche hatte später ihre eigene Meinung hierzu. Der heilige Augustinus von Hippo, ein einflussreicher Kirchenlehrer und Philosoph des 4. und 5. Jahrhunderts n. Chr., argumentierte vehement gegen die Ideen von Plinius und Ptolemäus. In Band XVI seines theologischen Werks „De Civitate Dei" (Vom Gottesstaat) gab er eindeutig zu verstehen, die Vorstellung, in den – wie er sie nannte – «sagenumwobenen antipodischen Gebieten» lebten Menschen, sei absurd. Er argumentierte mit der Glaubensmeinung, Adam habe das menschliche Geschlecht in der nördlichen Hemisphäre begründet. Es sei daher unvorstellbar, dass die Menschen in der Folgezeit die südliche Hemisphäre bevölkert hätten, denn «die Behauptung ist zu absurd, dass einige Menschen auf einem Schiff über den gesamten weiten Ozean von dieser Seite der Welt auf die andere gereist sein könnten». Andere Theologen seiner Epoche meinten, kein Abkömmling Adams habe jemals den Äquator überquert, da er zu heiß sei, als dass ein Schiff dies überstehen könnte.

Viele Kirchenmänner zur Zeit des Augustinus hielten die These der Griechen, die Erde sei rund, schlichtweg für falsch, wobei sich ihre Meinung in erster Linie auf Vorurteile gegen die heidnische Wissenschaft gründete. Nachdem er im frühen 4. Jahrhundert n. Chr. zum Christentum konvertiert war, wurde der christliche Apologet Lactantius, auch „der christliche Cicero" genannt, mit vernichtenden Hohnschriften über die Theorie von der runden Erde zur tonangebenden Stimme in der Kirche. In seinem Buch „Divinae Institutiones" (Göttliche Unterweisungen) verspottet er die Vorstellung, es gäbe Bewohner der Antipoden, «deren Fußspuren sich über den Köpfen befänden». Er verstand es, seine Meinung mit großer Überzeugungskraft zu vertreten, war er doch Rhetoriklehrer in Nikomedia zur Zeit des Kaisers Diokletian. Andere Kritiker innerhalb der Kirche wie der Bischof Severian von Gabala, der heilige Athanasius von Alexandria und der heilige Johannes Chrysostomos gingen sogar noch weiter. Sie glaubten an die viel frühere Vorstellung der Erde als einer flachen, im Meer schwimmenden Scheibe.

Die seltsamste Theorie von allen stammt von Kosmas Indikopleustes, einem griechischen Kaufmann und späteren nestorianischen Mönch, der im 6. Jahrhundert n. Chr. lebte. Mit wundervoll verschlungener Argumentation versucht er zu beweisen, dass die Erde flach und von einem kastenförmigen Gebäude mit einer Gewölbedecke umschlossen sei (siehe Karte S. 22 f.). Als Kaufmann hatte er selbst einige weite Reisen unternommen, von denen er in seinem reich bebilderten Buch „Topographia Christiana" (Christliche Topographie) berichtete.

Trotz seiner eigentümlichen Ansichten über die Gestalt der Erde haben Indikopleustes' Schriften einen außergewöhnlichen historischen Wert. Sein Reisebericht über die Malabarküste in Indien sowie seine Aufzeichnungen über die syrischen Christen, die dort lebten, und auch seine Beschreibungen von Äthiopien, Eritrea und Taprobane (dem heutigen Sri Lanka, das in der westlichen Welt bereits seit Alexander dem Großen bekannt war) ermöglichen einen einzigartigen Einblick in die damalige Zeit.

Im frühen Mittelalter gingen die Meinungen der Theologen über die Form der Erde weit auseinander. Der Zerfall des Römischen Reichs und der Verlust des Zugangs zu Texten der klassischen Antike führten dazu, dass viele die ältere Theorie der flachen Scheibe befürworteten. Andere jedoch, die Zugang zu den Schriften der klassischen Zeit hatten, waren davon überzeugt, dass die Erde rund sei. Befürworter dieser Theorie, darunter Bischof Virgil von Salzburg, der im 8. Jahrhundert n. Chr. lebte, sollen vom damaligen Papst Zacharias mit Verfolgung bedroht worden sein. Dieser bezeichnete die Theorie einer kugelförmigen und auf beiden Hemispährenseiten bevölkerten Erde als «perverse und sündhafte Doktrin». Selbst wenn Menschen auf der anderen Seite der Erde existieren sollten, könnten sie nicht von Adam abstammen und hätten daher kein Anrecht auf Erlösung.

Oft wird behauptet, dass nur wenige Gelehrte des Mittelalters tatsächlich der Ansicht waren, die Erde sei eine Scheibe. Das ist höchstwahrscheinlich richtig. Es ist auch anzunehmen, dass die Gelehrten ihren Einfluss auf das Denken der breiten Masse – und auch auf die Kirche – stark überschätzten. Wie bereits Plinius im 1. Jahrhundert beklagte, wird das Wissen der Gebildeten nicht unbedingt von den einfachen Leuten geteilt. Aber selbst heute ist die Theorie einer scheibenförmigen Erde noch nicht ganz verschwunden. Die „Flat Earth Society" hält diese These tatsächlich immer noch aufrecht, und dies trotz Jahrzehnten der Weltraumforschung mit Satelliten, auf denen die runde Erde, die sich um ihre eigene Achse dreht, eindeutig zu erkennen ist.

Die Gewürzinsel Taprobane

Man kann sich kaum vorstellen, dass die Insel Sri Lanka schon seit der Antike bekannt und bereits auf sehr frühen griechischen Landkarten (z. B. von Eratosthenes und Strabon) unter dem Namen Taprobane eingezeichnet ist. Die Insel war als Anbaugebiet von Gewürzen ein bedeutendes Handelszentrum für Zimt, Nelken, Pfeffer, Ingwer und Kardamom. In Relation zu Indien wurde sie damals zu groß dargestellt, vielleicht aufgrund ihrer enormen Bedeutung für den Gewürzhandel. Ihre Lage vermutete man an der Spitze des indischen Subkontinents, tatsächlich liegt sie weiter im Südosten.

Erste Informationen über die Insel stammen aus den Berichten indischer Kaufleute, die regelmäßig sowohl mit Taprobane als auch mit Europa Handel trieben. Ein Flottenadmiral Alexander des Großen namens Onesikritos schilderte in der zweiten Hälfte des 4. Jahrhunderts v. Chr. seinen Aufenthalt auf der Insel. Er berichtet von Elefanten, die größer und von «kriegerischerem Temperament» waren als jene in Indien. Megasthenes, ein griechischer Geschichtsschreiber und Geograph, behauptete, Taprobane werde durch einen Fluss geteilt, außerdem gebe es dort riesengroße Perlen und mehr Gold als in ganz Indien.

RECHTS: Die Weltkarte gemäß den Vorstellungen des griechischen Geographen Eratosthenes aus dem 3. Jahrhundert v. Chr. zeigt Taprobane (das heutige Sri Lanka) überproportional groß.

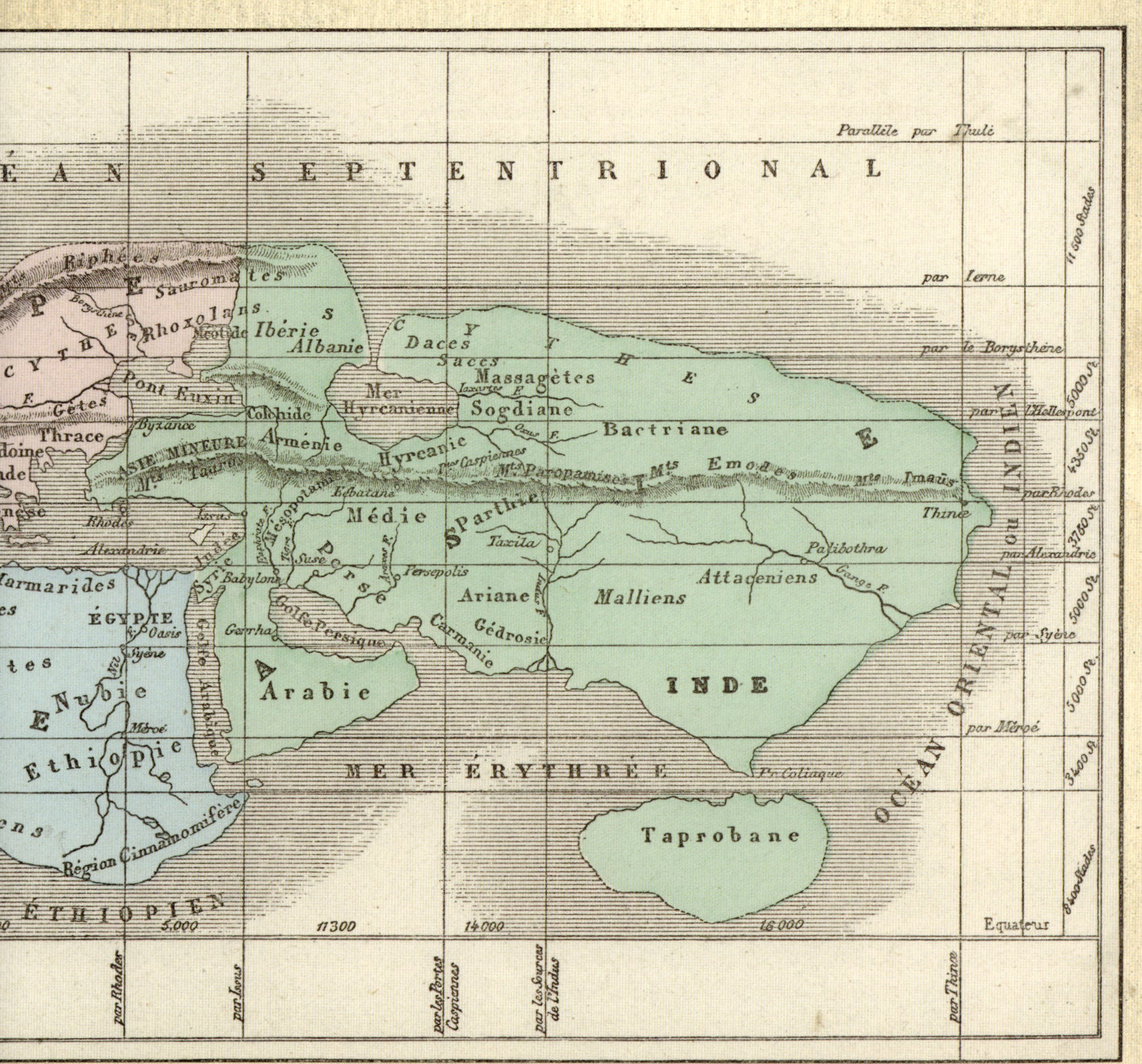

OCÉAN SEPTENTRIONAL
Parallèle par Thulé
par Ierne
par le Borysthène
par l'Hellespont
par Rhodes
par Alexandrie
par Syène
par Méroé
Sauromates
Rhoxolans
Ibérie
Albanie
Daces
Saces
Massagètes
Mer Hyrcanienne
Sogdiane
Bactriane
Pont Euxin
Gètes
Thrace
Byzance
Colchide
Arménie
ASIE MINEURE
Hyrcanie
Mts Paropamise
Mts Emodes
Mts Imaüs
Thinæ
Ecbatane
Médie
Parthie
Taxila
Rhodes
Alexandrie
Mésopotamie
Suse
Perse
Persepolis
Palibothra
Babylone
Marmarides
ÉGYPTE
Oasis
Syène
Golfe Persique
Ariane
Malliens
Attaceniens
Carmanie
Gédrosie
Arabie
INDE
Nubie
Méroé
Ethiopie
MER ÉRYTHRÉE
Pr. Coliaque
OCÉAN ORIENTAL ou INDIEN
Taprobane
Région Cinnamomifère
ÉTHIOPIEN
5,000
11300
14000
16000
Equateur
par Rhodes
par Issus
par les Portes Caspiennes
par les Sources de l'Indus
par Thinæ

Die Gewürzinsel Taprobane

Plinius der Ältere schreibt in seiner „Naturgeschichte", dass Taprobane lange einer anderen Welt zugerechnet wurde, dem Land der Antichthonen, wo alles auf dem Kopf steht. Mindestens zwei frühe römische Reisende haben Taprobane nachweislich besucht. Annius Plocamus im 1. und Sopatros im 5. Jahrhundert n. Chr. Im 6. Jahrhundert berichtete der griechische Schriftsteller und Handelsreisende Kosmas Indikopleustes über Taprobane als wichtige Zwischenstation mehrerer Handelsrouten, die sich hier kreuzten: «Die Insel wird aufgrund ihrer Lage von zahlreichen Schiffen aus allen Teilen Indiens, aus Persien und aus Äthiopien angesteuert. Von dort aus beliefern zahllose einheimische, aber auch Schiffe aus weit entfernten Ländern wie China Handelsplätze in der gesamten Welt.»

Die geographische Lage der Insel war allerdings unklar. Die Römer glaubten, Taprobane liege im östlichen Ozean mit der Längsachse in Ost-West-Richtung rechtwinklig zur Küste des indischen Subkontinents. Man dachte, das Meer zwischen Taprobane und Indien sei an den meisten Stellen sehr seicht und nicht tiefer als etwa fünf Meter, aber von tiefen Kanälen durchzogen, wo kein Schiffsanker Halt fände. Deshalb würden dort angeblich nur Schiffe ohne Heck und mit je einem Bug vorne und hinten fahren, damit man in den engen Fahrrinnen nicht wenden müsse. Auf diesen Schiffen navigiere man nicht mithilfe der Sterne, sondern ließe sich von freigelassenen Vögeln leiten, die den Seefahrern den Weg in Richtung Land wiesen. Es hieß, dass dort der Schiffsverkehr etwa 100 Tage ab Mitte Sommer ausgesetzt würde. Dies entspricht ziemlich genau der Jahreszeit, in der Sri Lanka von Monsunregen und Taifunen heimgesucht wird. Die Ladung von Schiffen wurde damals in steinernen Krügen, den Amphoren, gemessen. Die Schiffe aus Taprobane fassten schätzungsweise 3000 Amphoren, konnten also eine beträchtliche Menge Fracht transportieren.

Plinius berichtet von Annius Plocamus, der im Auftrag des römischen Kaisers Claudius am Roten Meer Steuern eintrieb – schon damals gab es vor dem Fiskus nirgends ein Entrinnen. Als er um die Arabische Halbinsel segelte, wurde sein Schiff durch starken Nordwind vom Kurs abgebracht. 14 Tage später landete er in Taprobane im Hafen von Hippuri, wo man ihn wohlwollend empfing. Nach sechs Monaten beherrschte er die Landessprache und erzählte dem König von Taprobane von Rom und seinem Kaiser. Dies weckte dessen Neugier, und so schickte er vier Gesandte seines Hofes dorthin. Als diese in Rom eintrafen, berichteten sie ihrerseits wundersame Dinge über ihre Heimat. Sie erzählten von den 500 Städten der Insel, von der Königsstadt mit ihren 200 000 Einwohnern und dem Palast. Auf dem Seeweg zum vier Tage entfernten Indien passiere man die Sonneninsel, die von smaragdgrünem Wasser überspült sei. Auf ihr wüchsen Bäume, in deren Kronen sich die Ruder der vorbeifahrenden Schiffe verfangen würden. War dies vielleicht eine Anspielung auf die Braunalge Sargassum, die im Westen vor Sri Lanka weitflächige Matten bildet? Die Gesandten behaupteten, Taprobane liege südöstlich von Indien. Die Westküste der Insel sei geschätzte 2000 Kilometer lang. Sie berichteten auch von China, einem Ort jenseits des Himalaja, mit dem sie regelmäßig Handel trieben. Die Chinesen beschreiben sie als überdurchschnittlich groß, mit goldenem Haar und blauen Augen.

Plinius verurteilte die unnötige Ausbeutung der Erde sowie eine leichtfertige und prunksüchtige Lebensweise. Deshalb war er enttäuscht, dass Taprobane nicht frei war von den Lastern der westlichen Welt. Gold und Silber besaßen dort einen hohen Stellenwert, ebenso wie Edelsteine, Perlen und Marmor. Dennoch scheint Taprobane den Vorstellungen eines demokratischen Utopia sehr nahe zu kommen. Es gab keine Sklaverei, die Menschen betrieben Ackerbau. Ihre Bauten waren bescheiden, die Preise stabil, und es gab weder Rechtsstreitigkeiten noch Gerichte. Der König wurde vom Volk aus dem Kreis der Ältesten gewählt. Er sollte nachsichtig und möglichst kinderlos sein, um Streitereien um die Thronfolge auszuschließen. Wenn ein König dennoch einen Sohn hatte, musste dieser alle Erbrechte abtreten. Der König wurde von 30 Beratern unterstützt, verriet er sein Volk, stand darauf die Höchststrafe – die gesellschaftliche Ächtung. Die durchschnittliche Lebenserwartung eines Bewohners betrug 100 Jahre ... Wenn auch nur einige dieser Geschichten stimmen, war das alte Sri Lanka eines der perfektesten Königreiche, die die Erde jemals gesehen hat.

Taprobane wurde deshalb als wahres Paradies angesehen, ein Märchenkönigreich und ein Ort der Wunder. Zu seinen illustren Besuchern zählten angeblich Gautama Buddha, der Hindugott Vishnu, Sindbad der Seefahrer, Alexander der Große, der chinesische Pilger Fa Hien im frühen 5. und Marco Polo im 13. Jahrhundert. Dort soll auch die Arche Noah nach der großen Sintflut angelegt und Adam seinen Lebensabend verbracht haben.

Die ersten Weltkarten

Die Theorie, dass die Erde eine Kugel ist, konnte sich schließlich durchsetzen. Doch was genau sich auf dieser Erdkugel befand, gab erneut Anlass zu Streitigkeiten. Eine Zeitreise anhand der bedeutenden Weltkarten der westlichen Welt – ob großartige Zeugnisse gelehrter Genauigkeit oder Werke von faszinierender Kunstfertigkeit und Fantasie – verdeutlicht den wachsenden Wohlstand und den zunehmenden Einfluss des Westens. Die Karten spiegeln aber auch den voranschreitenden Fortschritt durch Forschungs- und Handlungsreisen und neue Erkenntnisse auf dem Gebiet der Geographie wider. Sie sind der handfeste Beweis für die Aussage: „Wissen ist Macht".

Das „Imago Mundi", der früheste bis heute erhaltene Versuch, eine Karte der bekannten Welt zu erstellen, stammt aus dem 6. Jahrhundert v. Chr. Babylon wird darin in die Mitte der Welt an den Euphrat (im heutigen Irak) gesetzt, umgeben von einer runden Landmasse. Auch Armenien und Assyrien werden anhand einer Reihe von Städten dargestellt.

Anaximander, der berühmte griechische Philosoph und Lehrer des Pythagoras, fertigte in der ersten Hälfte des 6. Jahrhunderts v. Chr. ebenfalls eine Weltkarte an. In seiner Version befindet sich im Zentrum der runden Welt die Ägäis. Die Landmasse besteht aus drei Teilen: Europa ist am größten, gefolgt von Asien und Afrika (das damals als Libya bekannt war). Die drei Kontinente waren von einem kreisförmigen Ozean umgeben.

Nicht lange danach, im 5. Jahrhundert v. Chr., veröffentlichte Hekataios von Milet das zweibändige Werk „Ges Periodos" (Erdbeschreibung). Er schildert darin die Welt, wie sie dem Westen bis dato bekannt war, und fügte der Karte Anaximanders einige Details hinzu. Der erste Band beschäftigt sich mit der Welt rund um das Mittelmeer bis hin zum gefürchteten Land der Skythen im Norden. Band zwei befasst sich mit Asien. Die älteste in Fragmenten erhaltene Kopie seiner Aufzeichnungen datiert aus dem 1. Jahrhundert n. Chr.

Im frühen 3. Jahrhundert v. Chr. wusste man bereits einiges mehr über die Länder der Erde als noch zur Zeit Anaximanders. Die *Mappa Mundi* des Eratosthenes (siehe S. 26 f.) kommt dem Abbild der Welt, wie wir sie heute kennen, schon etwas näher, ist allerdings immer noch verzerrt. Die Karte gab bereits die neuen Erkenntnisse durch die Feldzüge Alexanders des Großen und zahlreiche Forscher und Händler wieder, die die Grenzen der bekannten Welt beträchtlich erweitert hatten. Die Erdkarte des Eratosthenes war ein Meilenstein in der Geschichte der Kartographie. Sie bildete die gesamte damals im Westen bekannte Welt ab. Auch wenn die Proportionen nicht korrekt wiedergegeben werden, ist der Mittelmeerraum mit der Iberischen Halbinsel und den Säulen des Herakles (Gibraltar) ziemlich treffend dargestellt. Die Karte zeigt die Nordküste Afrikas und die Inseln Kreta, Sizilien, Sardinien und Korsika. Auch große Städte wie Athen, Byzanz, Alexandria, Karthago und Kyrene sowie Flüsse wie Donau, Nil, Euphrat und Tigris sind verzeichnet, allerdings weniger exakt.

Afrika endete auf Eratosthenes' Karte im Süden etwas unterhalb des Horns von Afrika. An seiner Südspitze lag das „Zimtland", ein Hinweis auf den schon damals florierenden Gewürzhandel. Die wertvolle Fracht wurde von der Ostküste Afrikas weiter nach Norden verschifft, wo sie verkauft wurde. Jahrhundertelang wussten nur die wenigsten, dass die Gewürze nicht aus Afrika, sondern aus Indien und Südostasien importiert wurden.

Auf der Weltkarte des Eratosthenes wird der nördliche Teil des afrikanischen Kontinents als Libyen, der südliche als Nubien bezeichnet. Im Nordwesten vor der Küste des europäischen Festlands befindet sich Britannien – parallel zur Küste und etwas zu groß eingezeichnet. Jenseits von Britannien liegt die mysteriöse Insel Thule. Östlich der Mittelmeerländer erstreckt sich das riesige Persische Reich, in seiner Blütezeit das größte der klassischen Antike. Es umfasste das gesamte heutige Pakistan, Afghanistan, Kleinasien, Mittelasien (darunter Tadschikistan und Usbekistan mit den bedeutenden Städten Samarkand, Taschkent, Buchara, Chiwa und Kokand, alle an der historischen Seidenstraße gelegen), die Schwarzmeerregion, Saudi-Arabien, den Libanon, Israel, Jordanien, Syrien und Nordägypten. Das antike Griechenland war nicht Teil dieses Imperiums, es konnte im 5. Jahrhundert v. Chr. seine Unabhängigkeit bewahren. Am östlichen Rand von

Boreas
Cecias
Eurus
Notus
Euro notus
Climata borea
Climata australia
Serica
Scythia extra Imaum
Sogdiana
Bactriana
Margiana
Aria
Paropanisus
Arachosia
India intra Gangem
Gedrosia
Carmania deserta
Gangeticus sinus
Ganges fl.
Taprobana
Aurea Chersonesus
Magnus sinus
INDICUS
OCEANUS
ASIA 12 habet tabulas

VORHERGEHENDE SEITEN: Ptolemäus' bemerkenswerte Weltkarte – diese Version stammt aus Gerhard Mercators Ausgabe der „Geographia" von 1587 – stellt eindrucksvoll die geographischen Erkenntnisse der Antike, beispielsweise die Längen- und Breitengrade, unter Beweis.

Eratosthenes' Karte ist Indien eingezeichnet. Nördlich der Mittelmeerländer liegt das weitläufige Land der wilden und furchteinflößend tätowierten Skythen, einem Volk von Nomadenstämmen, die ihrem Herrscher durch einen Treueeid verbunden und berühmt für ihre großen kriegerischen Erfolge waren. Ihr Territorium umfasste die heutigen Gebiete der Ukraine, Südrusslands und Mittelasiens. Eines der ersten Skythenvölker, das nach Süden vorstieß, waren die Kimmerer, deren Name sich in der Bezeichnung der Halbinsel Krim erhalten hat. Im 7. Jahrhundert v. Chr. fielen sie in Urartu (im heutigen Armenien) und in Phrygien (in der heutigen Türkei) ein. Herodot berichtete, die Skythen seien bis nach Palästina vorgedrungen und hätten einige Jahre lang das antike Land Medien (im heutigen Iran) beherrscht. Diodorus schrieb, dass die Skythen – Frauen wie Männer – von Kopf bis Fuß tätowiert waren und dass die Frauen ebenso tapfer wie die Männer kämpften. Sie bauten Hanf an, sowohl für zeremonielle Zwecke (vor allem zum Räuchern während Begräbniszeremonien) als auch zur Herstellung von Kleidern. So berichtete es Herodot, und Archäologen des 20. Jahrhunderts haben dies bestätigt.

Der griechische Geograph Strabon ist heute vor allem für sein 17-bändiges Werk „Geographika" (Geographie) bekannt. Wie schon Herodot, mit dem er sich jedoch nicht viel beschäftigt zu haben scheint, war Strabon Geograph und passionierter Reisender – vermögend genug, um dieser Leidenschaft nachgehen zu können. Seine Bücher geben faszinierende Einblicke in seine Zeit und sind für moderne Historiker von unschätzbarem Wert, wenngleich sie etwas trocken geschrieben sind. Wie zuvor bereits Herodot erkundete er den Nil bis zur Nilinsel Elephantine gegenüber der Stadt Assuan als offizieller Geograph einer römischen Forschungsgesandtschaft und verfasste einen bemerkenswerten Bericht über diese Reise. Strabon bereiste auch die Region zwischen Euphrat und Tigris und beschrieb die Überreste der zerstörten biblischen Stadt Ninive in Assyrien (allerdings ohne genaue Ortsangaben, und so blieb die Stadt weitere 1900 Jahre unentdeckt). Er schildert die Hängenden Gärten von Babylon, angelegt auf einem pyramidenförmigen Stu-fentempel (Zikkurat), wo die Bäume mithilfe von „Maschinen" mit Wasser aus dem Euphrat bewässert wurden, und berichtet von breiten Straßen auf den Stadtmauern von Babylon.

Strabons Weltkarte (um 18 n. Chr.), die vermutlich in Alexandria hergestellt wurde, ist ein Bindeglied zwischen der Karte des Eratosthenes und der aus Ptolemäus' „Geographia" anderthalb Jahrhunderte später.

Das geographische Wissen, das Strabons Karte zugrunde liegt, ist beachtlich. Die Proportionen der Landmassen und ihre Ausrichtung sind zwar oftmals nicht korrekt wiedergegeben. Ostasien wird als das mysteriöse Land der Hyperboreer nur angedeutet, eine Art Paradies auf Erden, wo die Sonne immer scheint und wo laut dem griechischen Dichter Pindar «weder Krankheit noch Alter sich in das heilige Blut der Bewohner mischt». Der afrikanische Kontinent und der indische Subkontinent sind jedoch deutlich erkennbar, ebenso Sri Lanka (Taprobane), Arabien und der Persische Golf, das Mittelmeerbecken und die Region um das Kaspische Meer.

Die Weltkarte des Ptolemäus ging schon bald nach ihrer Entstehung verloren. Sie wurde aber seit dem frühen Mittelalter anhand der Informationen in seiner „Geographia" (um 150 n. Chr.) und seiner Aufzeichnungen über die Berechnung der Längen- und Breitengrade mehrfach rekonstruiert. Wie auch Strabons Karte basiert sie eindeutig auf dem Werk des Eratosthenes. Afrika ist bei Ptolemäus allerdings geringfügig größer, und Europa weiter in Richtung Norden ausgedehnt. Die Karte des Ptolemäus lässt auf eine eingehendere Kenntnis der östlichen Welt schließen, als dies noch bei Strabon der Fall war. Sie umfasst China (*Sina*), das Chinesische Meer (*Magnus Sinus*) und den Indischen Ozean (*Indicum Pelagus*). Die Nordküste Asiens ist nicht abgebildet. Die Halbinsel Krim wird als *Aurea Chersonesus* bezeichnet. Auch der westliche Rand der damals bekannten Welt ist bei Ptolemäus detaillierter als bei Strabon. Britannien (*Albion*) und etwas weiter nördlich Irland (*Hibernia*) sind vor der Westküste des europäischen Festlands eingezeichnet. Skandinavien ist ebenfalls abgebildet, in Form zweier Inseln namens Thule und Scandia. Sein mathematisches Genie stellte Ptolemäus in den „Analemma" unter Beweis. Diese beschäftigen sich mit der mathematischen Projektion einer Kugel auf eine Fläche, ein Problem, mit dem sich die Kartographen noch jahrhundertelang auseinandersetzten. Diese Berechnungen flossen in seine Weltkarte ein. Ptolemäus verwendete bereits Breiten- und Längengradangaben, auch wenn das Problem der Einteilung der Erde in Längengrade noch einige Jahrhunderte lang nicht vollkommen gelöst werden sollte. Erst im 17. Jahrhundert erfand, so zumindest die allgemein anerkannte Meinung, der Mathematiker und Philosoph René Descartes das Koordinatensystem.

Vermutungen, unbewiesene Dogmen und die meisten Reiseberichte – es sei denn, sie waren glaubwürdig belegt – lehnte Ptolemäus ab. Sein Interesse war rein wissenschaftlich, und so sind die Verzerrungen in seiner Weltkarte lediglich dem damaligen Mangel an verlässlichen Daten geschuldet. Es sollten noch Jahrhunderte vergehen, bis seine Methode, die Wahrheit aus der Vielzahl an unbestätigten Vermutungen herauszufiltern, zur Richtschnur der Wissenschaft wurde.

Die Kartographie des Mittelalters

Im Gegensatz zu den Karten des römischen Zeitalters sind die Weltkarten des Mittelalters eher symbolhaft als anwendungsorientiert. Der starke Einfluss des christlichen Glaubens ist oft deutlich erkennbar. Jerusalem wird zu dieser Zeit meist als Zentrum der Welt dargestellt, ähnlich wie das heilige Delphi in einigen Karten des antiken Griechenland. Der Garten Eden wurde gemeinhin in Asien vermutet und daher am oberen Rand vieler Karten eingezeichnet, darunter befanden sich Europa und Afrika. Die dreiteilige Weltkarte des heiligen Isidor von Sevilla, eines führenden europäischen Gelehrten, war die erste Weltkarte, die in Europa gedruckt wurde (1472 in Augsburg). Die in seinen „Etymologiae" (auch bekannt als „Origines") abgebildete Karte aus dem frühen 7. Jahrhundert unterschied sich erstaunlich wenig von jener Weltkarte, die Anaximander mehr als 1000 Jahre zuvor gezeichnet hatte. Isidors Karte steht sinnbildlich für sein Anliegen, tief verwurzelte religiöse Glaubensvorstellungen mit den wissenschaftlichen Erkenntnissen seiner Zeit

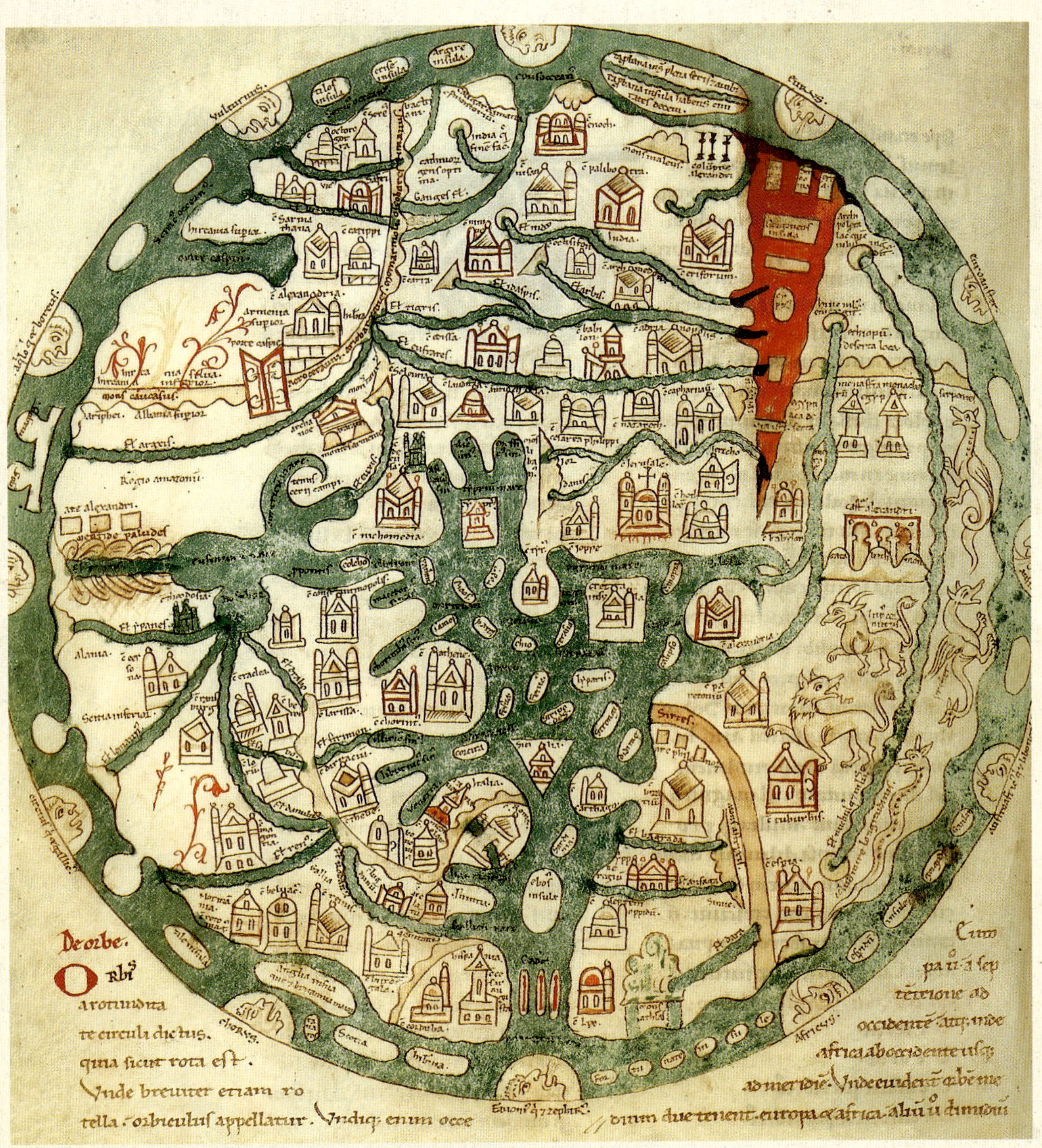

Diese Weltkarte des heiligen Isidor von Sevilla aus dem 11. Jahrhundert verbindet die christliche Lehre mit den wissenschaftlichen Erkenntnissen des Mittelalters. Jerusalem liegt im Zentrum, das Paradies am oberen Rand der Karte über Asien. In der unteren Hälfte befinden sich Europa und Afrika, durch das Mittelmeer getrennt. Der rote Keil oben stellt das Rote Meer dar.

X.
IX.
VIII.
VII.
VI.

in Einklang zu bringen. Seine Karte zeigt eine kreisförmige Welt, umgeben von einem Ozean, dem *Mare Oceanus*. Die Landmasse ist in drei Bereiche aufgeteilt: Asien mit dem Paradies am äußersten Rand nimmt den oberen Teil der Karte, Europa und Afrika, beide etwa gleich groß dargestellt, nehmen den unteren Bereich ein. Die drei Kontinente sind durch stark vereinfachte Gewässer voneinander getrennt – das Mittelmeer, das Rote Meer und den Fluss Tanais (Don). Im Zentrum der Karte liegt Jerusalem. Das Werk des heiligen Isidor lehnt sich eng an die frühen klassischen Gelehrten, aber auch an die Kirchenlehre an. Neben den gefürchteten Skythen der Antike und den Goten ist auch das biblische Magog eingezeichnet, und der Ganges wird mit dem im Paradies entspringenden Fluss Phison gleichgesetzt. In seinen „Etymologiae" beschreibt Isidor geflügelte Greife, wundersame Blätter, aus denen Vliese und Kleider geschneidert werden (möglicherweise eine Anspielung auf Baumwolle), und andere seltsame Dinge aus der antiken Literatur.

Die kunstvolle Version der Weltkarte Isidors aus dem 11. Jahrhundert offenbart deutlich den Wissensverlust des Mittelalters im Vergleich zum Wissensstand zur Zeit des Ptolemäus. Vielleicht spielt dabei aber auch der Umstand eine Rolle, dass die Gelehrten des Mittelalters ihre eigentlichen Erkenntnisse aus Angst vor dem Vorwurf der Ketzerei nicht veröffentlichten.

LINKS: Detail aus der „Tabula Rogeriana", gezeichnet 1154 vom arabischen Geographen al-Idrisi für König Roger II. von Sizilien, mit Europa (unten) und Asien (oben). Die islamischen Weltkarten des Mittelalters waren den durch christliche Dogmen eingeschränkten westlichen Karten weit überlegen.

Isidors Werk war so erfolgreich und weit verbreitet, dass dadurch die klassischen Vorlagen, bei denen er sich ausgiebig – und manchmal nicht gerade geschickt – bedient hatte, in Vergessenheit gerieten und so für alle Zeit verloren gingen. Im 15. Jahrhundert wurde in Augsburg, abgeleitet von den „Etymologiae", ebenfalls eine stark vereinfachte Karte veröffentlicht. In Übereinstimmung mit den Glaubensvorstellungen des 6. Jahrhunderts wird darin die Welt von den Söhnen Noahs besiedelt: Die Nachkommen Jafets bevölkern Europa, die Söhne Hams Afrika und die Sems Asien.

Die *Mappa Mundi* (Weltkarte) aus dem Kodex des spanischen Mönchs, Geographen und Theologen Beatus von Liébana (siehe S. 70 f.) aus dem 8. Jahrhundert ist ein weiteres Beispiel für diese Art von stilisierten Weltkarten, die kaum noch als Abbild der Erde zu erkennen sind. Die theologische Diktatur, die das europäische Denken des Mittelalters bestimmte, erstickte jede Art von unvoreingenommener wissenschaftlicher Gelehrtheit, und so verlagerte sich das Zentrum des intellektuellen Fortschritts notgedrungen nach Osten.

Die *Mappa Mundi* des berühmten arabischen Kartographen und Geographen Abu Abd Allah Muhammad al-Idrisi, die er Mitte des 12. Jahrhunderts für König Roger II. von Sizilien anfertigte, bildete die Welt weit genauer ab als sämtliche westeuropäischen Karten seiner Zeit (siehe vorhergehende Seiten). Während die wissenschaftliche Forschung in Westeuropa darniederlag, entdeckten und studierten die Denker der arabischen Welt die großen Werke der Vergangenheit. Darauf aufbauend, begründeten sie ein Goldenes Zeitalter der Wissenschaft und Forschung. Dabei bedienten sie sich auch des Wissens der Kulturen, die sich der schnell expandierende Islam einverleibte.

Für einige Zeit dominierte die arabische Kultur den Mittelmeerraum. Die christlichen Kreuzzüge hatten neben dem unvorstellbaren Leid, das sie verursachten, zumindest den Nutzen, dass die Westeuropäer durch sie endlich Zugang zu den umfangreichen Kenntnissen erlangten, die in Ländern wie Syrien und Ägypten gesammelt wurden. Dass der Erwerb und die Bewahrung des Wissens der Welt unter dem eingeschränkten Horizont vieler religiöser Überzeugungen unterdrückt werden, ist eine Tragödie, die sich schon allzu oft wiederholt hat.

Die Hereford-Karte (siehe S. 54) ist die größte und eindrucksvollste mittelalterliche Weltkarte, sie entstand um 1300. Man kann sie in der Kathedrale von Hereford (England) bewundern. Sie wird Richard von Haldingham und Lafford (auch bekannt als Richard de Bello) zugeschrieben, damals Kanoniker in Lincoln. Wie andere christlich geprägte Weltkarten des Mittelalters ist auch diese Karte mehr eine spirituelle als eine geographische Interpretation der Welt: Jerusalem liegt im Zentrum der dreigeteilten Welt, der Garten Eden befindet sich wie üblich ganz oben. Die Karte ist mit etwa 500 Bildern illustriert, darunter 15 biblische Ereignisse, 420 mittelalterliche Städte und zahlreiche Pflanzen, Säugetiere und Vögel. Die Weltkarte von Beatus von Liébana, die Londoner Psalterkarte (wahrscheinlich entstanden um 1265) und die sehr detaillierte dreiteilige Ebstorfer Weltkarte (siehe S. 64) von Gervasius von Tilbury (um 1234) haben starke Ähnlichkeiten mit der Hereford-Karte. Sie alle sind Beispiele von unschätzbarem Wert für die christlich bestimmte Kartographie des europäischen Mittelalters.

Weltkarten der Entdeckerzeit

Mit dem 15. Jahrhundert beginnt das Zeitalter der Entdeckungen. In dieser Periode entstanden einige der historisch bedeutendsten Weltkarten überhaupt. Die Kangnido-Karte, im Jahr 1402 auf Seide gezeichnet, war wohl der perfekte Beginn für solch ein Zeitalter. Sie stammt aus Korea und vereinigt das geographische Wissen zweier großer Kulturen – das der arabischen Welt, das durch arabische Gelehrte nach Osten ins Mongolische Reich gelangte, und das des Fernen Ostens mit China im Zentrum. Die Karte zeigt China, Japan, Korea, Südasien, Afrika, den Nahen Osten und Europa. Sie ist den bis dahin entstandenen westeuropäischen Karten mindestens ebenbürtig. Es sind nur zwei Exemplare dieser Weltkarte bekannt, die sich beide heute in Japan befinden.

Der Venezianer Albertin de Virga fertigte zwischen 1411 und 1415 die kreisförmige *Mappa Mundi* an. Diese mit Ornamenten reich verzierte und wunderschön kolorierte Weltkarte enthält auch einen Kalender und zwei Berechnungstafeln, ist aber vor

CLAVDII PTHOLOMEI ALEX
ANDRINI COSMOGRAPHI
ZEPHIRUS
CHORUS
OCCEANVS OCCIDENTALIS
TOTA ISTA PROVINCIA INVENTA EST PER MANDATVM REGIS CASTELLE
AMERICA
AFRICA
AFRICVS
LYBONOTHUS
VNIVERSALIS COSMOGRAPHIA SECVNDVM PTHOLOMAEI TRADITIONEM

AMERICI VESPVCII
AQVILO
CECIAS
SVBSOLANVS
ASIA
INDIA MERIDIONALIS
EQVINOCTIALIS
OCCEANVS INDICVS MERIDIONALIS
TROPICO CAPRICORNII
MADAGASCAR
AVSTER
EVRONOTVS
VVLTVRN9 EVRVS
ET AMERICI VESPVCII ALIORV QVE LVSTRATIONES

VORHERGEHENDE SEITEN: Die vielleicht berühmteste Weltkarte aller Zeiten ist Martin Waldseemüllers „Universalis Cosmographia". Erstmals wird für die Länder, die Christoph Kolumbus 1492 erreicht hatte, der Name „Amerika" verwendet. Sie befindet sich in der Library of Congress in den USA.

allem aufgrund ihres Inhalts bemerkenswert. Man erkennt darauf die Umrisse von Afrika – und dies noch bevor die Portugiesen seine Küste erkundeten (allerdings waren alte phönizische Reiseberichte von der afrikanischen Küste überliefert) –, ebenso die Azoren, obwohl sie offiziell erst 1427 entdeckt wurden, und die Kanaren. Diese Inseln waren in der Antike höchstwahrscheinlich unter dem Namen „Inseln der Glückseligen" (*Fortunatae Insulae*) bekannt, wurden aber erst im 14. Jahrhundert von einem französischen (möglicherweise auch englischen) Schiff „entdeckt", das von widrigen Winden vom Kurs abgebracht worden war. Grönland und Norwegen (Norveka) erscheinen ebenfalls auf de Virgas Karte. Das mythische Königreich des Priesterkönigs Johannes wird in Äthiopien angesiedelt. Auch Jerusalem ist eingezeichnet, allerdings nicht mehr im Zentrum der Karte. Der Garten Eden wird in den südlichsten Teil Afrikas verlagert. Die gefürchteten Länder Gog und Magog befinden sich in Nordeuropa. Die Ortsangaben in Asien stimmen mit den Kenntnissen der Mongolen überein. Erstaunlicherweise ist auf dieser Karte sogar die Nordküste Australiens abgebildet, vom nördlichen Teil Western Australias bis zum Golf von Carpentaria.

1436 veröffentlichte der venezianische Galeerenkommandant und Kartograph Andrea Bianco einen bedeutenden Atlas auf zehn Pergamentseiten (siehe S. 88), der aus acht Navigationskarten besteht. Nach der Auffassung vieler Forscher ist darin Florida zum ersten Mal korrekt abgebildet – als breite Halbinsel, die aus der sagenumwobenen Insel Antillia herausragt –, und das 56 Jahre *vor* der Entdeckungsfahrt von Kolumbus. Bianco war auch an der Erstellung einer *Mappa Mundi* beteiligt, die der venezianische Mönch Fra Mauro zwischen 1457 und 1459 im Auftrag von König Alfons V. von Portugal anfertigte (siehe S. 118 f.). Das Original ging verloren, aber eine Kopie, die Fra Mauro kurz vor seinem Tod 1460 begonnen hatte, wurde von Andrea Bianco fertiggestellt und ist bis heute erhalten.

Im Jahr 1492, als Christoph Kolumbus nach Amerika segelte, konstruierte der deutsche Seefahrer Martin Behaim, der später als Geograph am Hof des portugiesischen Königs Johann II. arbeitete, den ersten Globus. Dieser zeigt einen fast vollkommen leeren Ozean zwischen Europa und dem viel zu groß geratenen Asien. Bemerkenswert ist allerdings, dass auch Antillia auf dem Globus verzeichnet ist, versehen mit der Anmerkung Behaims, es werde auch als „Insel der sieben Städte" bezeichnet. Er belebte damit den Mythos von Antillia neu, der großen Einfluss auf die Entdecker seiner Zeit ausübte, einschließlich Kolumbus. Behaim war von der Existenz dieser Insel überzeugt und fügte hinzu, dass «1414 ein Schiff aus Spanien in die Nähe gelangte, ohne in Gefahr zu geraten».

Zu den ersten Weltkarten, die Kolumbus' Entdeckungen auf seiner Reise nach Amerika verzeichneten, gehörte die *Mappa Mundi* des spanischen Kartographen Juan de la Cosa aus dem Jahr 1500 (siehe S. 72 f.). Sie ist die älteste erhaltene europäische Karte, auf der Amerika abgebildet ist. Allerdings existierten sicherlich bereits Karten basierend auf den Entdeckungen der Wikinger.

Zwei Jahre später entstand eine richtungsweisende Weltkarte, die nach Alberto Cantino, einem Diplomaten und Agenten des Herzogs von Ferrara, benannt wurde. Wirtschaftsspionage ist kein modernes Phänomen; schon im Zeitalter der Entdeckungen florierte das Agentengeschäft. Informationen über neu entdeckte Gebiete waren oft der Grundstock großer Reichtümer. Könige, Königinnen und nicht zuletzt Herzöge fanden es durchaus nicht unter ihrer Würde, ihre Spione an fremde Höfe zu schicken, um Informationen über neue Entdeckungen zu erhalten. Cantino schmuggelte die nach ihm benannte Karte von Portugal nach Italien. Sie zeigt die Welt, wie sie den Portugiesen bekannt war, vor allem Teile der Küste Brasiliens, auf die der portugiesische Entdecker Pedro Álvares Cabral im Jahr 1500 zufällig gestoßen war.

Die brasilianische Küste wurde auch vom italienischen Entdecker Amerigo Vespucci nach seinen beiden Expeditionen (1499 und 1502) sowie vom Portugiesen Gonçalo Coelho (ebenfalls 1502) kartiert. Anhand dieser Informationen und nachdem die Portugiesen das Land weiter erkundet hatten, entwarf Lopo Homem um 1519 eine Karte von Brasilien und 1554 eine *Mappa Mundi*, die noch weitere Informationen aus portugiesischen Entdeckungsreisen enthielt. Nach Ferdinand Magellans berühmter Weltumsegelung im Jahr 1527 fertigte Diego Ribero ebenfalls eine Weltkarte an.

Keine Darstellung zur Erforschung Amerikas und zur Geschichte der Kartographie wäre komplett, ohne die Weltkarte des deutschen Gelehrten, Humanisten und Kartographen Martin Waldseemüller aus dem Jahr 1507 zu erwähnen (siehe S. 42 f.). Sie hat dem neu entdeckten Kontinent seinen Namen gegeben und wird daher oft als „Geburtsurkunde Amerikas" bezeichnet. Waldseemüller war ein großer Bewunderer Amerigo Vespuccis, dessen latinisierter Name Americus Vesputius lautete. Aus nicht bekannten Gründen schrieb Waldseemüller ihm die Entdeckung der Neuen Welt zu und schlug deshalb als Bezeichnung des neuen Landes „Amerika" vor. Gerhard Mercator verwendete diesen Namen dann auch auf seiner Weltkarte von 1538.

Waldseemüller revidierte jedoch in späteren Jahren seine Meinung, nachdem Vespucci einen Brief veröffentlichte, der Kolumbus' Errungenschaften anerkannte. In seiner Ausgabe der „Geographia" des Ptolemäus aus dem Jahr 1513 und in der „Carta Marina" von 1516 entfernte Waldseemüller den Namen „Amerika" und ersetzte ihn durch „Terra incognita" beziehungsweise „Terra Nova". Seine Weltkarte von 1507, von der 1000 Kopien gedruckt wurden, und seine „Carta Marina" gehören heute zu den wertvollsten Karten der Welt. Von jeder ist nur noch eine Kopie erhalten.

Die ungewöhnlichste und umstrittenste Weltkarte dieser Periode ist die Karte des ottomanischen Admirals und Kartographen Piri Reis aus dem Jahr 1513 (siehe S. 215). Sie ist nur noch zu etwa einem Drittel erhalten. Darauf erkennt man die Atlantikküsten Europas und Nordafrikas, die detailliert gezeichnete Küstenlinie Brasiliens, die Inselgruppen der Azoren und Kanaren und die große mysteriöse Insel Antillia. Höchst ungewöhnlich ist, dass südlich von Kap Hoorn, der Südspitze Südamerikas (das portugiesische Seefahrer schon vor 1507 entdeckt haben), ein weiteres Land eingezeichnet ist. Es wird vermutet, dass es sich dabei um die erste Dokumentation des antarktischen Kontinents handelt.

Die Kartierung der Südhalbkugel

Als die Geheimnisse der Küstenlinien des afrikanischen und des südamerikanischen Kontinents durch die Entdecker und Kartographen des 16. Jahrhunderts bereits zum größten Teil aufgedeckt waren, gab es über die restlichen Landmassen der Südhalbkugel nur Mutmaßungen. Es war ein noch ungelöstes Puzzle aus verschiedenen Teilen kaum kartierter Meeresküsten. Die christlich geprägten Theorien des Mittelalters, es könne überhaupt keine Antipoden geben, wurden durch das Argument abgelöst, es müsse als Gegengewicht zu der Landmasse auf der Nordhalbkugel auch ein großes Land im Süden existieren. Der Kontinent Australien existierte in der Theorie also lange bevor er für die Europäer Wirklichkeit wurde.

Die niederländische Weltkarte „Itinerario" des Jan Huygen van Linschoten aus dem Jahr 1596 zeigt im Süden einen einzigen, großen Kontinent, der beinahe ein zu großes Gegengewicht zur Landmasse der Nordhalbkugel bildet. Er reicht fast an Afrika und Südamerika heran, bedeckt nahezu den

ASIA
Polus 90 Arcticus
OCEANUS TARTARICUS
IAPAN
Philippinæ
AFRI
ABASSIA
INDICUS
Aequinoctialis
Aequator
De Iava minori
TERRA AVS TRALIS
MAGALLA NICA
Circulus Antarcticus
MAGALLANICA
AFRICA
Capricornus
Sagittarius
Scorpius
Libra
Virgo
Leo

VORHERGEHENDE SEITE: 1598 erschienen eine deutsche und eine englische Ausgabe der Weltkarte „Itinerario" von Jan Huygen van Linschoten. Australien ist darin als Teil eines riesigen Südkontinents eingezeichnet.

ganzen südwestlichen Pazifik und auch die noch nicht kartierten Gebiete Australien, Neuseeland und die Antarktis.

1627 erscheint die „Neue Karte von Ostindien" in der letzten Ausgabe des Weltatlas „Prospect of the Most Famous Parts of the World" des englischen Kartographen John Speed. Indien wird auf dieser Karte etwas verfälscht wiedergegeben, die Welt erscheint insgesamt gestaucht, doch ist die Karte selbst für den heutigen Betrachter erstaunlich realistisch, bemerkenswert genau und detailliert. Sogar das westliche Neuguinea ist eingezeichnet.

1636 belegt eine Karte namens „India quae orientalis dicitur et Insulae adiacentes" von Willem Blaeu das große Interesse der Niederländer an der neuen Handelsregion Südostasien, die inzwischen kein unbekanntes Territorium mehr war. Die einzelnen Halbinseln, Landmassen und Inseln stimmen im Größenverhältnis zueinander zwar nicht, aber die Küstenlinien sind äußerst genau kartiert. In dieser Karte wird erstmals eindeutig ein Teil der australischen Küste abgebildet.

Frederik de Wits Pazifikkarte „Mare del Zur cum Insula California", 1680 in Amsterdam veröffentlicht, fügt dem großen Puzzlespiel Australien (auch Hollandia Nova genannt) neue Teile hinzu: praktisch die gesamte Küstenlinie des Northern Territory, die Westküste von Cape York in Queensland (auf der Karte mit „Carpentaria" bezeichnet), Westneuguinea im Norden und die südlichen zwei Drittel von Tasmanien, das von Abel Tasman kartiert wurde und das die Niederländer Van-Diemens-Land nannten. Vincenzo Coronellis Pazifikkarte von 1696 enthält im Wesentlichen dieselben Angaben zu Australien und Neuseeland, ist aber eine der ersten Karten, in denen Kalifornien als große Insel im Westen vor der Küste der heutigen USA eingezeichnet ist.

Bereits um 1689 zeugte die Ostindienkarte des Johannes van Keulen von einer erstaunlich genauen und detaillierten Kenntnis der Küste Australiens. Recht exakt dargestellt sind die Yorke-Halbinsel im Süden, die Küsten Western Australias und des Northern Territory, Cape York und Neuguinea (das fälschlicherweise an Australien angehängt wurde) sowie die unteren zwei Drittel von Tasmanien mit der Schouten-Insel vor Swansea an der Ostküste. Holländischen Entdeckungsreisen war es zu verdanken, dass das Rätsel des großen Kontinents im Süden nun fast gelöst war. Die Landmasse gliedert sich seither in Australien, Antarktis, Tasmanien und Neuseeland.

Hier sind Drachen

Der Ausdruck „*Hic sunt dracones*" (Hier sind Drachen) stammt aus den Weltkarten der Antike, die mit wunderschön gezeichneten Schlangen und furchterregenden Ungeheuern illustriert waren, die in Gewässern lauerten, in die sich kein vernünftiger Seefahrer wagen würde. Nur einmal findet sich diese Warnung auf einer erhaltenen Karte, nämlich auf dem Lenox-Globus. Er besteht aus Kupfer, hat einen Durchmesser von 13 Zentimetern und wird auf die Zeit zwischen 1503 und 1507 datiert.

Fast genauso berühmt ist der Ausdruck *Terra incognita* (lateinisch für „unbekanntes Land"), eine viel verwendete Bezeichnung für Regionen, die noch nicht erforscht waren. Selbst in der Karte des Indischen Ozeans, die der Verleger William Faden 1803 in London veröffentlichte, heißt der Südkontinent noch „Australia incognita", und das 15 Jahre nachdem Europäer im heutigen Sydney eine Siedlung gegründet hatten. Erst als Matthew Flinders Australien umsegelte und es auf seinen Karten als „Terra Australis" und „Australia" bezeichnete, erhielt das große Land im Süden endlich einen richtigen Namen.

Der Begriff *Terra incognita* wurde schließlich im Lauf der Zeit überflüssig, als die großen Entdeckungsreisen des 19. Jahrhunderts die letzten weißen Flecken auf der Weltkarte tilgten und damit auch die Spuren von aufregenden wundersamen Fantasieorten, die man im Mittelalter noch auf der Erde vermutet hatte.

Seltsame Ungeheuer und Meereskreaturen in den Gewässern westlich von Skandinavien, „Carta Marina" von Olaus Magnus, 1572.

Sonne und Sterne weisen den Weg

Die Sehnsucht des Menschen, das Unbekannte mit mehr oder weniger wahrscheinlichen Fantasievorstellungen zu erklären, hatte in den frühen Weltkarten zur Folge, dass sich dort noch zahlreiche mythische Orte finden. Denn die Weiterentwicklung der mathematischen und technologischen Grundlagen der Kartographie schritt nur sehr langsam voran, was auch die Erkundung neuer Gebiete verzögerte. Schon allein diese Voraussetzungen waren ausschlaggebend für die Entstehung von so manchen rätselhaften Gebieten, die entweder niemals existiert haben oder verzerrt oder an falscher Position dargestellt worden sind. Manche davon tauchen selbst noch auf vergleichsweise modernen Landkarten auf.

Schon die Babylonier, Syrer, Ägypter und Griechen studierten die Bewegungen der Himmelskörper und waren in der Lage, anhand von Sonne und Sternen zu navigieren und Ortsangaben zu bestimmen. Das älteste und primitivste Instrument zur Messung der geographischen Position war ein Holzstab, der sogenannte Gnomon, der in seiner Urform von den Babyloniern erfunden worden war. Anaximander führte ihn vermutlich im 6. Jahrhundert v. Chr. in Griechenland ein, wo er als Sonnenuhr diente. Der Gnomon wurde davon unabhängig auch in China erfunden, möglicherweise sogar früher als im Westen. Er wird in einem chinesischen Text aus dem 2. Jahrhundert v. Chr. mit dem Titel „Die neun Kapitel zur mathematischen Kunst" erwähnt. Dort heißt es, der Gnomon sei schon seit dem 11. Jahrhundert v. Chr. in Gebrauch.

Die ersten Gnomone waren senkrecht aufgestellte Schattenwerfer, die dazu verwendet wurden, die Mitte des Tages genau bestimmen zu können. Mit ihnen war aber auch die Messung des Sonnenstands und damit insbesondere die Bestimmung des Meridians (Längengrad) möglich. Spätere Gnomone von Sonnenuhren waren horizontal in einem der geographischen Breite des Standorts entsprechenden Winkel geneigt. Dabei wirft der Gnomon seinen Schatten auf eine in Zeitintervalle eingeteilte Oberfläche und wird so zur Sonnenuhr.

Im 2. Jahrhundert v. Chr. hatte sich bei Geographen eingebürgert, die Position von Orten durch die Angabe von Länge und Breite in einem rechtwinkligen Koordinatensystem zu bestimmen. Die Bezeichnungen Länge und Breite verdanken wir höchstwahrscheinlich dem Mitte des 4. Jahrhunderts v. Chr. geborenen griechischen Geographen Dikaiarchos von Messina. Auch Ptolemäus gab geographische Positionen in rechtwinkligen Koordinaten an. Die von ihm festgelegten Breitengrade waren, obwohl etwas ungenau, bei kürzeren Reisen äußerst praktikabel.

Die Problematik der Längengrade war hingegen weit schwieriger. Als es noch keine Möglichkeit zur genauen Zeitmessung gab – also bis ins 18. Jahrhundert –, blieb die genaue Berechnung der geographischen Länge auf langen Reisen ein unlösbares Problem. Trotz all ihrer Unzulänglichkeiten bei der Darstellung der Erde, die nun einmal eine Kugel und keine Fläche ist, waren Ptolemäus' Karten über ein Jahrtausend lang der Maßstab für alle nachfolgenden Landkarten.

Es heißt oft, Kolumbus sei auf der Suche nach Indien und schwarzem Pfeffer gewesen, habe aber die Westindischen Inseln und Chilipfeffer entdeckt, was gewisse Rückschlüsse auf seine mangelhaften nautischen Fähigkeiten zulasse. Angesichts der Ausrüstung seiner Zeit – er reiste nach der ptolemäischen Weltkarte, auf der Asien viel zu groß dargestellt war, und ohne genaue Zeitmessung – muss man Kolumbus beglückwünschen – nicht nur für seine Entdeckung, sondern auch dafür, dass er die Reise überhaupt überlebt hat.

Zu den Instrumenten des Kolumbus zählten außerdem ein Kompass, der in Europa Ende des 12. Jahrhunderts erfunden worden war, und ein Quadrant. Der Kompass diente zur Positionsbestimmung mittels einer magnetischen Nadel, die sich auf das Magnetfeld der Erde ausrichtet. Die Kompassnadel schwamm entweder in einer Flüssigkeit oder drehte sich auf einem Stift. Auf der Kompassrose angegeben waren die Kardinalpunkte und eine Einteilung von 0° im magnetischen Norden bis 360° (wieder bei Null).

Der Quadrant, ein Vorläufer des Sextanten, war zur Zeit des Kolumbus ein recht unhandliches Instrument, mit dem der Benutzer direkt in die Sonne blicken musste. Er wurde erst um 1600 durch John Davis verbessert, so dass er mit dem Rücken zur

Sonne und Sterne weisen den Weg

Sonne genutzt werden konnte. Auch der Oktant, der den Quadranten ablöste, war ein riesiges Gerät aus Holz, das sich auf langen Seereisen oft verzog und so zu beträchtlichen Messungenauigkeiten führte. Erst im 18. Jahrhundert konnten auch kleinere Instrumente mit genaueren Skalen hergestellt werden. Sie waren aus weit besser geeignetem Messing.

Ab Mitte des 18. Jahrhunderts war man, ausgerüstet mit einem Schiffschronometer und einem Kompass, in der Lage, auf einem Schiff nun auch die Längengrade zu berechnen. Ein Sextant lieferte dazu die entsprechenden Breitenangaben. Seefahrer konnten damit genau bestimmen, wo sie sich befanden – es sei denn, das Schiff geriet in eine magnetische Anomalie. Dieses Problem wurde erst im 20. Jahrhundert durch die Erfindung des Kreiselkompasses gelöst, der unabhängig vom Magnetfeld der Erde funktioniert.

GPS, das Navigationssystem via Satellit, liefert heute rund um die Uhr Daten zur geographischen Standortbestimmung auf jedem Punkt der Erde – unvorstellbar für die frühen Seefahrer, die sich dicht an die Küstenlinien hielten und ihr Schicksal und Leben der Sonne und den Sternen anvertrauten.

RECHTS: Seefahrer navigieren im Indischen Ozean mithilfe eines Astrolabiums, einem Vorläufer des Sextanten. Illustration einer Buchhandschrift des Boucicaut-Meisters.

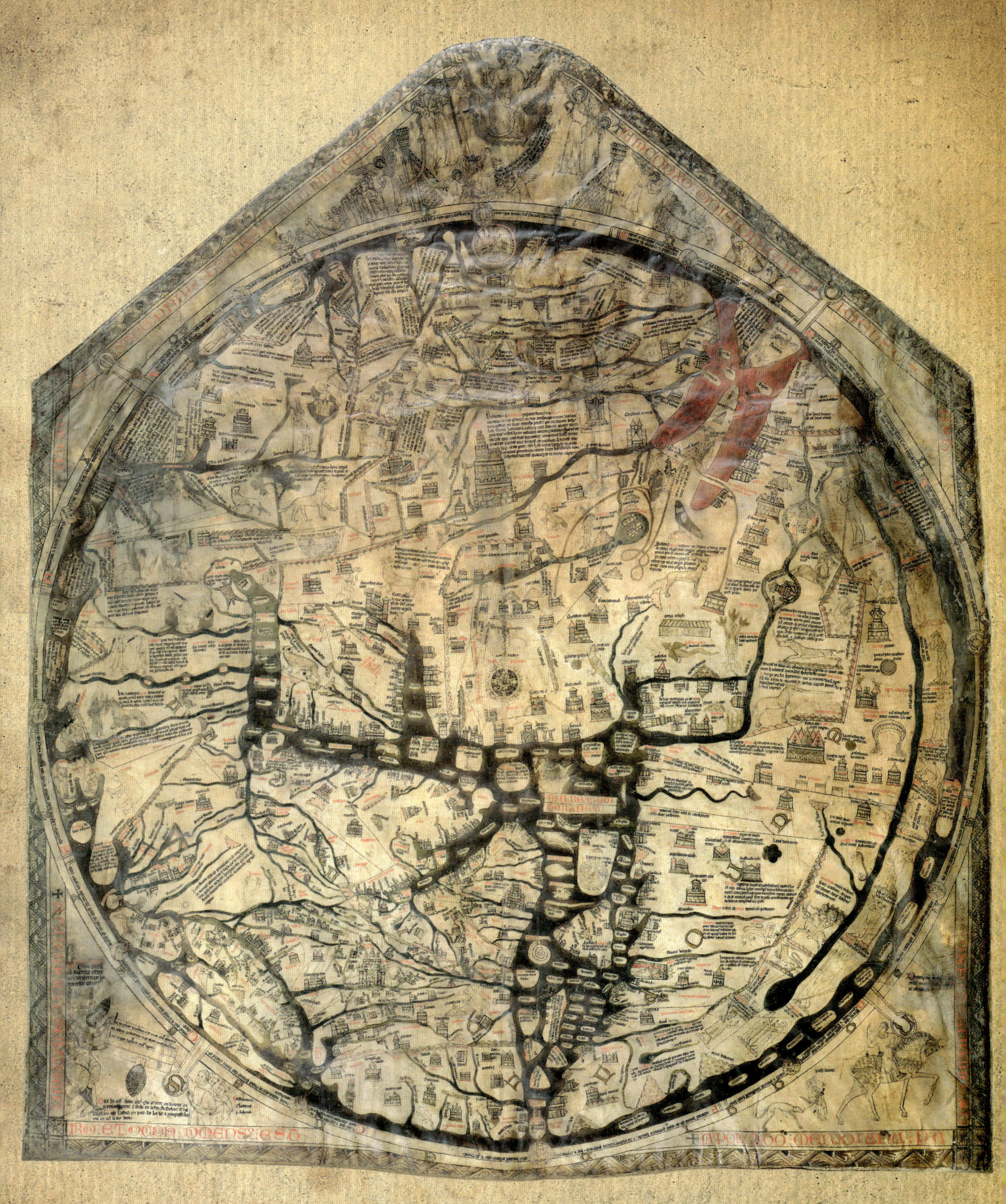

TEIL 2

DAS PARADIES AUF ERDEN

DER MENSCHHEITSTRAUM VOM PARADIES

DIE CHRISTLICHE WELT DES MITTELALTERS

AUF DER SUCHE NACH DEM GARTEN EDEN

DIE SUCHE NACH DEM JUNGBRUNNEN

DIE HÖLLE AUF ERDEN

LINKS: Auf der Hereforder Mappa Mundi *aus der Zeit um 1300 ist Jerusalem als Mittelpunkt der damals bekannten christlichen Welt des Mittelalters eingezeichnet. Am oberen Rand der Karte befindet sich Osten mit dem Garten Eden.*

FOLGENDE SEITEN: Das Gemälde von Lucas Cranach dem Älteren aus dem 16. Jahrhundert zeigt Gott gemeinsam mit Adam und Eva im Garten Eden.

Der Menschheitstraum vom Paradies

Das Paradies ist wahrscheinlich das älteste Wunschbild der Menschheit. Menschen an allen Orten, zu allen Zeiten war eine solche Vorstellung zu eigen. Über alle Ländergrenzen hinweg und durch alle Epochen hindurch blieben die Eigenschaften dieses Ideals stets gleich: Im Paradies herrscht ewige Jugend, die Natur erfüllt alle Wünsche, Traurigkeit und Krankheit sind unbekannt. Es ist vielleicht kein Ort der Charakterbildung, aber eine Zufluchtsstätte nach der ewigen Mühsal der realen Welt. Das Wasser ist frisch und süß, die Bäume biegen sich unter der Last von saftigen Früchten, die Sonne scheint warm, und eine sanfte Brise streicht angenehm kühlend über die Haut. Der Boden ist weich, mit üppigem Gras bewachsen, und überall wachsen Blumen. Die Tiere sind zahm und ohne Furcht, die besten Gefährten der Menschen, die in solch einer gesegneten Welt leben. Hier herrschen Liebe, Glückseligkeit, Unschuld, Sicherheit und Frieden an einem Ort, der vor dem Rest der Welt verborgen ist.

Basilius von Caesarea, auch der Große genannt, war ein Theologe des 4. Jahrhunderts, der sowohl in der orthodoxen als auch in der römisch-katholischen Kirche als Heiliger verehrt wird. Seinen großen Einfluss hatte er nicht nur seinem theologischen Werk zu verdanken, sondern auch seinem politischen Geschick. Er steuerte das junge Christentum mit ruhiger Hand durch jene stürmischen Zeiten, die auf die erste Bischofsversammlung der christlichen Kirche, das Konzil von Nicäa, folgten. Sein Leben war der Sorge um die Armen und Bedürftigen gewidmet. Daher ist der vom heiligen Basilius beschriebene Traum vom Paradies von den Erfahrungen eines Mannes geprägt, der die Leiden der Welt und die Bürde eines hohen Amtes nur allzu gut kennt:

«Dort ist die Erde immergrün, die Blumen blühen das ganze Jahr, und das Wasser ist klar und erquickend. Es rauscht nicht in wilden und trüben Strömen, sondern quillt aus kristallklaren Quellen und fließt in ruhigen, silbernen Strömen dahin. Keine rauen und stürmischen Winde dürfen die Luft aufpeitschen und die Schönheit der Haine zerstören. Melancholie und trübes Wetter, strömender Regen oder prasselnder Hagel, zuckende Blitze oder widerhallender Donner, stechende Winterkälte oder dörrende und erstickende Sommerhitze sind unbekannt. Es gibt auch sonst nichts, das Schmerzen, Sorgen oder Verdruss hervorrufen könnte. Alles ist angenehm, sanft und heiter. In der gesamten Natur herrscht ewige Jugend und Freude. Nichts verwelkt oder stirbt.»

Der Garten Eden

Die Geschichte von Adam und Eva ist nur eine von vielen Schöpfungsmythen antiker Kulturen. Der alte persische Mythos über die Erschaffung der Welt basiert auf sieben Schöpfungen anstatt der sieben Tage der biblischen Genesis. Die Sieben galt im Altertum als heilige Zahl. Als erster Teil des Kosmos wurde aus einem Bergkristall in Form einer Kuppel der Himmel geschaffen. Dann entstand das Wasser, gefolgt von einer flachen Erde. Als Nächstes kam die Sonne, die direkt über die Erde an die höchste Stelle gesetzt wurde. Danach wurden Pflanzen und Tiere erschaffen, schließlich die Menschen und das Feuer. Als alles an seinem Platz war, begann der ständige Kreislauf von Tag und Nacht.

Die Geschichte des Prometheus wurde zum ersten Mal um 700 v. Chr. von Hesiod in seinem epischen Lehrgedicht „Theogonie" erzählt. In diesem griechischen Schöpfungsmythos werden auch der Ursprung der Götter und der Anfang der Welt geschildert. Hesiods Bericht beginnt mit der Entstehung von Chaos (Luft) und Tartaros (Unterwelt). Chaos gebar Eros (den Lebensbringer), Gaia (die Erde), Erebos (die Dunkelheit) und Nyx (die Nacht). Die Titanen, eine Gruppe untergeordneter Götter, zu denen auch Prometheus gehörte, entstanden aus der besonders fruchtbaren Verbindung zwischen Gaia und Uranos (Himmel). Die Griechen glaubten, dass die Menschen in diesem Goldenen Zeitalter unsterblich waren und ein glückliches Leben führten. Die gesamte Welt war ihr Paradies. Aber Prometheus forderte Gottvater Zeus heraus, indem er ihm das Geheimnis des Feuers stahl und an die Menschen weitergab. Zeus ersann daraufhin eine furchtbare und hinterhältige göttliche Strafe. Hesiod beschreibt, wie Zeus Hephaistos mit der Erschaffung von Pandora beauftragte, einer so wunderschönen Frau, dass kein Mann ihr widerstehen konnte. Die

(Fortsetzung S. 62)

Der Baum des Lebens und der Baum der Erkenntnis

In der Genesis im Alten Testament werden im Zusammenhang mit dem Paradies zwei Bäume erwähnt. Bei dem einen handelt es sich um den Baum der Erkenntnis von Gut und Böse. In den christlichen und jüdischen Überlieferungen heißt es von dem zweiten Baum, dem Baum des Lebens, er wachse als Verbindung zwischen dem himmlischen und dem irdischen Garten Eden im Herzen von beiden. Der Baum sei der eigentliche Ursprung der vier mächtigen Ströme, die den Garten Eden bewässerten.

Bäume verbinden drei Welten: Sie wurzeln unterirdisch, stehen auf der Erde und reichen bis in den Himmel. Da sie sehr alt werden können, wurden sie in vielen Kulturen als heilig verehrt. In der altnordischen Mythologie hat die heilige Esche Yggdrasil, der Weltenbaum, ihre Wurzeln in der Unterwelt, während auf ihren Ästen das Königreich der Götter thront. Die Kosmologie der Mayas war ähnlich. Sie glaubten an einen Baum des Lebens namens Yaxche, dessen Äste den Himmel trugen. Auch die heilige Maulbeerfeige der alten Ägypter verband die Welten der Lebenden und der Toten. Der Baum des Lebens war immer auch der Ursprung großer spiritueller und irdischer Gaben. Im Koran ist der heilige Tooba-Baum die Quelle von Honig, Milch und Wein. Der Lebensbaum war in vielen Kulturen außerdem ein Fruchtbarkeitssymbol. In Persien verlieh der Pfirsich ewiges Leben. Die nordischen Götter aßen von den Äpfeln der Unsterblichkeit, die von der Göttin Iduna bewacht wurden. Heilige Bäume konnten auch besondere Fähigkeiten verleihen. Buddha wurde unter den Ästen des Bodhibaums erleuchtet, während der nordische Gott Odin an einem Baum die Gabe der Sprache empfing. Götter konnten sich in Bäume verwandeln oder wurden als Bäume personifiziert und verehrt wie der Hindu-Gott Brahman und der sumerische Gott Dumuzi.

Den Baum des Lebens zu finden und seine Wächter zu umgehen war unmöglich. Zeichnungen aus China zeigen einen Drachen, der den Stamm und einen Phönix, der den Wipfel des Lebensbaums bewacht. Andere Bäume wurden von Greifen oder Engeln bewacht. Sterblichen blieb der Zugang stets verwehrt.

Der Baum des Lebens. Darstellung in einem hebräischen Gebetsbuch aus dem 13. Jahrhundert.

Götter in Gestalt von Aphrodite und Hermes, die Horen und die Grazien verliehen ihr weitere Gaben, die Pandoras verführerische Reize noch steigerten. Sie wurde zu einer wandelnden Versuchung.

Prometheus war sich der Rachegelüste des Zeus durchaus bewusst und warnte seinen Bruder Epimetheus davor, sich mit Pandora einzulassen. Sein Rat stieß auf taube Ohren und Epimetheus heiratete sie. Zeus hatte Pandora aber einen versiegelten *pithos* (einen Vorratskrug, keine Büchse, wie oft kolportiert wird) mitgegeben und ihr die verhängnisvolle Eigenschaft übermäßiger Neugier verliehen. Wie zu erwarten, öffnete Pandora den *pithos*, und sein gesamter Inhalt entwich: Tod und Sorgen. Damit hielt die Sterblichkeit in der Welt der Menschen Einzug.

Der Garten Eden der abrahamitischen Religionen ist ein Ort der Unschuld, ein gelobtes Land für das Leben nach dem Tod, das als Belohnung für alle winkt, die ein Leben ohne Verfehlungen geführt haben. Das Wort Paradies leitet sich vom altpersischen *pairidaeza* ab und bezeichnet einen eingefriedeten Lustgarten mit fruchtbaren Obstbäumen, duftenden Blumen wie Lilien und Rosen, durchzogen von kühlenden Flüssen und Quellen.

Der Garten Eden wird im ersten Buch des Alten Testaments der Bibel beschrieben. Nachdem Adam aus Lehm erschaffen wurde und Eva aus der Seite Adams (oder, laut der Übersetzung Martin Luthers, aus der Rippe), wurde das Paar in einen Garten östlich von Eden gesetzt, den es pflegen sollte. Adam wurde strengstens ermahnt, nicht vom Baum der Erkenntnis von Gut und Böse zu essen. Er durfte ihn nicht einmal berühren. In dem verbotenen Baum wand sich jedoch eine Schlange – üblicherweise als Sinnbild des Teufels interpretiert –, die Eva dazu aufforderte, die saftigen Früchte zu probieren, die an den Ästen hingen. Obwohl Eva eigentlich keine Frucht essen wollte, ließ sie sich doch überreden. Sie pflückte eine einzige der vollkommenen Früchte von dem Baum und brachte sie zu Adam, um sie mit ihm zu teilen. Dieser weigerte sich erst, probierte die Frucht dann aber doch. In diesem Augenblick erkannten sie Gut und Böse und verloren ihre Unschuld. Adam und Eva wurden aus dem Garten Eden vertrieben, damit sie nicht mehr vom Baum des Lebens essen konnten. Der Zugang zum Garten wurde ihnen für immer verwehrt, Cherubim und ein loderndes Flammenschwert bewachen ihn seither.

Die vielleicht berührendste Schöpfungsgeschichte stammt aus der Neuen Welt, aus dem Maya-Epos „Popol Vuh“. Sie veranschaulicht die Allgemeingültigkeit menschlicher Moralvorstellungen. Das Epos erzählt, wie die vier Schöpfungsgötter im Himmel die Erschaffung der Menschen vereinbarten. Jeder von ihnen wählte ein anderes Material. Die ersten drei Götter entschieden sich für Lehm, Holz und Gold und formten daraus jeweils Menschen. Die Menschen aus Lehm und aus Holz waren jedoch zu zerbrechlich. Der goldene Mensch war sehr schön, aber auch kalt. Der vierte Gott schuf einen Menschen aus seinem eigenen Fleisch. Dieser machte den Göttern viel Freude, während der Mensch aus Gold kalt und teilnahmslos blieb. Als der Mensch aus Fleisch sich gegenüber dem Menschen aus Gold freundlich zeigte, wärmte er sein Herz und erweckte ihn zum Leben. Von dieser Zeit an bestimmten die Götter, dass kein Mensch aus Gold, kein reicher Mensch, jemals in den Himmel kommen könne, wenn er nicht von einem Menschen aus Fleisch, einem armen Menschen, begleitet werde.

Die christliche Welt des Mittealters

Der alles beherrschende Einfluss der christlichen Kirche im Europa des Mittelalters bestimmte auch die Kartographie. Das damalige Weltbild wurde mehr durch den strengen Glauben als durch die Wissenschaft geprägt. Unter der Androhung von Exkommunikation wagten es nur wenige, sich gegen allgemein anerkannte Überzeugungen zu stellen. Im Mittelpunkt stand dabei die Geschichte von Noah, dem Nachkommen Adams, der als Urvater der Menschheit nach der Sintflut galt. Zusammen mit seinen drei Söhnen und deren Frauen entkam er auf der Arche dem sicheren Tod durch die biblische Flut. Nach der Sintflut bevölkerten seine Nachkommen die Welt: die biblischen Länder Europas, Asiens und Afrikas. Allein die Vorstellung einer südlichen Hemisphäre, ganz zu schweigen von einer bewohnten Südhalbkugel, war aufgrund dieser Geschichte vielen Theologen ein Dorn im Auge. Außerdem stand eine solche Theorie im Widerspruch zur bekannten Welt des Altertums. Die Christen waren davon überzeugt, dass Noah und

Die Ebstorfer Weltkarte aus der Zeit um 1234 stellt die Welt als Leib Christi dar.

seine Familie in die nördliche Hemisphäre gehörten. Wenn ihre Nachfahren den Versuch unternommen hätten, gen Süden zu reisen, wären sie in der brennend heißen Äquatorzone verbrannt. Es war ohnehin unvorstellbar, dass Menschen so weit abseits der Küste segeln konnten, ohne vom Rand der Erde herunterzufallen. Falls sich aus unerklärlichen Gründen dennoch Menschen auf der anderen Seite der Welt befänden, konnten sie auf keinen Fall von Noah und damit von Adam abstammen. Dies bedeutete wiederum, dass sie kein Anrecht auf Erlösung hätten. (Diese Überzeugung hielt sich recht lange, auch dank der Unterstützung vieler Päpste des Mittelalters, und erklärt vielleicht auch das vollkommen unchristliche Verhalten gegen die indigene Bevölkerung der Südhalbkugel vom 16. Jahrhundert an.)

Die wörtliche Auslegung der Genesis ist ein Bericht über den Ursprung der Menschen und offenbart das gemeinsame Erbe der Antike. Im ersten Buch der Bibel werden 70 Länder gezählt. Noah und seine Frau Emzara (die Enkelin von Methusalem) hatten drei Söhne: Sem, Ham und Jafet. Nach der Sintflut teilte Noah die Welt unter seinen drei Söhnen auf, deren Ehefrauen als Urmütter der Menschheit gelten. Sem erhielt Westasien und zusammen mit seiner Frau Sedeketelebab begründete er 26 semitische Völker. Afrika wurde Ham zugesprochen. Von ihm und seiner Frau Neelatamauk stammen 30 hamitische Völker ab. Der jüngste Sohn Jafet erhielt die Länder, die größtenteils das heutige Europa bilden. Auf ihn und seine Frau Adataneses gehen 14 Völker zurück. Die insgesamt 70 Völker wurden für all jene zum Problem, die die Entdeckungen von Ländern jenseits der Grenzen der antiken Welt mit einer strengen Bibelauslegung in Einklang bringen wollten. Im Verlauf der Jahrhunderte ließ sich nicht mehr leugnen, dass es mehr als 70 Völker gab, wodurch die Frage aufkam, wie sich deren Existenz durch die theologisch bestimmte Geographie erklären ließ.

Den Landkarten der arabischen Welt waren die *Mappae Mundi* des christlichen Mittelalters jahrhundertelang weit unterlegen, da sie die Welt aus einer strenggläubigen Sicht heraus erklärten. So wurde versucht, für die wörtlich genommene Aussage im alttestamentarischen Buch Hesekiel: «Diese Stadt Jerusalem habe ich zum Mittelpunkt der Völker gemacht und Länder rings herum gesetzt.» eine geographische Entsprechung zu schaffen. Auf Grundlage dieser theologischen Deutung der Geographie der realen Welt wurden Karten angefertigt, in denen Jerusalem exakt in der Mitte der Welt lag. Das führte zu seltsam verzerrten Karten, die sowohl fiktiv als auch real waren (und Reisenden in das Heilige Land nur sehr wenig nützten).

Eine der frühesten christlichen Weltkarten, auf der Jerusalem als *omphalos* (Nabel, Mittelpunkt) der Welt eingezeichnet ist, findet sich in einer Handschrift aus dem späten 8. Jahrhundert. Dieser „Kommentar zur Apokalypse" wurde vom heiligen Beatus von Liébana verfasst, einem spanischen Theologen und Geographen (siehe S. 70 f.). Er scheint unter dem Eindruck des in Spanien vordringenden Islam geschrieben worden zu sein, der zu jener Zeit gemeinhin als Werkzeug des Antichristen galt.

Karten mit Jerusalem als Mittelpunkt entstanden vermehrt im 13. Jahrhundert, als die Stadt durch die Kreuzzüge in den Fokus der Aufmerksamkeit rückte. Die berühmte Weltkarte aus dem Benediktinerkloster Ebstorf aus der Zeit um 1234, wahrscheinlich von Gervasius von Tilbury angefertigt (gegenüberliegende Seite), steht beispielhaft für diese Karten. Bei eingehender Betrachtung ist zu erkennen, dass die Welt als Leib Christi dargestellt ist, wobei sich der Kopf neben dem Paradies befindet. Noch in der Hereforder *Mappa Mundi* (siehe S. 54) wird Jerusalem als Nabel der Welt dargestellt, und sogar die Weltkarte von Heinrich Bunting „Die gantze Welt in ein Kleberblat" aus dem Jahr 1581 folgte dieser mittelalterlichen Tradition und stellte Jerusalem ins Zentrum.

Auf der Suche nach dem Garten Eden

Die Suche nach einem irdischen Ort für den Garten Eden, der mit den biblischen Beschreibungen übereinstimmt, endete in der mittelalterlichen Welt in einem theologischen Durcheinander. Das Paradies wurde meist an einem unbestimmten Ort im Osten angesiedelt, manchmal auch auf einem sehr hohen Berg, damit es die Sintflut überstehen konnte. Auf den Abbildungen in der Hereforder *Mappa Mundi* sind verschiedene biblische Orte eingezeichnet. Auf diese Weise versuchte man zu dieser Zeit, die Welt der Bibel und die reale geographische Welt zusammenzubringen, wobei sich Jerusalem stets in der Mitte (siehe S. 54) befand. Die Darstellung von Adam und Eva (siehe S. 70), wie sie ihre neu entdeckte Scham verhüllen, ist zwar sehr naiv dargestellt, aber gerade deshalb berührt sie den Betrachter. An der Oberkante der Karte befinden sich die Tore zum Garten Eden, gemeinsam mit den Flüssen Pischon, Gihon, Euphrat und Tigris, die alle aus derselben Quelle entspringen. Im Mittelalter deutete man die vier

Flüsse im Allgemeinen als Ganges, Nil (Gihon war einer der Namen für den Nil), Euphrat und Tigris. Es ist nicht verwunderlich, dass die Suche nach einem gemeinsamen Ursprung dieser Ströme, die so weit voneinander entfernt liegen, die Theologen vor ein geographisch unlösbares Rätsel stellte. Sie bemühten sich jedoch redlich, auch wenn sie auf ziemlich fadenscheinige Erklärungen zurückgreifen mussten.

Sir John Mandeville (siehe S. 106), ein unerschrockener Entdecker und brillianter Geschichtenerzähler, war nie um eine Erklärung verlegen. Seiner Meinung nach flossen einige dieser Ströme nach ihrem Ursprung im Paradies unterirdisch weiter, bevor sie dann weit entfernt wieder an die Oberfläche traten. Für die Unauffindbarkeit des Paradieses dagegen führte Mandeville gleich mehrere Gründe an: Einmal war die starke Strömung in den großen Flüssen schuld, dann gefährliche wilde Tiere. Falls dies nicht überzeugte, verwies er auf eine hohe Mauer, die alle fernhielt, die nach dem ersehnten Land suchten:

«Viele große Herren haben zu verschiedenen Zeiten versucht, auf diesen Flüssen bis ins Paradies zu gelangen. Jedoch erfolglos. Einige starben an Erschöpfung, andere wurden durch den Lärm der Gewässer taub und blind, wieder andere ertranken in den stürmischen Wellen. Wie ich schon sagte, kann der Mensch nur durch die besondere Gnade Gottes ins Paradies gelangen.»

Als Asien im Lauf der Zeit immer genauer erforscht wurde und auch Afrika allmählich seine Geheimnisse preisgab, wurde das irdische Paradies ähnlich wie das Reich des Priesterkönigs Johannes (siehe S. 101) von einem Ort zum anderen verschoben, stets an den Rand der bekannten Welt. Auf den *Mappae Mundi* war es meist in solchen Gegenden zu finden, die die Widerlegung seiner Existenz unmöglich machten – häufig am Nordpol (wie auf der Hereforder *Mappa Mundi*).

Die lange vorherrschende Überzeugung war, dass Jerusalem als Zentrum der Christenheit in der Nähe des irdischen Paradieses liegen müsse. Es gab einige erstaunliche Erklärungen zum Verlauf des Jordan. Dieser fließe erst unterirdisch, bevor er als Nil nach Süden abzweige, um dann als Euphrat und Tigris im Norden sowie schließlich als Ganges im Osten aus der Erde hervorzukommen. Der Prophet Hesekiel beschreibt einen heiligen Fluss unter dem Tempelberg, der das Tote Meer wieder zum Leben erwecken werde. In Jerusalem gibt es eine Quelle namens Gihon, die angeblich mit einem unterirdischen Flusslauf verbunden ist. Dieser wird sowohl mit Hesekiels Vision als auch mit dem paradiesischen Fluss Gihon in direkte Verbindung gebracht, aber es gibt keine Beweise für seine Existenz.

Einige glaubten, dass sich der Garten Eden auf fernen Inseln befinde, wie beispielsweise Taprobane (Sri Lanka, siehe S. 26). Sie ließen sich auch nicht von dem geographischen Dilemma abschrecken, wie das Wasser der vier großen Flüsse, die ja angeblich aus dem Baum des Lebens entsprangen, über eine solch riesige Distanz nach Osten gelangen könne. Für phantasievolle Konzepte fand sich im Mittelalter stets eine Erklärung: Entweder verschwanden die Flüsse sofort in der Erde und flossen mehrere Tausend Kilometer unterseeisch, bevor sie wieder an die Oberfläche traten, oder die Süßwasserströme flossen einfach über das schwerere Salzwasser des Ozeans hinweg zu ihren biblischen Bestimmungsorten. Der irische Schutzpatron der Seefahrer Sankt Brendan hatte sein gesegnetes Land, sein Eden, angeblich auf einer Insel gefunden, nachdem er sieben Jahre über den Atlantik gereist war (siehe S. 129).

Manche behaupteten auch, dass es sich beim Garten Eden nicht um einen tatsächlichen Ort handele, sondern um eine Erinnerung an Fruchtbarkeit und Fülle, die tief im menschlichen Gedächtnis verankert sei. Auch die Ansicht, die Erzählung vom Paradies sei rein symbolisch, wurde gelegentlich vertreten. Frühe neuplatonische Philosophen wie Philon von Alexandria und Origenes warteten ihrerseits mit einer eigenen Interpretation auf: Das Paradies symbolisiere den Menschen mit reiner Seele, der allen sinnlichen Freuden und Versuchungen widersteht. Dies machte auf einen Streich viele schwierige Fragen überflüssig – nicht nur in theologischer, sondern auch in geographischer Hinsicht. Die meisten Menschen hielten jedoch nichts von derartigen Erklärungen. Wenn Adam und Eva aus Fleisch und Blut waren, dann war auch der Garten Eden ein realer Ort auf Erden und kein abstraktes Konzept. Dort würden die Heiligen tausend Jahre bis zum jüngsten Gericht leben.

Moderne Detektivarbeit

Archäologen konnten die Existenz vieler Orte nachweisen, die in der Bibel beschrieben werden. Zum Beispiel wurden Jericho und seine berühmten Verteidigungswälle, die der Schilderung des Alten Testaments zufolge einstürzten, im Westjordanland ausgegraben und auf 8300 v. Chr. datiert. Entsprechend muss jede Suche nach dem Garten Eden mit den Ortsangaben in Genesis 2,10–14 beginnen:

«Und ein Strom ging aus von Eden, den Garten zu bewässern; und von dort aus teilte er sich und wurde zu vier Flüssen. Der Name des ersten ist Pischon; dieser ist es, der das ganze Land Hawila umfließt, wo das Gold ist; und das Gold dieses Landes ist gut; daselbst ist das Bdellion und der Stein Onyx. Und der Name des zweiten Flusses: Gihon; dieser ist es, der das ganze Land Äthiopien umfließt. Und der Name des dritten Flusses: Hiddekel; [was das hebräische Wort für Tigris ist]*; dieser ist es, der vor Assyrien fließt. Und der vierte Fluß, das ist der Euphrat.»*

Dies stellt uns vor ein fast unlösbares geographisches Rätsel. Euphrat und Tigris kennt man als Flüsse, die durch den heutigen Irak fließen. Sie entspringen jedoch nicht aus einer Quelle, sondern haben verschiedene Ursprünge. Da der Tigris im Taurusgebirge in der Osttürkei entspringt, wurde der Garten Eden dort vermutet. Aber um welche Flüsse kann es sich bei den rätselhaften Strömen Pischon und Gihon handeln? Manche sind der Ansicht, dass die vier großen Ströme des Irak gemeint sind: der Tigris, seine beiden Nebenflüsse Diyala und Zab sowie der Euphrat. Andere Auslegungen der Bibel sehen darin Tigris, Murat und Euphrat sowie dessen nördlichen Nebenfluss. In dieser Gegend liegen auch zahlreiche biblische Stätten wie Ninive und Babylon. Hier entstanden die ersten bekannten Hochkulturen der Alten Welt.

Keiner dieser Erklärungsversuche für die Deutung der vier großen Ströme passt vollkommen auf die biblische Beschreibung, aber der Text der Genesis enthält noch andere Hinweise. Wenn man die genaue Lage von Hawila bestimmen könnte, fände man vielleicht auch heraus, wo der Pischon fließt.

Die meisten Forscher vermuteten Hawila im Nordwesten Jemens. In jüngster Zeit deuten jedoch einige Fakten darauf hin, dass sich das Land im Hedschas-Gebirge etwa 640 Kilometer nördlich des Jemens befand. Erste Auswertungen aus Bodenuntersuchungen und Satellitenbilder der Arabischen Halbinsel konnten eindeutig nachweisen, dass in der Antike im Hedschas ein großer Fluss entsprang. Dieser führte durch die heutige Wüste zum Persischen Golf bis in der Nähe der Mündung von Euphrat und Tigris. Er trocknete infolge von Klimaveränderungen zwischen 3500 und 2000 v. Chr. aus. Bei diesem Fluss könnte es sich durchaus um den Pischon handeln, von dem es in der Genesis heißt, dass er «das ganze Land Hawila umfließt, wo das Gold ist; und das Gold dieses Landes ist gut».

In dieser Gegend wird seit etwa 5000 Jahren Gold abgebaut. Die Vermutung liegt nahe, dass sich hier auch die Minen König Salomos befanden. Dort wurde ein altertümliches Erzabbaugebiet entdeckt, in dem Tausende Steinhämmer sowie riesige Mengen an aufgeschütteter Erde und Gestein gefunden wurden, die sogar noch Spuren von Gold aufwiesen. Auch das in der Genesis erwähnte Bdelliumharz gibt es in dieser Gegend reichlich. Dabei handelt es sich um ein aromatisches Harz, das der Myrrhe ähnelt und aus dem Baum *Commiphora wightii* gewonnen wird.

Laut der Bibelübersetzung von Martin Luther befindet sich der Gihon im Lande Kusch. Wir wissen, dass die Hebräer Äthiopien (damals die Bezeichnung für ein viel größeres Gebiet als heutzutage) als *Kusch* bezeichneten. In Äthiopien entspringt zwar der Blaue Nil, aber dieser ist ganz offensichtlich zu weit im Süden Nordafrikas, um als Gihon in Betracht zu kommen. Dies könnte das Ende einer logischen Suche nach dem Garten Eden bedeuten, wenn Kusch nicht noch eine andere Bedeutung hätte. Es gibt auch noch einen Volksstamm, der als Kusch bezeichnet wird, und in der Bibel finden sich außerdem Verweise auf die Kuschiten (Kaschiten) in Vorderasien.

Die Genesis ist für ihre endlos langen genealogischen Abfolgen und Stammbäume berüchtigt. Diese enthalten jedoch oft hilfreiche Hinweise auf antike Orte. Von Noahs Sohn Ham stammten Kusch und Kanaan, Put und Mizraim ab. Die Angehörigen des von Kusch gegründeten Stamms wurden in der Bibel als Kuschiten bezeichnet. Ihr Siedlungsgebiet nannte man Kusch, da es im Altertum üblich war, Länder nach den Menschen zu benennen, die dort lebten. Die Bibel erwähnt sowohl ein Kusch in Afrika als auch ein Kusch in Vorderasien, was möglicherweise bedeutet, dass sich der Stamm irgendwann trennte und ein Teil nordwärts zog. Das Reich Kusch lag südlich von Ägypten und wurde etwa 1970 v. Chr. zum ersten Mal erwähnt. Möglicherweise liegt sein Ursprung jedoch viel weiter zurück. Die vorderasiatischen Kuschiten werden gewöhnlich mit den Kassiten gleichgesetzt, die in Mesopotamien und der alten sumerischen Stadt Kisch lebten. Das lässt wiederum den Schluss zu, dass der Fluss Gihon irgendwo in der Nähe des Euphrats liegen muss – weit weg von Äthiopien.

Die Vermutung, dass dies der reale Ort für den vierten Fluss der Genesis sein könnte, wird außerdem dadurch gestützt, dass die Bibel Nimrod als einen von Kuschs Söhnen aufzählt. Angeblich gründete dieser die Städte Babel, Sumer, Akkad und möglicherweise auch Assur (der biblische Bericht lässt im Hinblick auf Assur mehrere Deutungen zu). Hawila, ein weiterer Sohn Kuschs und Stammesführer, gab der Region Hawila seinen Namen. Sabta, ein dritter Sohn, wird mit dem heutigen Ostjemen in Verbindung gebracht. Ein vierter Sohn, Ragma, siedelte wohl im Südwesten der Arabischen Halbinsel. Angesichts der Gebiete, in denen die Söhne Kuschs lebten, gibt es gute Gründe für die These, dass mit dem in der Genesis erwähnten Land Kusch das Land der Kassiten in Mesopotamien gemeint ist. Diese Gegend liegt im heutigen Irak. Beim Fluss Gihon könnte es sich daher womöglich um den heutigen Fluss Karun handeln, der durch den angrenzenden Iran fließt. Die Ebene des Zweistromlands kann auf eine abwechslungsreiche Geschichte von 30 000 Jahren menschlicher Besiedlung zurückblicken. Während dieser Zeit vollzog sich ein langsamer Wandel. Die einstigen nomadischen Jäger und Sammler wurden als Bauern sesshaft, die wiederum die Entstehung der ersten hochentwickelten Stadtstaaten ermöglichten. Wenn diese Auslegungen der biblischen Angaben zur geographischen Lage des Garten Edens richtig sind, dann ist das einst üppige und fruchtbare Paradies gleichbedeutend mit dem Ort, an dem die menschliche Zivilisation tatsächlich ihren Anfang nahm.

Unsere detektivische Recherche kommt aber über diesen Punkt nicht hinaus. Wir sind der Auffindung des Garten Edens wahrscheinlich so nahe wie

(Fortsetzung S. 75)

RECHTS: Die Mappa Mundi *aus dem Kodex des heiligen Beatus von Liébana. Am oberen Rand der Karte ist der Garten Eden abgebildet mit Adam und Eva, dem Baum des Lebens sowie den vier Paradiesflüssen Euphrat, Tigris, Pischon und Gihon.*

ORIENS
SUBSOL
INSE ARGIRE
INSULA CRISE
MERI DIES
GENS SERES
ASIA MAIOR
MESOPOTAMIA
GALILEA SUPERIOR
ARABIA
SINUS ARABICUS
MARE RUBRUM
IUDEA
ACAIA
SINUS ADRIATICUS
ROMA
EGIPT SUPERIOR
EGIPT INFERIOR
INSULA MEROEN
MARE LIBICUM
INSULA CRETA
MARE SICILIUM
INSE SICILIA
CORSICA
MARE LIGUSTICUM
TIRRENU MARE
PROUINCIA
SEPTIMANIA
AFRICA
LIBICA
INSULA GADES
INSULAE
FORTUNATARUM
AUSTER AFRICUS
LIBO NOTHUS
LIPS AFRICUS
OCCIDENS
FAVONIUS

Kolumbus' Suche nach dem Paradies

Selbst Ende des 15. Jahrhunderts kursierten noch allerlei Vorstellungen über die tatsächliche Existenz des Garten Eden. Zu Christoph Kolumbus' Lebzeiten wurde der Garten Eden häufig am oberen Rand der *Mappae Mundi* eingezeichnet. Wie viele andere Menschen glaubte auch Kolumbus, dass sich das Paradies an einem sehr hoch gelegenen Ort befinden müsse. Aber Kolumbus ging noch weiter und entwickelte die Theorie, dass die Erde nicht rund, sondern eher birnenförmig sei und dass das Paradies auf der Spitze dieser Birne liege. Die Aufzeichnungen gegen Ende seiner Laufbahn lassen einen für seine Zeit belesenen und weitgereisten Menschen erkennen, der sich für philosophische Fragen interessierte und von einem tiefen religiösen Glauben erfüllt war, wie er das Leben fast aller Westeuropäer im 15. Jahrhundert bestimmte. Kolumbus las die studierten Abhandlungen der Gelehrten über das Paradies, darunter die von Strabon, dem heilige Isidor von Sevilla, von Beda Venerabilis, Johannes Duns Scotus und dem heiligen Ambrosius. Er schloss „heidnische" Orte wie die „Inseln der Seligen" (Kanarische Inseln) von vornherein aus, konnte aber weder in griechischen noch in lateinischen Schriften einen irdischen Ort für das Paradies ausfindig machen. Schließlich gelangte er zu der Überzeugung, dass er das Paradies finden würde, wenn er jenseits des Äquators nach Süden segelte. Er erwartete nicht, ohne Gottes Hilfe dorthin zu gelangen, aber er war eindeutig

Juan de la Cosa war ein spanischer Kartograph, der Kolumbus auf seinen ersten drei Reisen begleitete. Seine Mappa Mundi *aus dem Jahr 1500 – die die Karibik zeigt – ist die älteste bekannte Landkarte von der Neuen Welt. Auf Kolumbus' Suche nach dem Paradies wird durch die Darstellung am oberen Rand hingewiesen.*

Kolumbus' Suche nach dem Paradies

der Meinung, dass das Paradies südlich seiner ersten Entdeckungen in der Neuen Welt liegen müsse.

1498 wurde Kolumbus bei seiner dritten Reise in die Neue Welt auf Hispaniola gefangen genommen und in Ketten zurück nach Cadiz gebracht. Er und seine zwei Brüder hatten ein Verbrechen begangen, das in der Neuen Welt später häufiger vorkam: Sie hatten es während ihrer Herrschaft über die junge Kolonie versäumt, sich das Wohlwollen des Königshofes durch die Suche nach Gold zu sichern.

Man ließ Kolumbus im Gefängnis schmachten. Von dort schrieb er viele Briefe an Ferdinand und Isabella, den König und die Königin von Spanien. In einem Schreiben schildert er, wie er sich dem Golf von Paria bei Trinidad näherte und der Polarstern den Eindruck vermittelt habe, das Schiff fahre nach oben. Er beschreibt das milde Klima und einen enormen Zustrom von Süßwasser, das sich bis weit hinaus in den Golf ergoss. Angesichts dieser Fakten kam er zu dem Schluss, dass er sich am äußersten Rand des irdischen Paradieses befunden haben musste und der große Zustrom an Süßwasser nur von den Paradiesflüssen stammen konnte. (Der Golf von Paria liegt zwischen Trinidad und der venezolanischen Küste, dort münden verschiedene Arme des riesigen Orinocodeltas ins Meer.) Kolumbus war intelligent genug, in seinem Schreiben hinzuzufügen, dass er sicher sei, sich auch ganz in der Nähe eines riesigen Goldschatzes befunden zu haben. Mit der Erwähnung des Paradieses unterstrich er den religiösen Aspekt seiner Reise, der an einem Hof, an dem eine äußerst aktive Inquisition herrschte, durchaus ratsam war. Gewiss überzeugte die königlichen Hoheiten jedoch eher die Aussicht auf Gold. Dennoch ließ man Kolumbus noch einige Zeit im Gefängnis sitzen. Ende Dezember 1500 wurde er schließlich freigelassen und bei Hofe empfangen. 1502 willigte das Königspaar gnädigerweise ein, Kolumbus eine erneute Reise zu gestatten, die seine vierte und gleichzeitig letzte Expedition in die Neue Welt sein sollte.

Er schaffte es in rekordverdächtiger Zeit über den Atlantik und erkundete die Karibik und die panamaischen Gebiete. Jedoch fand er weder sein irdisches Paradies noch wurde seine letzte Reise durch große Reichtümer belohnt. Kolumbus starb 1506, nachdem er seine letzten Jahre geplagt von ständigen Schmerzen, aber in finanziell gesicherten Verhältnissen in Sevilla verbracht hatte.

irgend möglich gekommen, zumindest bis zukünftige Archäologen uns neue Hinweise vorlegen. Wenn sich auch nicht mit Sicherheit sagen lässt, wo genau sich der Garten Eden befand, können wir andere Orte, die in der Vergangenheit in Betracht gezogen wurden, definitiv ausschließen. Das Paradies befand sich nicht in der Neuen Welt und vor allem nicht auf der Spitze eines birnenförmigen Planeten, wie Kolumbus glaubte (siehe S. 72). Es lag weder in Ägypten noch in Äthiopien, weder in Israel – und auch nicht am Nordpol –, noch im versunkenen Atlantis oder auf der Spitze des Ararat, wo Noahs Arche angeblich strandete, als das Wasser der Sintflut zurückging. Auch die „Inseln der Seligen" können ausgeschlossen werden. Die Lage des Garten Eden kann erwiesenermaßen auf zwei Gebiete eingegrenzt werden: nördlich des Persischen Golfs (wo sich heutzutage der Irak befindet) oder im Taurusgebirge, dem Quellgebiet des Tigris, in der Osttürkei.

Wurde der Garten Eden durch die Sintflut vernichtet?

Viele Kirchenmänner, einschließlich Martin Luther, verwiesen gern auf die in der Genesis beschriebene biblische Sintflut, um das Problem einer Ortsbestimmung des Garten Edens zu umgehen. Wenn die Welt vor mehreren Tausend Jahren jedoch tatsächlich von einem solchen Ereignis verwüstet wurde, dann müsste es einige Spuren hinterlassen haben.

Die ältesten Schilderungen der Sintflut finden sich in der großartigen Dichtung des antiken „Gilgameschepos" und sind nur noch in Fragmenten erhalten. Diese Sage entstand möglicherweise bereits 3000 v. Chr. in Sumerien, basierte wohl jedoch auf weit älteren mündlichen Überlieferungen.

In einer dieser Erzählungen wird von einer großen Regenflut berichtet, die die Erde überschwemmte und sieben Tage und Nächte andauerte, bevor das Licht auf die Erde zurückkehrte. Die Götter hatten die Zerstörung der Erde und der Menschheit beschlossen. Nur Utnapischti, der Held der Geschichte, war gewarnt worden. Er belud sein Boot mit allen Arten von Lebewesen, die es auf der Welt gab, sowie mit Gold und Silber. Schließlich strandete sein Boot auf dem Gipfel des Berges Nimusch. Utnapischti sandte nacheinander drei Vögel aus. Als der dritte Vogel nicht mehr zurückkam, wusste er, dass er Land gefunden hatte. Er konnte alle Lebewesen wieder sicher auf die Erde entlassen. Die Götter waren erzürnt, weil sie überlistet worden waren und die Menschen überlebt hatten. Schließlich waren sie jedoch bereit, Gnade zu zeigen. Sie gewährten Utnapischtim und seiner Frau Unsterblichkeit, unter der Bedingung, dass sie sich in weiter Ferne niederlassen würden.

Was könnte einen solch apokalyptischen Vorfall ausgelöst haben? Und hätte er die geographischen Gegebenheiten im gesamten Nahen Osten so grundlegend verändern können? Aktuelle wissenschaftliche Untersuchungen konnten den folgenschweren Einschlag eines großen Meteoriten auf der Erde vor 4800 Jahren nachweisen. Möglicherweise ist dies das historische Ereignis, das in der Bibel und im „Gilgameschepos" beschrieben wird.

Der älteste bekannte Meteoritenkrater auf der Erde wird auf ein Alter von 3,5 Milliarden Jahren geschätzt. Ein solcher Einschlag hätte die oberen Schichten des Meerwassers verdampfen lassen, nur anaerobe Bakterien in großer Meerestiefe hätten die Katastrophe überlebt. Mehrere berghohe Megatsunamis hätten danach wiederholt die Landmassen der Erde überflutet.

Der für ein solches Ereignis verantwortliche Asteroid müsste im Durchmesser schätzungsweise 19 bis 48 Kilometer groß gewesen sein, etwa doppelt so groß wie der Asteroid, der vermutlich das Aussterben der Dinosaurier zur Folge hatte. Letzterer durchbrach wohl vor etwa 65 Millionen Jahren die Erdatmosphäre und stürzte bei Chicxulub auf der Yucatán-Halbinsel in Mexiko auf die Erde. Dieser als K-T-Ereignis bezeichnete Vorfall, der die Kreidezeit beendete und das Tertiär einleitete, hatte ein unvorstellbares Ausmaß. Die Erde wurde durch die Rauch- und Staubpartikel in einen Zustand versetzt, der einem „nuklearen Winter" ähnelte. Dies bedeutete den Untergang aller größeren Tierarten.

Im Jahr 2005 wurde in 3800 Metern Tiefe im Indischen Ozean der 29 Kilometer breite Burckle-Krater entdeckt. Der Einschlagkrater befindet sich etwa 1600 Kilometer südöstlich von Madagaskar. Es wird vermutet, dass dort vor etwa 5000 Jahren ein Meteorit einschlug. Zwar hätte ein solcher Einschlag wohl nicht ebensolch katastrophale Ausmaße wie das K-T-Ereignis gehabt, dennoch wäre er hinreichend groß gewesen, um ein Viertel der damaligen Weltbevölkerung zu vernichten, da vor allem die dicht besiedelten Küstenregionen Asiens und Afrikas davon betroffen gewesen wären. Als Folge des Einschlages hätten Tsunamis mit einer Höhe von mindestens 180 Metern die Küsten der Region überrollt.

Überlieferungen von einer großen Flut, wie sie in der Genesis und im „Gilgameschepos" festgehalten wurden, sind nicht auf den Nahen Osten begrenzt, sondern weit gestreut. Sie alle beschreiben übereinstimmend, dass enorme Winde mit gewaltiger Stärke über die Erde fegten, gefolgt von einer Zeit der vollständigen Dunkelheit. Etwa die Hälfte der Legenden beschreibt endlose, sintflutartige Regenfälle, ein Drittel berichtet von riesigen Tsunamis. All diese geschilderten Ereignisse würden auf einem gewaltigen Asteroideneinschlag im Ozean zutreffen.

Viele dieser Mythen schildern auch nachprüfbare Ereignisse wie etwa bestimmte seltene Planetenkonstellationen oder historisch belegbare Ereignisse und liefern damit einen möglichen Anhaltspunkt für eine genauere Datierung der Katastrophe. Somit ließe sich die Sintflut logisch erklären.

Die Suche nach dem Jungbrunnen

Paradies und Jungbrunnen wurden lange in einem Atemzug genannt. Die seltsame Geschichte über das mythische Reich des Priesterkönigs Johannes (siehe S. 101) aus dem 12. Jahrhundert, die noch lange Zeit in Europa kursierte, ist ein Beispiel für eine solche Verknüpfung. Johannes soll ein christlicher Priesterkönig von unvorstellbarem Reichtum und großer Macht gewesen sein, der über ein riesiges Reich herrschte. Dieses wurde zunächst an einem unbestimmten Ort im Osten und später in Äthiopien angesiedelt. Die Geschichte basiert auf einem Brief, der angeblich von einem gewissen Johannes verfasst und an eine Reihe von Herrschern gesandt worden war. In diesem Schreiben behauptete er, in seinem Land flössen Milch und Honig und es liege in der Nähe des biblischen Garten Eden. Zu den seltsamen Wunderdingen dort gehöre ein Jungbrunnen am Fuße des Olymp in Nordgriechenland. Man müsse nur dreimal von dem Wasser trinken, um für den Rest des Lebens den Körper eines 30-Jährigen zu erhalten.

Geschichten über den Jungbrunnen oder die Quelle des ewigen Lebens haben jahrtausendelang den menschlichen Wunsch nach ewiger Jugend beflügelt. Der „Alexanderroman“ aus dem 3. Jahrhundert v. Chr., eine eher unpräzise Schilderung der Heldentaten Alexanders des Großen, war besonders im Mittelalter sehr beliebt und verankerte die Vorstellung von einem solchen Wunderwasser in den Vorstellungen der westlichen Welt.

Im „Alexanderroman“ machen sich Alexander und sein getreuer Diener Andreas auf die Suche nach dem Quell des Lebens. Sie durchqueren Russland und das „Land der Seligen“, einen mythischen Ort, an dem ewige Nacht herrscht und der in den Wäldern Armeniens vermutet wurde. Das finstere Land war ein furchteinflößender Ort, in das sich niemand hineinwagte. Dem höchst originellen mittelalterlichen Bestseller „Die Reisen des Ritters John Mandeville“ (siehe S. 106) zufolge ließen sich in der Dunkelheit dieses Königreichs Stimmen vernehmen. Sie gehörten den Nachfahren des persischen Kaisers Schapur II. und seiner Männer, die dort für immer gefangen waren. Schapur hatte die Christen in Armenien verfolgt, «um sie zu vernichten und zum Götzendienst zu zwingen. Er ritt mit seinem großen Heeresaufgebot einher, um die Christenheit zunichte zu machen». Die Christen versuchten, nach Griechenland zu entkommen, aber in der Ebene von Megon «stellte dieser verfluchte Kaiser die Fliehenden mit seinem Heer, um sie sogleich zu erschlagen und in Stücke zu hauen.» Die Gebete der Christen um Rettung wurden jedoch erhört: «Sogleich erschien eine dicke Wolke, die den Kaiser und sein Heer einhüllte. Und so müssen sie dort für immer bleiben, und niemand kann entkommen. Sie werden für immer in Finsternis leben, bis zum Tag des Jüngsten Gerichts.» Auch Alexander war nicht in der Lage, die undurchdringliche Finsternis dieses furchtbaren Landes zu überwinden. Sein Diener jedoch schaffte es, trank von der wundersamen Quelle und wurde unsterblich.

LINKS: Der Brunnen der ewigen Jugend aus dem Kodex „De Sphaera d'Este“, um 1470.

Die Suche nach dem Jungbrunnen wurde bis zum Ende des Zeitalters der Entdeckungen mit Eifer fortgesetzt. Immer wieder tauchten verschiedenste Berichte über vermeintliche Orte mit der Quelle auf. Einige Christen waren der Überzeugung, dass ein Schluck aus dem Heiligen Gral – sollte er jemals gefunden werden – Unsterblichkeit verleihen würde. Die Vorstellung vom ewigen Leben, wie es die christliche Religion versprach, wurde dadurch mit der Unsterblichkeit auf Erden verknüpft.

Der Jungbrunnen der Neuen Welt

Die Geschichten eines Jungbrunnens in der Neuen Welt basieren auf Erzählungen, die zu Zeiten von Kolumbus und dem spanischen Eroberer Juan Ponce de León in der Neuen Welt kursierten. Es hieß, ein Häuptling vom Volk der Arawak habe von einem verjüngenden Quell in Florida gehört und sei mit einigen Begleitern von Kuba aus dorthin gereist. Sie kehrten nicht zurück, und man erzählte sich, dass sie dieses wundersame Land gefunden hatten und deshalb nicht mehr zurückkehren wollten.

Das abwechselnd als Brunnen, Quelle oder Fluss beschriebene Wunderwasser befand sich angeblich in Bimini. Dabei handelte es sich wohl nicht um einen realen Ort, da Bimini mal in Florida und mal auf den Bahamas angesiedelt wurde. Zahlreiche Insulaner versuchten daraufhin, dieses begehrenswerte Verjüngungswasser zu finden. Angeblich hörte Ponce de León diese Geschichte, als er Gouverneur von Puerto Rico war. Den Idealvorstellungen der Zeit entsprechend, war die Verlockung einer neu erstarkten Manneskraft praktischerweise mit Geschichten über ein Land verknüpft, in dem die Goldbarren auf dem Boden liegen und man nur zugreifen muss. Ponce de León reizte darüber hinaus sicherlich auch die Aussicht auf Sklaven. Erwähnenswert ist, dass Ponce de León seine Reise auf den Bahamas begann, bevor er nordwärts segelte und unbekanntes Land entdeckte, das er für eine weitere Insel hielt. In Wahrheit war er nördlich von St. Augustine auf der Halbinsel Florida gelandet.

Der norditalienische Historiker und Geograph Petrus Martyr trug diese Geschichte 1513 Papst Leo X. zu: «Etwa 325 Meilen nördlich von Hispaniola [heute Haiti und die Dominikanische Republik] liegt eine Insel, wie diejenigen berichten, die dort gesucht haben. An jenem Ort befindet sich eine stetig fließende Quelle, die eine solch wundersame Wirkung hat, dass das daraus getrunkene Wasser, in Verbindung mit der entsprechenden Ernährung, alte Menschen wieder jung macht.» Auffallend ist, dass Martyr als Bedingung für eine möglicherweise hilfreiche Wirkung der Quelle eine spezielle Ernährungsweise in seine Erzählung einfließen lässt. Selbst in einem Zeitalter mit ausgeprägtem Wunderglauben war er offensichtlich von dieser Geschichte nicht ganz überzeugt. Allerdings wurden diese Zweifel von einem Großteil der feinen Gesellschaft des Mittelalters nicht geteilt.

Eigentümlicherweise landete Ponce de León bei seiner letzten und verhängnisvollen Reise nach Florida, die ihm den Tod brachte, in der Nähe der heutigen Stadt Port Charlotte, nahe der Gemeinde Warm Mineral Springs, deren Thermalquellen bereits seit Jahrtausenden genutzt wurden.

Die Geschichte vom Jungbrunnen der Neuen Welt kann jedoch noch mit weiteren überraschenden Details aufwarten. Die Biminiinseln gehören zu den Bahamas, die beiden größten Inseln heißen Nord- und Südbimini. Zu Lebzeiten von Ponce de León kursierte das Gerücht, der Jungbrunnen befinde sich in den flachen Teichen Südbiminis. Ein kleiner Tümpel mit einem entsprechenden Hinweisschild befindet sich in der Nähe der heutigen Straße zum Flughafen. Es gibt allerdings keinen Anhaltspunkt, dass dieses Wasser in irgendeiner Weise magisch ist.

Auf Nordbimini hingegen wurde im 20. Jahrhundert eine ungewöhnliche Entdeckung in den Mangrovensümpfen gemacht: ein Teich, der durch eine Reihe von unterirdischen Kanälen mit kaltem und mineralhaltigem Quellwasser gespeist wird. Der hohe Gehalt an Schwefel und Lithium führt dazu, dass man nach einem Bad in diesem Teich, eine heilsame und regenerierende Wirkung verspürt. Der Teich ist bei den Einheimischen als „heilendes Loch" bekannt, und die Insel avancierte inzwischen zu einem beliebten Ort für New-Age-Heilungsrituale.

Die Hölle auf Erden

Zur gleichen Zeit, als die Menschen ihre Vorstellungen von einem irdischen Paradies entwickelten, ersannen sie auch die Gegenentwürfe dazu. Man darf sich durchaus fragen, warum sich die Menschen mit derartigen Ideen beschäftigten. Liegt es in unserer Natur, dass wir immer auch nach der dunklen Seite der Seele trachten? Oder war es eine beruhigende Vorstellung, dass diejenigen, die ihren Mitmenschen das Leben zur Hölle machten, letztendlich eine gerechte Strafe erwartete? In manchen Religionen gibt es eine immerwährende Hölle, während andere ein zeitlich begrenztes Fegefeuer als Ort der Läuterung kennen. Manche Menschen stellen sich darunter auch ein neutrales Stadium des „Nicht-Lebens" vor. Üblicherweise wird dieser Platz unter der Erde vermutet. Der griechische Hades war das Herrschaftsgebiet des gleichnamigen Gottes. Hades war der Sohn von Kronos und Rhea und in römischer Zeit als Gott Pluto bekannt. Sein Gefährte an diesem dunklen, düsteren Ort war der dreiköpfige Höllenhund Zerberus.

In dem Bericht „Rede an die Griechen über den Hades", der wahrscheinlich eine Adaption der Schriften des heiligen Hippolyt von Rom ist (des ersten Gegenpapstes), wird der Hades als ein Ort der Dunkelheit beschrieben, in dem die verdammten Seelen befristet Strafen durch Engel erdulden müssen, die zu ihren Wächtern bestimmt sind. In einem Bereich des Hades gibt es einen See aus unlöschbarem Feuer, der dem Jüngsten Gericht vorbehalten ist. Der Bericht schildert die Qualen der christlichen Unterwelt in Worten, die jede Kirchengemeinde bis ins Mark erschüttern mussten. Diese „Rede" ist eine der ersten Schilderungen einer Hölle mit Feuer und Schwefel und prägte die christliche Vorstellung für die folgenden Jahrhunderte.

Nicht alle frühen christlichen Gelehrten stellten derart Furchteinflößendes für die Gottlosen in Aussicht. Die oberen Ebenen der Hölle schienen im Allgemeinen mit jenen bevölkert, die in ihrem Leben nicht die Möglichkeit hatten, zum Christentum überzutreten. Allen, die vor der Zeit Christi gelebt hatten, wurde eine Art Zwischenwelt zugewiesen. Für Kinder, die ungetauft starben, war nach Augustinus von Hippo ein besonderer Bereich der Hölle vorgesehen, in dem sie weniger Qualen erleiden mussten als ungetaufte Erwachsene. Die Hölle der christlichen Welt war ein erstaunlich komplex strukturierter Ort mit verschiedenen Ebenen und unterschiedlich grausamen Strafen. Mit der Ausbreitung des Christentums wurde die Kirche zur mächtigsten Institution Europas. Leider überzeugte die Kirche ihre Schäflein weniger durch fromme Vorbilder von

LINKS: Aeneas und die Sibylle in der Unterwelt, von Jan Brueghel dem Älteren, 1598.

einem gottgefälligen Leben. Vielmehr instrumentalisierte sie die Angst vor einem Ausschluss aus der christlichen Gemeinschaft und versprach den Gläubigen Erlösung von den schrecklichen Qualen einer grauenhaften, immerwährenden Hölle.

In allen Religionen, die an eine Wiedergeburt glauben, wird nach dem Tod über das vergangene Leben geurteilt und die Seele für ihre Handlungen entweder belohnt oder bestraft. Platon folgt bei seiner Darstellung der Unterwelt, die er am Ende seines Werks „Politeia" skizziert, weder der Vorstellung der Griechen vom Hades noch schildert er eine Welt ewiger Qualen. Stattdessen beschreibt er eine Art Unterbrechung des Lebens, eine Zeit, in der unmoralisches Verhalten korrigiert werden kann. Seine These ist, dass die Seele nicht aufgrund eines Makels sterben könne, sondern dass vielmehr dieser Makel durch Selbstverbesserung aufgehoben werden kann. Er glaubte fest daran, dass ein moralisches Leben belohnt, ein unmoralisches Leben dagegen bestraft werden würde.

Der Eingang zur Unterwelt

Durch Kriege und Unterdrückung war es den Menschen möglich, eine Hölle auf Erden zu schaffen. Es existierte aber noch eine andere Hölle in der realen Welt: die Welt der Vulkane. Vulkane galten häufig als Eingang zur Unterwelt.

Die Phlegräischen Felder (Campi Flegrei) sind die Überreste eines riesigen Kraters von etwa 13 Kilometern Durchmesser, der heute zum größten Teil unter Wasser westlich von Neapel in Unteritalien liegt. Der Vulkan, durch den der Krater entstanden ist, hatte zwei heftige Ausbrüche, vor etwa 40 000 Jahren und vor 12 000 Jahren. Inmitten des Kraters liegen die antike Stadt Pozzuoli und der Solfatara-Krater. Dort wurde die Heimat des römischen Feuergottes Vulcanus vermutet. Trotz steter vulkanischer Aktivität errichteten hier erst die Griechen und später die Römer herrliche Sommerresidenzen. Anreiz hierfür waren vor allem Thermalquellen, denen eine heilende Wirkung nachgesagt wurde. Auch die Stadt Neapel ist auf einem Pulverfass erbaut, wie schon Pompeji und Herculaneum, die im 1. Jahrhundert n. Chr. bei dem verheerenden Ausbruch des Vesuvs zerstört wurden. Damals wie heute scheinen die Schönheit der Landschaft und die Fruchtbarkeit des Bodens das Risiko wert zu sein, mit dieser ständigen Gefahr zu leben.

Das Gebiet rund um Solfatara wurde im 8. Jahrhundert v. Chr. von den Griechen kolonialisiert. Unter deren Herrschaft entwickelte sich das am Rand der Phlegräischen Felder gelegene und nur auf dem Seeweg erreichbare Cumae zu einer blühenden Stadt. Die griechische Kolonialisierung wurde entlang der Küste mit weiteren Stadtgründungen fortgesetzt, darunter auch Neapel. 421 v. Chr. wurde die Region schließlich von den Römern unterworfen. Im riesigen Krater liegen mehrere Seen, darunter auch der seichte Lago d'Averno, der damals als Eingang zum Hades galt. Das Wort Averno leitet sich vom Griechischen *aornos* ab, was so viel wie „vogellos" bedeutet. Der See war für seine Dämpfe berüchtigt, die so giftig waren, dass kein Vogel einen Flug darüber überlebte. Der Eingang zum Hades, die „Initiationsgrotte", lag am Ufer des Sees, bei der Höhle der berühmten Sibylle von Cumae, die dort als Prophetin des Gottes Apollo wirkte. Wer die „Aeneis" von Vergil kennt, wird sich an die Begegnung von

Aeneas und der Sibylle sowie deren Prophezeiung des kommenden Ruhms für Rom erinnern. Vergil beschreibt darin die seltsame Höhle von Avernus, den Eingang zur Unterwelt. Dort führte die Sibylle diejenigen in die Unterwelt, die die Toten aufzusuchen wünschen. Es handelt sich hierbei um eine riesige, tief ausgehöhlte Grotte, deren Boden mit spitzen Steinen und Kieseln bedeckt ist, umgeben von einem dunklen Wald und den ebenso dunklen Wassern des Sees. Vergil schildert ein Gewirr von Gängen und spricht von der Notwendigkeit, den Göttern verschiedene Gaben darzubringen.

Auch Strabon beschreibt die Landschaft dieser Gegend in seinem Werk „Geographica". Er bestätigt darin die Existenz eines Orakels der dort wohnenden Toten und bemerkt, auch Odysseus habe diesen Ort besucht. Eine Quelle mit Trinkwasser stünde am Ufer, jedoch vermieden Besucher es, daraus zu trinken, da sie es für Wasser aus dem Styx hielten. Dies war der Fluss, den die Toten bei ihrem Eintritt in die Unterwelt überqueren mussten. Er erzählt, dass nur diejenigen, die den Göttern angemessene Opfer dargebracht hätten, zur Sibylle vorgelassen würden.

Die Kimmerer, die in dieser Gegend bereits vor Ankunft der Griechen gesiedelt hatten, lebten seinen Berichten zufolge voller Angst wie Maulwürfe im Untergrund, wo sie ihren Lebensunterhalt im Bergbau verdienten. Sie durften niemals hinauf ins Sonnenlicht, nur nachts konnten sie nach oben. Mit der Zeit wurden diese Geschichten um die berühmte Sibylle von Cumae zu einer Legende verwoben, die den Eingang zum griechischen Hades mit einschloss.

Cumae

Ein Besuch im heutigen Cumae beginnt weniger romantisch als zu Zeiten der Sibylle, nämlich an einem Ticketschalter. Erst 1932 wurde Vergils berühmter Schacht der 100 Mündungen, die sogenannte Sibyllengrotte, entdeckt und für Touristen geöffnet.

In der Tat war nicht die Fantasie mit Vergil durchgegangen, sondern er hatte den Ort perfekt beschrieben. Es gibt tatsächlich mehrere Seitengänge und eine abschließende Kammer, in der die Sibylle wohl ihre Prophezeiungen verkündet hat. Es muss eine beeindruckende Erfahrung gewesen sein, dieser Zeremonie beizuwohnen. Vergil beschrieb es: «Die Sibylle sang ihre schauerlich rätselhaften Prophezeiungen. Ihre Stimme dröhnte in der Höhle, als sie die Wahrheit in Dunkelheit kleidete und Apollo die Zügel fest in der Hand hielt und ihr die Sporen gab».

Erst in den 1960er-Jahren konnte auch die Initiationsgrotte gefunden werden. Der ins Vulkangestein geschlagene Tunnel war den Archäologen in Baia zwar bekannt, blieb jedoch unerforscht, da aus ihm giftige Dämpfe drangen. Man ging davon aus, dass der Tunnel zu einem umfassenden Tempelkomplex gehörte. Beim Betreten fand man ein Gängesystem, Kammern, eine schwenkbare Tür, die zur Abriegelung verschiedener Gänge diente, zwei Quellen und einen Fluss, der mit großer Wahrscheinlichkeit als Styx galt und inzwischen einige der Tunnel überflutet hatte. Diese Anlage vermittelt auf eindrucksvolle Weise eine Vorstellung vom Übergang der Toten ins Jenseits und von der Reise durch die Unterwelt.

Land der Helden

In der Mythologie ist den tapfersten der Krieger ein besonderer Ort vorbehalten, eine Art Paradies zur Erquickung von Körper und Geist, wo sie für ihre Taten belohnt werden. Zahlreiche Kulturen haben eine Version dieser utopischen Welt entwickelt, vielleicht auch, um die Lebenden zu einem tapferen Opfergang zu ermutigen.

In der nordischen Mythologie war Walhall mehr Zwischenstation als ewige Ruhestätte. Hier sollte sich der Geist erholen und der Körper heilen können, bevor die Krieger wieder auf die Schlachtfelder zogen. Walhall bedeutet wörtlich „Halle der Gefallenen" und bezog sich auf die himmlische Königshalle am Hof des Gottes Odin. Die ruhmreichsten Krieger, die im Kampf fielen, wurden von den Walküren weggetragen, die sich als aasfressende Raben tarnten. Bragi, der Gott der Dichtung, hieß die Toten in Walhall willkommen. Hinter den heiligen Pforten erstreckte sich die große Halle mit angeblich 540 Toren, von denen jedes breit genug war, dass 800 Krieger nebeneinander einmarschieren konnten. Sie warteten hier auf den Tag, an dem sie die Ragnarök, den Endkampf zwischen den Göttern und den Riesen, bestreiten würden, der auf den Feldern von Asgard stattfinden würde. Alle, die im Kampf starben, werden dafür wieder zum Leben erweckt und kehren nach Walhall zurück, wo sie sich an dem Wildeber Sährimnir laben und starken Met trinken. Für die furchtsameren Gemüter unter uns Sterblichen mag das nordische Walhall eher nach einer Rezeptur für die Hölle klingen als nach einem Paradies für tapfere Krieger. Es gab aber auch die nordische *hel*. Im Gegensatz zu den Vorstellungen von einem Ort göttlicher Vergeltung handelte es sich hierbei einfach um einen Ort unterhalb der Unterwelt.

Auch Elysion, die Insel der Seligen der Griechen, war für die großen Krieger bestimmt, es gab jedoch auch Platz für die Tugendhaften. Die Elysischen Gefilde lagen angeblich am westlichen Rand des Okeanos, des großen Stroms. Die Sterblichen wurden hierher gebracht, um mit den Göttern ewige Glückseligkeit zu teilen. Auch Vergil beschreibt in seiner „Aeneis" diese Version von Elysion, in der Aeneas auf seinen Vater Anchises trifft. Obwohl die frühen christlichen Autoren keine heidnischen Ideen übernehmen wollten, wurde Elysion zu einem Synonym für das Paradies.

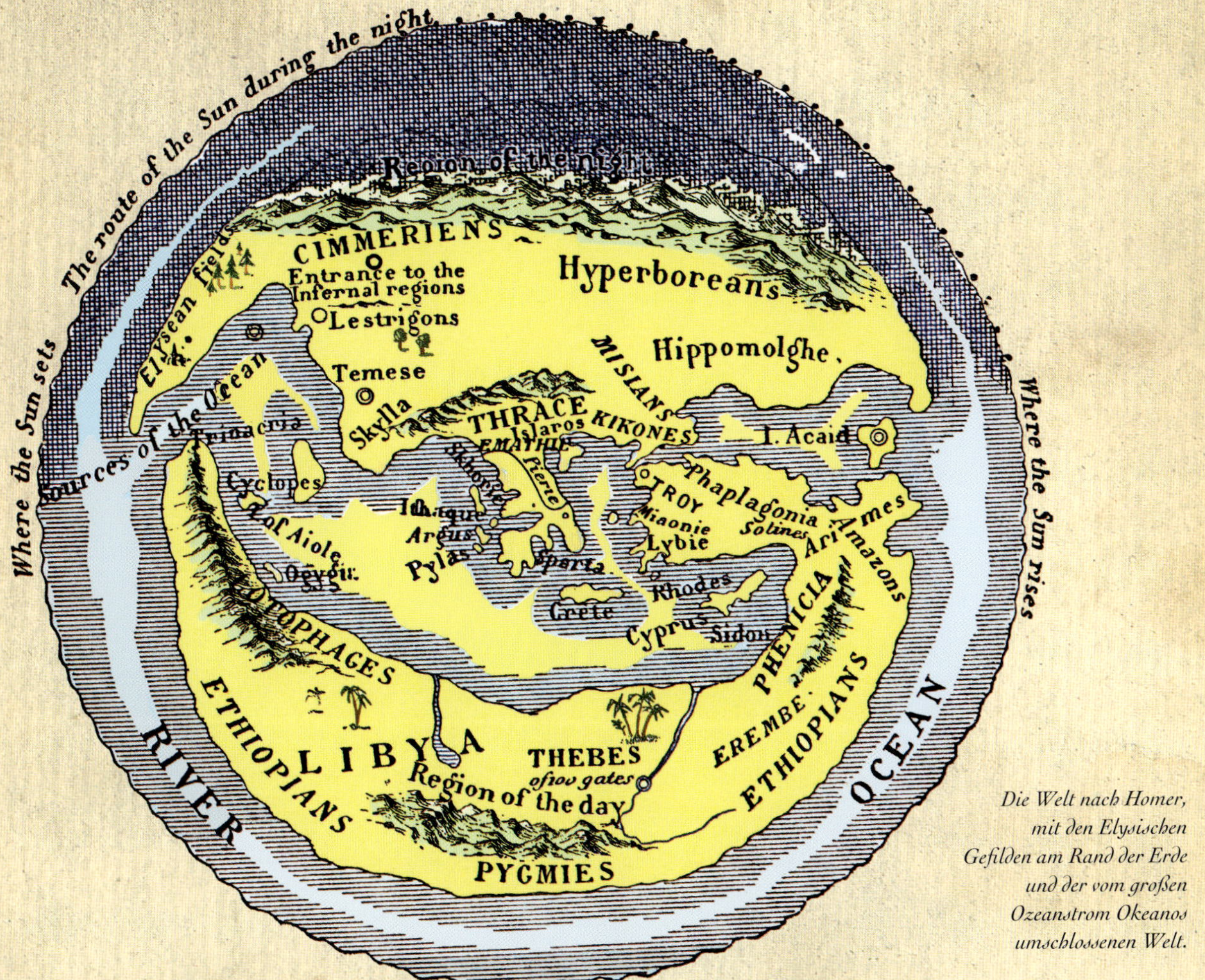

Die Welt nach Homer, mit den Elysischen Gefilden am Rand der Erde und der vom großen Ozeanstrom Okeanos umschlossenen Welt.

Das irische Land der Helden hieß *Mag Mell*, die „Ebene der Freude". Dieses herrliche Paradies sollte sich entweder auf einer Insel westlich von Irland oder unter dem Meer befinden. Die Bewohner dieses Ortes waren mit ewiger Jugend, Schönheit und Kraft gesegnet. Dort gab es vergnügliche Beschäftigungen und Musik sowie köstliches Essen und Trinken und immerwährendes Glück. Diese Welt wurde vom Meeresgott Manannan mac Lir beherrscht. *Mag Mell* überdauerte selbst den Übergang von der keltischen zur christlichen Religion und wandelte sich dabei in einen irdischen Garten Eden. Vielleicht war es dieses Paradies, über das dem irischen Schutzpatron der Seefahrer Sankt Brendan durch einen Mönch im Kloster Clonfert berichtet wurde.

TEIL 3

Mythische Länder und Königreiche

Camelot und die Insel Avalon

Das versunkene Land Lyonesse

Das Königreich des Priesters Johannes

Jenseits der Mauern von Gog und Magog

LINKS: Andrea Biancos Weltkarte von 1436 zeigt eine kreisrunde Erde, umgeben von Ozean. Das Paradies ist am oberen Rand der Karte abgebildet, auf einer Halbinsel (links oben) befinden sich die Stämme von Gog und Magog, in Schach gehalten von Alexander dem Großen.

FOLGENDE SEITEN: Die Wunder von Kanaan nach der Beschreibung der Reise Marco Polos nach China, aus der Handschrift „Li Livres du Graunt Caam" (Die Reisen des Marco Polo), Miniatur von Johannes und seiner Schule, um 1400.

Camelot und die Insel Avalon

Im Nebel längst vergangener Zeiten verschmelzen Geschichte und Legende, nachträglich lässt sich oft kaum noch sagen, wo die Wahrheit endet und der Mythos beginnt. Zu den faszinierendsten Sagen gehört zweifellos die Geschichte von König Artus, seinen Rittern der Tafelrunde, seiner großen Liebe zur schönen Guinevere und seinem verlorenen Königreich Camelot.

Es heißt, dass Artus als Sohn des britischen Königs Uther Pendragon in Cornwall auf die Welt kam. Schon in jungen Jahren wurde er König, seine Krönungszeremonie fand in Caerleon oder in Winchester statt. So berichtet die gängigste Überlieferung der Legende, die auf das 6. Jahrhundert zurückgeht. Es gibt jedoch zahlreiche andere Versionen, die ungleich detaillierter und umso interessanter sind. Manche davon besagen, Artus hätte in Tintagel an der Westküste Cornwalls das Licht der Welt erblickt. Dort steht noch heute eine Burgruine aus dem 13. Jahrhundert an der Meeresküste. Die Burg wurde an einer Stelle erbaut, an der sich zuvor eine römische Siedlung befunden hatte, deren Bewohner vom Handel mit Zinn lebten. Nach dem Rückzug der Römer entstand die prächtige Burg als Sommerresidenz der kornischen Könige von Dumnonia, und es ist gut möglich, dass Artus dort tatsächlich gelebt hat.

Am Fuß der Klippen befindet sich eine große Höhle, der Sage nach die Höhle des Zauberers Merlin. Laut der Legende wurde Artus als Baby von den Wellen vor Merlins Füße gespült, als dieser am Eingang der Höhle stand. Bereits die Zeugung von König Artus war alles andere als alltäglich: Er war der Sohn von Uther Pendragon und Igraine, der Ehefrau des Herzogs von Cornwall. Merlin soll Uther Pendragon durch einen Zauber das Aussehen von Igraines Gatten verliehen haben, so dass man ihr zumindest theoretisch keine Untreue vorwerfen konnte. Artus wuchs rasch zu einem stattlichen und starken Mann heran. Sein magisches Schwert Excalibur, mit dem er in die Schlachten zog, muss ebenso eindrucksvoll wie gewaltig gewesen sein. In manchen Legenden empfing Artus dieses Schwert von Nimue, der Hüterin des Sees, in anderen wiederum zog er es noch als Jüngling mühelos aus einem Felsen, und das, obwohl sich zuvor etliche starke und tapfere Krieger erfolglos daran versucht hatten. Artus bewährte sich mithilfe seines Schwerts als furchtloser Kämpfer und besiegte als Heerführer in mehreren Schlachten die Sachsen, die in das Land eingefallen waren. Seine Weisheit und seine Kenntnisse auf dem Gebiet des Übersinnlichen verdankte er seinem Lehrer Merlin, dem größten Zauberer aller Zeiten.

Artus heiratete die junge, blonde und schöne Guinevere, die Tochter von König Leodegrance von Cameliard. Der berühmte runde Tisch, in manchen Versionen der Legende von Merlin ursprünglich für Uther Pendragon angefertigt, war das Hochzeitsgeschenk von Leodegrance für das frisch vermählte Paar. Dieser Tisch wurde zum Symbol der utopischen Welt von Camelot. Hier saß der König nicht am Kopfende der Tafel, sondern als Gleicher unter Gleichen in einer Runde mit seinen getreuen Rittern. In seinem sagenumwobenen Königreich führten die Ritter ein Leben, das Ehre und Demut verpflichtet war, indem sie sich selbst um die schwächsten Mitglieder der Gesellschaft kümmerten.

In den vielen Legenden, die sich um Artus ranken, ist immer wieder die Rede von einem sagenhaften Kelch mit magischen Fähigkeiten. Der Kelch ist Symbol für Reichtum und Fülle, er verschafft ewige Jugend und spirituelle Vollkommenheit. Dieser Teil der Artussage war möglicherweise durch den Mythos vom Heiligen Gral, aus dem Christus beim letzen Abendmahl getrunken hat, beeinflusst. Der Heilige Gral war der sündhaften Welt entzogen, nur ein Held von reinem und unschuldigem Herzen – wie es Lanzelot, ein Ritter der Tafelrunde war – konnte ihn erblicken.

Verrat und Tod leiteten das Ende dieses goldenen Zeitalters ein. Artus wurde prophezeit, dass ein Kind, in der Walpurgisnacht geboren, ihn einst töten werde. Mordred, der Sohn von Artus' Halbschwester, der mächtigen Magierin Morgause, wurde in besagter Nacht zum 1. Mai geboren, sein Herz war voller Hass und Hinterlist. Morgause war die Ehefrau von König Lot von Orkney, wobei manche Legenden behaupten, sie und Artus hätten ein inzestuöses Verhältnis gehabt. Mordred war fast wahnsinnig vor Verlangen nach Guinevere und hasste daher seinen Rivalen König Artus voller Inbrunst.

Wie vorausgesagt, starb Artus durch Mordreds Hand in der Schlacht von Camlann. In einigen Quellen heißt es, Artus habe zwar eine tödliche Verletzung erlitten, konnte aber Mordred in der Schlacht ebenfalls töten. In anderen Versionen überlebt Mordred, um weiterhin Böses anzurichten.

Als Artus im Sterben lag, konnte er der Hüterin des Sees noch das magische Schwert Excalibur zurückgeben, bevor seine Ritter ihn auf die Insel Avalon brachten. Dort wurde er im Jahr 642 in der großen mittelalterlichen Abtei Glastonbury begraben, die als heiligster Ort Englands galt.

Der Ritter Sir Bedivere gibt im Namen von König Artus der Hüterin des Sees das Schwert Excalibur zurück, „Le Roman de Merlin, Lancelot du Lac", aus dem Jahr 1300–1313.

Gab es Camelot wirklich?

Hinweise auf die Existenz von Camelot wurden bei Glastonbury in der Grafschaft Somerset gefunden, in Form von verschiedenen Ortsnamen und einer lebendigen mündlichen Überlieferungstradition. Die sterblichen Überreste von Artus und seinen Rittern sollen sich in der Abtei Glastonbury befunden haben. Die Kirche der Abtei und die angrenzende Marienkirche wurden bei einem Großbrand im Jahr 1184 fast vollständig zerstört. Beim Versuch, sie wieder aufzubauen, fand man eine Grabstätte, in der angeblich Artus und Guinevere begraben lagen, an exakt dem Ort, an dem die beiden laut einer alten walisischen Ballade beerdigt worden waren.

Mehr als zwei Meter tief unter der Erde fand man eine steinerne Grabplatte und daneben ein Kreuz mit der Inschrift: *«Hic jacet inclytus Rex Arturius in Insula Avalonia»* (Hier liegt König Artus auf der Insel Avalon begraben). Noch tiefer stieß man auf einen Sarg mit dem Skelett eines sehr großen Mannes. Der Schädel zeigte Spuren von einer großen offenen Wunde, die höchstwahrscheinlich zum Tod des Mannes geführt hatte. Neben ihm lag eine weibliche Leiche mit geflochtenem goldblondem Haar, die bei der ersten Berührung sofort zu Staub zerfiel. In die Grabplatte war der Name Guinevere geritzt. So zumindest beschrieben der Abt und seine Mönche ihren Fund. Die Knochen wurden aus dem Grab genommen und in ein Mausoleum umgebettet, das während der Reformation zerstört wurde. Der ehemalige Standort gegenüber dem Hochaltar ist heute noch im Gras markiert.

Der historische Ursprung der Burg von Camelot liegt vermutlich ebenfalls in der Nähe von Glastonbury. Es ist Cadbury Castle, eine Festung aus der Eisenzeit, die auf einer gut zu verteidigenden Anhöhe errichtet wurde. Dabei handelt es sich allerdings eher um ein Fort, wie es für einen regionalen Herrscher zu dieser Zeit üblich war. Es diente vor allem der Unterbringung von Soldaten.

Auch für den Schauplatz der legendären Schlacht von Camlann gibt es viele Anwärter, doch wahrscheinlich spielte sie sich am Fluss Cam ebenfalls in der Grafschaft Somerset ab. Artus' Ritter, die den Kampf überlebten, ließen sich nach dessen Tod möglicherweise in einer Festung auf dem Glastonbury Tor nieder. An diesem frei stehenden Hügel entsprang eine sagenumwobene Quelle, die einen Brunnen speist. Sie wird bereits im 13. Jahrhundert in der „High History of the Holy Grail" (Geschichte des Heiligen Grals) erwähnt, ebenfalls in Sir Thomas Malorys Werk „Le Morte d'Arthur" aus dem 15. Jahrhundert. Eine Legende besagt sogar, dass Artus nicht gestorben sei, sondern versteckt in einer Höhle in ewigem Schlaf ruhe. In Englands dunkelster Stunde werde er erwachen und seinem Land zu Hilfe eilen.

Die Legende von König Artus hat die Geschichte Englands nachhaltig geprägt. Selbst hoch im schottischen Norden ist sein Name allgegenwärtig. Vielleicht hat es den Königshof in Camelot ja gegeben: ein Utopia, in dem ehrenvolle Taten vollbracht wurden und ein gütiger, mutiger König gerecht regierte. Vielleicht hat es sie wirklich gegeben, die tapferen und tugendhaften Ritter, die mit ihrem König an der runden Tafel saßen, ebenso wie die wunderschöne Guinevere. Und falls nicht, dann hätte es sie geben sollen. Das sagenhafte Camelot gleicht Utopia, und wie jede Utopie zerbrach das Reich an allzu menschlichen Schwächen, an Gier und Hass.

Das versunkene Land Lyonesse

Viele Geschichten von versunkenen Ländern basieren auf realen Ereignissen, die im Lauf der Zeit romantisch verklärt oder falsch wiedergegeben wurden. Das fruchtbare Land Lyonesse lag der Legende zufolge in der Gegend des heutigen Land's End in Cornwall. Die Geschichte vom versunkenen Atlantis, die Artussage und die Legende von Tristan und Isolde sind eng mit dem Lyonesse-Mythos verwoben und trugen gewiss einiges zu seiner Romantisierung bei.

Bewohnt war das Land vom Volk der Silurer. Sie standen im Ruf, äußerst fleißig und tief religiös zu sein. Ungewöhnlich akribisch heißt es in der Überlieferung, es habe 140 Kirchen und mehrere Ortschaften in Lyonesse gegeben. Die City of Lions, die mythische Hauptstadt, sei um einen Hügel herum errichtet worden. Als die Stadt im Meer versank, sei nur noch der Hügel, das heutige Seven-Stone-Riff, davon übrig geblieben, das die Bewohner Cornwalls Lethowsow nennen. In England ist die Legende über dieses versunkene Land immer noch sehr verbreitet, die Geschichte wird von Generation zu Generation weitergegeben. In all diesen Erzählungen ist von einem dramatischen und unerwarteten Ereignis die Rede, das zum plötzlichen, gewaltsamen Untergang von Lyonesse führte. Zumindest Tristan überlebte die Katastrophe, da er sich zu dem Zeitpunkt, als Lyonesse im Meer versank, zufällig auf Besuch bei seinem Onkel König Marke von Cornwall befand.

Ist Lyonesse blosse Legende?

Die Legende wurde auch durch einen Vorfahren der kornischen Familie Trevelyan bestätigt. Er soll den Untergang von Lyonesse überlebt haben, indem er mit seinem Pferd vor der schrecklichen Riesenwelle hergaloppierte, die das Land hinter ihm überflutete, und sich in eine Höhle in Perranuthnoe an der Südküste Cornwalls rettete. Obwohl Trevelyan noch versucht hatte, seine Familie und sein Vieh in Sicherheit zu bringen, war er der einzige Überlebende.

Eine kleine Betkapelle namens Chapel Idne stand einst in Sennen Cove in Cornwall. Es heißt, ein gewisser Lord Goonhilly habe sie zum Dank für seine Errettung aus dem zerstörten Lyonesse erbaut, in dem er Ländereien besessen hatte. Dies könnte ein weiterer Hinweis darauf sein, dass es sich um eine reale Naturkatastrophe gehandelt haben könnte.

Auf das 13. Jahrhundert geht eine bekannte Überlieferung zurück, nach der es in Cornwall eine Sturmflut gab, bei der Küstenland und Wälder überschwemmt wurden. Und aus dem 15. Jahrhundert stammt ein Reisebericht des Earl of Worcester, der in allen Einzelheiten eine Überschwemmung zwischen der Gezeiteninsel St. Michael's Mount und den Scilly-Inseln 45 Kilometer südwestlich von Land's End beschreibt.

Es besteht kein Zweifel daran, dass es in der Vergangenheit hier bei Land's End großflächige Überflutungen gab. Das Meer ist in dieser Gegend, wo der Bristolkanal, der Ärmelkanal und die Irische See aufeinandertreffen, oft sehr bewegt und von heftigen Stürmen aufgewühlt. Bei ruhigem Seegang allerdings wollen schon zahlreiche Seeleute am Meeresgrund von Mount's Bay in Westcornwall die Überreste eines versunkenen Waldes gesehen haben. Eine alte kornische Redensart lautet: *«Sechs Meilen südlich von St. Michael's Mounts wogt, zwischen der St. Clement's Isle und Cudden Rock, ein Wald.»* Und so mancher Fischer berichtet davon, unter der Wasseroberfläche in der Nähe des Leuchtturms von Longships Hausdächer und Kirchturmspitzen gesehen und in den Netzen Hausrat aus dem Wasser gezogen zu haben. Dass man in stürmischen Nächten sogar die Kirchenglocken unter Wasser läuten hört, erzählt man sich schon seit dem 16. Jahrhundert.

Der Römer Gaius Julius Solinus, Autor eines geographischen Kompendiums aus dem 3. Jahrhundert n. Chr., berichtete von einer schönen Insel vor der Küste Cornwalls, die vom Festland nur durch eine schmale, stürmische Meerenge getrennt ist. Heutzutage ist an dieser Küste nichts dergleichen zu finden. 1769 wies der Pfarrer und Altertumsforscher Dr. William Borlase in diesem Zusammenhang darauf hin, dass die Übersetzung des kornischen Namens von St. Michael's Mount, *Careg cowse in clowse* (altersgrauer Felsen im Wald) lautet. Die Gezeiteninsel mit ihrer historischen Klosterfestung liegt heute aufgrund einer Geländeabsenkung bei Flut 800 Meter vor der Küste. Im Sand zwischen St. Michael's Mount und Penzance entdeckte Borlase während einer Sturmflut die Überreste von großen Bäumen.

Die Scilly-Inseln und Lyonesse

Archäologische Hinweise auf vom Meer überflutete Landflächen rund um die Scilly-Inseln könnten erste Anhaltspunkte darauf sein, dass Lyonesse wirklich existiert hat. Die Inseln waren schon in der Jungsteinzeit besiedelt. Es gibt dort über 500 archäologische Grabungsstätten. Ausgrabungen an Orten, die heute normalerweise unter Wasser liegen, sind nur bei extremer Ebbe möglich. Dabei wurden Wälle, Fundamente, Grabstätten und andere archäologische Überreste freigelegt. Bei starker Ebbe kann man zwischen den Inseln Tresco, Bryher und Samson trockenen Fußes hin und her wandern. Würde der Meeresspiegel um ungefähr zehn Meter absinken, wäre ein Großteil der etwa 50 Inseln der Gruppe verbunden, mit Ausnahme der Inseln St. Agnes und Annet. Zur Zeit des römischen Kaisers Maximus im 4. Jahrhundert n. Chr. beschrieb man die Scilly-Inseln als eine einzige Insel namens *Sylina Insula* oder *Silura Insula*. Auf römischen Karten ist sie als zusammenhängende Landmasse eingezeichnet.

Die Inselgruppe ist bei Land's End von der Küste aus sichtbar. Möglicherweise gab es hier einmal eine Landbrücke, die durch den Anstieg des Meeresspiegels nach der letzten Eiszeit vor etwa 11 000 Jahren überflutet wurde, und jene Erinnerungen an diese Überschwemmung der Küste wurden bis heute überliefert. In den ersten Jahrtausenden nach dem Ende der Eiszeit kam es zu gewaltigen und recht plötzlichen Überflutungen. Es muss traumatisierend für die Menschen gewesen sein, dass vertraute Küsten und Dörfer vom Erdboden verschluckt wurden, vor allem bei Sturmfluten, wenn die Wellen immer weiter ins Landesinnere vordrangen.

Auch der Versuch, den Zeitpunkt einer solchen Flutkatastrophe anhand von alten Überlieferungen zu re-konstruieren, stößt an Grenzen. Die „Angelsächsische Chronik" berichtet von einer extremen Flut im November 1099. Das Meer soll dabei über die Ufer getreten sein und viele Städte zerstört haben. Unzählige Menschen, Rinder und Schafe ertranken. Dies sind typische Auswirkungen eines Tsunamis oder einer gewaltigen Sturmflut in Küstengebieten. Könnte die Legende von Lyonesse ihren Ursprung in der Flutkatastrophe von 1099 haben?

Daneben gab es im 6. Jahrhundert eine Zeit, in der große Landstriche im Meer versanken. Aufzeichnungen besagen, dass die Gewässer des Crow Sounds vor den Scilly-Inseln erst seit der Tudorzeit schiffbar sind. Lokale Erdbeben könnten dort zu einem ein- oder mehrmaligem plötzlichen Absinken des Geländes geführt haben.

Ein Pendant zum Lyonesse-Mythos erzählt man sich in der Bretagne auf der anderen Seite des Ärmelkanals gegenüber von Cornwall. Die bretonische Legende gibt Hinweise auf eine Überschwemmung von Lyonesse im 6. Jahrhundert, als auch das Land um Ker-Ys in den Fluten versank. Die Bretonen berichten – analog zur Geschichte der Familie Trevelyan – von einem König Gradlon, der auf einem Pferd der schrecklichen Flut entkommen konnte, während Gradlons Tochter, die ihn begleitete, ertrank.

Ker-Ys, wird überliefert, soll die erstaunlichste Stadt der Welt gewesen sein. Sie war an einer Stelle errichtet, die nach und nach im Meer versank, und

RECHTS: Tristan und Isolde setzen die Segel. Blatt 234 aus Bérouls „Le Roman de Tristan", um 1150.

schützte sich mit Deichen und Wehranlagen vor dem Wasser. König Gradlon besaß als Einziger Zugang zu den Wehren. Der Teufel brachte des Königs Tochter Dahut dazu, die Schlüssel zu den Schleusentoren für ihn zu stehlen. Er öffnete die Tore und flutete die Stadt, mit Ausnahme des Königs fanden alle Bewohner den Tod. Mit dem moralischen Anspruch einer mittelalterlichen Sage heißt es weiter, dass als Strafe Gottes die Seelen der toten Kinder von Ker-Ys vom Ozean verschlungen wurden. Gradlon soll danach die Stadt Quimper an der bretonischen Küste gegründet und den christlichen Glauben angenommen haben. Zwischen den Türmen der Kathedrale St. Corentin erhebt sich noch heute ein Reiterstandbild Gradlons, der nach seiner untergegangenen Stadt Ausschau hält.

Ebenso wie in der kornischen Legende berichtet die Sage von Ker-Ys, dass die Glocken der Stadt unter Wasser läuten, um vor heranziehenden Stürmen zu warnen. Wie in Cornwall hat es wohl auch in der Bretagne eine langsam fortschreitende Überflutung immer weiterer Teile der Küsten gegeben. Wahrscheinlich die Anzeichen einer folgenden Katastrophe.

Die Bretagne und Cornwall verbinden ihre keltischen Wurzeln und das gemeinsame religiöse Erbe. Doch schon lange vor der Zeit der Kelten gibt es eine Verbindung zwischen beiden Regionen, die auf die Jungsteinzeit zurückgeht. In der Bretagne finden sich ungewöhnlich viele Megalithbauten mit Menhiren, Dolmen und anderen jungsteinzeitlichen Bauwerken, die bis an die Meeresküste in der Nähe der Stadt Carnac reichen. Auf der anderen Seite des Ärmelkanals in Cornwall finden sich exakt dieselben Anlagen. Noch lange vor der Besiedlung durch Kelten, Römer und Briten scheinen Cornwall und die Bretagne ein gemeinsames Erbe geteilt zu haben. Dies spricht durchaus dafür, dass es einst zumindest eine partielle Landbrücke zwischen beiden Regionen gegeben haben könnte.

Das Königreich des Priesters Johannes

Das mysteriöse Reich des Priesterkönigs Johannes ist eine eng mit dem Denken des Mittelalters verwobene Legende. Sie beginnt mit einem Bericht aus zweiter Hand in der Weltchronik des bayerischen Bischofs Otto von Freising aus dem Jahr 1145. Otto weilte 1144 am päpstlichen Hof in Viterbo, wo sich auch der syrische Bischof Hugo von Jabala aufhielt. Der christliche Fürst Raimund von Antiochia hatte Bischof Hugo 1144 nach dem blutigen Untergang des ersten Kreuzfahrerstaats der Grafschaft Edessa als Gesandten zu Papst Eugen II. geschickt. Hugos Auftrag lautete, den Papst von einem zweiten Kreuzzug zur Befreiung Jerusalems zu überzeugen.

Bischof Hugo berichtete von einem mächtigen christlichen König mit unschätzbaren Reichtümern und Einfluss, den er vor einigen Jahren besucht habe. In Ottos Chronik wird dieser Priesterkönig als Presbyter Johannes erwähnt, ein nestorianischer Christ, der im Fernen Osten jenseits von Persien und Armenien lebte. Johannes soll Krieg gegen die sami-

Der Ausschnitt aus einer Portolan-Karte (Seekarte) des Indischen Ozeans von Diego Homem, um 1558, zeigt den Priesterkönig Johannes auf seinem Thron in Nordafrika.

ardischen Bruderkönige geführt haben, die in Medien und Persien herrschten. Obwohl die feindlichen Truppen durch die Armeen der Assyrer verstärkt wurden, ging Priesterkönig Johannes siegreich aus der Schlacht hervor, nach drei schrecklichen Tagen, in denen er auch die Hauptstadt des medischen Königreichs Ekbatana (die heutige Stadt Hamadan im Iran) erobert hatte. Danach sammelte er seine Truppen für die Befreiung Jerusalems. Es gelang ihnen jedoch nicht, den Tigris zu überqueren, und die stark dezimierte Armee kehrte in ihre Heimat zurück.

Um seinen mitreißenden Kriegsbericht noch interessanter zu machen, behauptete der syrische Bischof, Johannes sei ein direkter Nachfahre der Weisen aus dem Morgenland. Er habe in Jerusalem seinen Vorfahren nacheifern wollen, die dort vor langer Zeit Jesus Christus in der Krippe ihre Verehrung dargebracht hatten. Vielleicht um den ungeheuren Reichtum des Priesterkönigs zu betonen, fügte Bischof Hugo hinzu, dessen Zepter sei aus purem Smaragd und er herrsche über dasselbe Reich wie einst die Weisen aus dem Morgenland.

Es ist gut möglich, dass das Gerücht über einen Besuch des Metropoliten Johannes von Indien bei Papst Calixtus II. im Jahr 1122 Bischof Hugos Schilderung zugrunde lag. Belegt ist die historische Tatsache, dass es in Indien eine immer größer werdende Gemeinde von nestorianischen Christen, den sogenannten Thomaschristen, gab. Seit dem 3. Jahrhundert kursierten auch Berichte über die Missionsreisen des Apostels Thomas in Indien. Unter diesen Voraussetzungen erschien der Bericht des Bischofs vielen Zeitgenossen zumindest als wahrscheinlich. Die große Schlacht, die der Priesterkönig so ruhmreich geschlagen haben soll, fand im Jahr 1141 tatsächlich statt, allerdings nicht unter der Führung von Johannes: In der Schlacht bei Samarkand in ebendiesem Jahr erlitt der seldschukische Herrscher von Persien, Sultan Sandschar, eine vernichtende Niederlage. Der Krieger, der seine mächtige Armee gegen ihn geführt hatte, war allerdings Yelü Dashi aus dem zentralasiatischen Volk der Kara-Kitai und nicht Priesterkönig Johannes.

Die Weisen aus dem Osten

Bereits diese ursprünglichste Version der Legende ist eine kunterbunt zusammengewürfelte Geschichte, verlegt sie doch das Reich des Priesterkönigs Johannes ins biblische Reich der Weisen aus dem Morgenland. Das Matthäusevangelium verrät nicht sehr viel mehr über diese Könige, als dass sie aus dem Osten gekommen und später auch wieder dorthin zurückgekehrt seien. Matthäus gibt nicht einmal genau an, wie viele Weise es gewesen sind, sondern nur, dass sie drei Geschenke darbrachten: Weihrauch, Gold und Myrrhe.

Womöglich handelte es sich bei den Weisen um Priester der alten Religion des Zoroastrismus, Gelehrte mit herausragenden Kenntnissen in Mathematik, Astronomie und der damals hoch angesehenen Astrologie. Das Evangelium berichtet, ein Stern habe den Gelehrten den Weg zum Geburtsort Christi gezeigt. Dies deutet auf ihr großes astrologisches und astronomisches Wissen hin. Wenn die Weisen aus dem Morgenland wirklich zoroastrische Priester waren, kamen sie wahrscheinlich aus Persien oder Babylon (im heutigen Irak), das zu jener Zeit Zentrum der astrologischen Wissenschaft war. Die christliche Kirche des Westens gab ihnen die Namen Kaspar, Melchior und Balthasar. Diese stammen aus einer Handschrift aus dem 6. Jahrhundert, die in Alexandria gefunden wurde. Hier wird auch Syrien als Herkunftsland genannt.

Im 13. Jahrhundert behauptete Marco Polo, man habe ihm die Gräber der Heiligen Drei Könige in der persischen Stadt Saveh gezeigt, in drei *«sehr großen und schönen Monumenten, Seite an Seite»*. Marco Polo nannte die Stadt „Saba". Er glaubte, die Weisen seien von dort aus aufgebrochen, um dem Stern zu folgen. Saveh liegt etwa 100 Kilometer südlich des heutigen Teheran in Iran. Eine andere Legende besagt, die heilige Helena, die Mutter Konstantins, habe auf ihrer Pilgerreise nach Palästina und ins Heilige Land die Gebeine der drei Weisen aus dem Morgenland gefunden. Die Reliquien befinden sich heute im Dreikönigenschrein im Kölner Dom.

Der Zoroastrismus, eine über 3000 Jahre alte monotheistische Religion und Philosophie, war die erste Weltreligion. Religionsstifter war der persische Lehrer und Prophet Zoroaster, auch Zarathustra genannt. In diesem Glauben repräsentiert der Schöpfergott Ahura Mazda, der „weise Herr", die Macht des Guten im Universum. Die Lehre des Zoroaster vom Kampf zwischen Gut und Böse und die daraus resultierende Ethik sind die Grundlagen aller späteren großen Religionen: Der Mensch soll durch gute Gedanken, gute Worte und gute Taten wirken und großzügig, ehrlich, bescheiden, gütig und gesetzestreu sein. Der Zoroastrismus war die Religion der Meder und Perser und breitete sich von deren Reichen sowohl nach Osten als auch nach Westen aus.

Folgt man also der Spur der Weisen aus dem Morgenland, so eröffnet sich ein großes Gebiet, in dem das Reich von Priesterkönig Johannes gelegen haben könnte. Zentrum des Zoroastrismus war das antike Perserreich. Es umfasste Armenien, Aserbaidschan (hier soll laut den ältesten Texten der Geburtsort von Zoroaster und Ausgangspunkt der von ihm begründeten Religion liegen), weite Teile Georgiens, Westafghanistan und einen Großteil des Irak. Viele dieser Gebiete musste Persien im Lauf der Zeit an seine Feinde abtreten: im 16. und 17. Jahrhundert an das Osmanische Reich, im 19. Jahrhundert an das Zarenreich Russland und an die Briten.

Ein bewegliches Königreich

Doch wo in diesem riesigen Gebiet lag nun das Reich des Priesterkönigs Johannes? Der Chronist der „Admonter Annalen" von 1181 vermutet das Königreich in Armenien. Das Land gehörte zwar zum antiken Perserreich und könnte daher mit dem biblischen Reich der Heiligen Drei Könige übereinstimmen, doch war Armenien gerade für die Osteuropäer weder sonderlich weit abgelegen noch gänzlich unbekannt. Da zudem mehrere Handelsrouten durch das Land verliefen, hätte das Reich des Priesterkönigs dort kaum unentdeckt bleiben können.

Kam Johannes also aus einem Land jenseits von Persien und Armenien? Nach dem Fall des Sassanidenreichs im Jahr 651 verließen die Zoroastrier in Scharen ihr Land. Einige von ihnen, die sogenannten Parsen, ließen sich im westlichen Indien, vor allem in der Gegend um Mumbai, nieder. Einer Legende aus dem späten Mittelalter zufolge liegt die Heimat der drei Weisen (und daher auch des Priesterkönigs Johannes) in Westindien, wo sich die Zoroastrier niederließen. Da diese aber erst im 7. Jahrhundert nach Indien zogen und das Priesterkönigreich im neutestamentlichen Land der drei Weisen vermutet wurde, kann es folglich nicht in Indien gelegen haben.

Schon bald verselbstständigte sich die Legende in der Welt der mittelalterlichen Mythologie. Grund hierfür war die „Epistola", ein Brief, den der Priesterkönig Johannes angeblich 18 Jahre nach der Erwähnung in Bischof Ottos Chronik verfasst und 1163 an mehrere europäische Fürsten geschickt haben soll, darunter an den byzantinischen Kaiser Manuel I. Komnenos und an den in die Jahre gekommenen Friedrich I. Barbarossa. Um 1165 waren in Europa einige Kopien im Umlauf, deren Inhalte noch abenteuerlicher waren als das Original.

In diesem Brief erklärt Johannes, er habe den Rang und Titel „Presbyter" aus Bescheidenheit gewählt – da kein noch so wohlklingender Titel seiner Macht und Größe gerecht werde, weder „Herrscher der Herrscher" noch „Euer Ehrwürden" noch „höchste Eminenz" noch „Eure Vornehmheit". Für den Fall, dass es auch der letzte Leser noch nicht verstanden haben sollte, fügt er hinzu, er überträfe *«alle Menschen unter diesem Himmel an Tugend, Reichtum und Macht.»* Sein Reich erstrecke sich von Babylon bis Indien und darüber hinaus. Mißtrauisch macht, dass er ausgerechnet diejenigen Länder nennt, die Alexander der Große erobert hatte. Johannes behauptet, dass ihm 72 Könige lehenspflichtig seien. Das ganze Schreiben bedient sich der mittelalterlichen Mythen und Glaubensvorstellungen, man könnte es als *das* beeindruckendste Dokument einer mittelalterlichen Fantasiewelt bezeichnen.

Die Beschreibung der vielen sonderbaren Wunderdinge in seinem Königreich beginnt mit der Aufzählung aller erdenklichen Tiere, darunter Löwen, Elefanten, Dromedare, Kamele, rot-weiße Tiger, Krokodile, Hyänen und Wildpferde. Dann wird es schon unglaubwürdiger: Zentauren, Greife, Satyrn und der Phönix sollen sein Reich ebenfalls bevölkern. Angelehnt an mittelalterliche Mythen, beschreibt er Salamander, die im Feuer leben und Kokons aus feinsten Seidenfäden spinnen. Daraus stellten die Hofdamen in seinem Palast Kleider her, die nur durch Feuer gereinigt werden können. Das Blut der Fische in seinem wunderbaren Königreich liefere einen Purpurfarbstoff – wahrscheinlich eine Anspielung auf Purpurschnecken.

Die Untertanen des Priesterkönigs Johannes waren ebenso vielfältig: angefangem mit den zehn verlorenen Stämmen Israels über Brahmanen und Amazonen bis hin zu Riesen, Pygmäen, Zyklopen und gehörnten oder janusköpfigen Menschen. Dazu zählten auch Kannibalenstämme wie die Gog und Magog, die ihm nützlich bei der Beseitigung der sterblichen Überreste der besiegten feindlichen Armeen gewesen sein sollen.

Priester Johannes behauptete, sein Königreich liege eine Dreitagesreise vom biblischen Garten Eden entfernt. Es sei ein Land, wo Milch und Honig flössen und wo es keinerlei giftige Kreaturen gebe. Neben vielen anderen Wundern befinde sich in seinem Reich auch ein Jungbrunnen am Fuß des Olymp (was bedeuten würde, dass auch Nordgriechenland zu seinem Reich gehörte). Wer dreimal vom Wasser aus der Quelle trinke, sei von allen körperlichen Gebrechen geheilt und bleibe für immer 30 Jahre jung. Außerdem gebe es einen See ohne Wasser, der köstliche Fische hervorbringe, eine Quelle in einem hohlen Stein, die jeden gläubigen Christen von allen Sünden reinwasche, eine unterirdische Höhle, in der ein Fluss voll Edelsteinen fließe und die sich gelegentlich öffne, allerdings zum Verderben all jener, die einzudringen versuchten. Er besitze zu-

(Fortsetzung S. 108)

Sir John Mandeville

Der mittelalterliche Autor Sir John Mandeville beschreibt sich selbst als einen Ritter aus dem englischen St. Albans, der am Michaelstag zu einer Abenteuerfahrt aufbricht – für diese Zeit kein ungewöhnliches Unterfangen. Seine Reiseberichte erschienen unter dem Titel „Die Reisen des John Mandeville" erstmals um 1371. Neben vielen erstaunlichen Schilderungen enthalten sie auch die Geschichte eines Besuchs im Reich des Priesterkönigs Johannes.

Das Buch behandelt einen Zeitraum von über 30 Jahren und ist voll von detaillierten Beschreibungen exotischer Orte wie Ägypten, Palästina, Indien und China sowie manch fremdartiger Begebenheiten. So beschreibt Mandeville ein Pygmäenvolk, das sein Essen durch Trinkhalme aus Schilf einnimmt, einen Stamm, dessen einzige Nahrung der Duft von Äpfeln ist, und ein Volk von Menschen mit Hundeköpfen. Zwar stammen seine Beschreibungen zum Teil aus Missionsberichten von Franziskanern und Dominikanern oder auch aus bekannten klassischen Werken, dennoch wurde sein Buch schnell zu einem Erfolg und erlangte großen Einfluss. Selbst Christoph Kolumbus beschäftigte sich im 15. Jahrhundert ausgiebig damit. Hinter dem Pseudonym Sir John Mandeville vermutet man Jean de Bourgogne, einen Arzt aus dem belgischen Lüttich, der um 1372 starb und als Mediziner einige Jahre in Ägypten tätig war. Abgesehen davon ist über sein Leben nicht viel bekannt.

„Monster aus dem Land der Merkiten", vom Boucicaut-Meister, aus dem „Livre des Merveilles du Monde", aus dem Jahr 1410–1412.

dem einen Spiegel, bewacht von 3000 Männern, in dem er sehen könne, was im ganzen Königreich vor sich gehe. Sein Palast bestehe – wen wundert es – ausschließlich aus Ebenholz, Gold, Kristall, Juwelen und Elfenbein.

Johannes behauptete, auf seinen Kriegszügen führe sein Heer drei (in manchen Versionen bis zu 14) juwelenbesetzte goldene Kreuze mit sich, gefolgt von jeweils 10 000 berittenen Soldaten und 100 000 Fußsoldaten. Bescheiden fügt er hinzu, er unternehme jedes Jahr eine Pilgerreise zum Grab des Propheten Daniel in der Nähe von Babylon.

Im Jahr 1177 soll Papst Alexander III. dem Johannes einen Brief geschrieben haben, in dem er um ein Bündnis bat. Johannes' viel gerühmter, wenn auch frei erfundener Sieg über die Seldschuken hatte im Westen die Hoffnung geweckt, dass eine solch mächtige Armee aus dem Osten den bedrängten Kreuzrittern im Heiligen Land zu Hilfe eilen könnte. Alexander soll diesen Brief seinem Gesandten und Leibarzt Philipp anvertraut haben, der daraufhin niemals wieder gesehen wurde. Doch wohin sollte Philipp das Schreiben des Papstes bringen?

Selbst wenn der päpstliche Brief ein reines Fantasiegespinst sein sollte, zeigt die Anekdote doch, in welcher Bedrängnis sich die Kirche im Zeitalter der Kreuzzüge befunden hat. Sonst hätte man es wohl kaum für möglich gehalten, dass der Papst einen nestorianischen Priester – ganz egal, wie viele Reichtümer und kriegerische Erfolge dieser auch angehäuft haben mochte – um Hilfe bitten würde. Schließlich war der Nestorianismus bereits im dritten ökumenischen Konzil von Konstantinopel, das 431 in Ephesus abgehalten wurde, zur Irrlehre erklärt und verboten worden.

Die Legende vom Reich des Priesterkönigs Johannes blieb über Generationen hinweg lebendig, obwohl niemand es je erblickte. Der Erste Kreuzzug war der einzige militärische Erfolg in einer langen Reihe von grausamen Schlachten, die den Westen viele Menschenleben und viel Geld kostete. Für Jahrhunderte entstand dadurch nicht nur eine geographische, sondern vor allem auch eine kulturelle Abgrenzung. Nach dem desaströsen Fünften Kreuzzug (1217–1221) brachte der Bischof von Akkon, Jakob von Vitry, die falsche, aber ermutigende Nachricht nach Europa, König David von Indien, wahlweise Sohn oder Enkel des Priesterkönigs Johannes, habe auf seinem Marsch Richtung Westen bereits Persien erobert und sei nun auf dem Weg nach Bagdad. Leider handelte es sich nicht um den erhofften Erlöser aus dem Osten, sondern um den großen Krieger Dschingis Khan und sein Mongolenheer. Die kurz aufflackernde Flamme der Hoffnung, die der Bischof entzündet hatte, erlosch schnell.

Laut der Epistola umfasste Johannes' Königreich riesige Gebiete. Die Beschreibung enthüllt jedoch das äußerst dünne Wissen ihres Urhebers auf dem Gebiet der Geographie – im 12. Jahrhundert keine Seltenheit. Trotz nebulöser Beschreibungen und unwahrscheinlicher Ortsangaben wie etwa die Erwähnung des Garten Eden beinhaltet die Geschichte aber auch einige handfeste Anhaltspunkte.

Einer davon ist die Erwähnung des Flusses Indus und die Beschreibung dessen, was seinem riesigen Flussdelta sehr nahekommt. Dieser Hinweis wird jedoch durch die Behauptung abgeschwächt, der Fluss umgebe das Paradies, sei voll von Edelsteinen und beherberge eine geheimnisvolle Pflanze, die vor bösen Geistern schütze. Der Indus ist der längste und bedeutendste Strom in Pakistan. Er entspringt im Tibetischen Hochland und mündet bei Karachi ins Arabische Meer, wo er ein großes Delta bildet, das *Sapta Sindhu* (Land der sieben Flüsse). Das Industal war im Europa des Mittelalters durch den schon seit der Antike florierenden Handel wohlbekannt.

Pakistan grenzt an Iran und Afghanistan. Im 4. Jahrhundert v. Chr. durchquerte Alexander der Große das Land. Der Alexanderroman aus dem 3. Jahrhundert v. Chr. erzählt – mit einigen dichterischen Ausschmückungen – die Geschichte des Makedoniers und seiner Eroberungen. Diese scheint sich mit der Legende des Priesterkönigs verwoben zu haben. Die romanhaften Erzählungen der Lebensgeschichte Alexanders haben im Lauf der Jahrhunderte nicht an Beliebtheit verloren, ganz im Gegenteil. Im 6. Jahrhundert war das griechische Original bereits in vier Sprachen übersetzt worden, und dank einer lateinischen Version aus dem 10. Jahrhundert erschien es bald in allen wichtigen europäischen Sprachen. Die syrische Version wurde ins Arabische, Persische, Hebräische und andere östliche Sprachen übersetzt. Der Alexanderroman war vor allem im mittelalterlichen Europa sehr beliebt und hat hier sicher auch zum Entstehen neuer Legenden beigetragen.

In der Literatur des Mittelalters gibt es unzählige Verweise auf den Priesterkönig Johannes, und die Mythen, die ihn umgeben, werden großzügig ausgeschmückt. Der Bericht über die Pilgerreise des Utrechter Klerikers Johannes Witte de Hese beeindruckt durch besondere Kreativität, vor allem die Beschreibung eines „Besuchs" in Johannes' Königreich. Der stets unglaubwürdige Sir John Mandeville berichtet ebenfalls detailliert von seinem imaginären Aufenthalt am Hofe und im Königreich des Priesters Johannes. Vorsichtig geschätzt, wäre der Priesterkönig zu diesem Zeitpunkt mindestens 250 Jahre alt gewesen!

Als die bekannte Welt sich ausdehnte und die unerforschten Gebiete im Osten immer weniger wurden und immer mehr an Reiz verloren, schien auch das Königreich des Johannes in Vergessenheit zu geraten. Das magische Land mit all seinen Wundern wurde trotz intensiver Suche nie gefunden. Ein nestorianisches Königreich gab es allerdings tatsächlich, verborgen vor der Welt auf einem Hochplateau in Abessinien (dem heutigen Äthiopien). Der Glaube an das Priesterkönigreich flackerte erst wieder im 16. Jahrhundert auf und entstieg scheinbar dem Nichts, wie der Vogel Phönix, der angeblich in diesem Land gelebt haben soll, aus der Asche.

Europa wusste bereits seit der Antike von Abessinien, aber für einige Jahrhunderte war das Land in Vergessenheit geraten. Erst als abessinische Pilger gelegentlich das Heilige Land besuchten, erinnerte sich der Westen wieder an das Königreich. Man glaubte, es verberge sich hinter turmhohen Bergketten vor der Welt und die Königin von Saba habe dort ihre Reichtümer verborgen. Dass man Abessinien zeitweise in Indien vermutete, trug zur geographischen Verlagerung des Priesterkönigreichs bei. Bereits der römische Dichter Vergil, der im 1. Jahrhundert v. Chr. lebte, und andere klassische Autoren hatten Indien und Äthiopien verwechselt. Im Mittelalter setzte sich dieser Irrtum durch den Gewürzhandel fort. Die aus Indien und Fernost importierten Gewürze wurden zunächst an die Küsten Ostafrikas und erst von dort aus weiter nach Europa verschifft.

DAVID SVPREMVS MEORVM REGNORVM, A
DEO VNICE DILECTVS, COLVMNA FIDEI,
ORTVS EX STIRPE IVDA, FILIVS DAVID,
FILIVS SALOMONIS, FILIVS COLVMNAE
SIONIS, FILIVS EX SEMINE IACOB, FILIVS
MANVS MARIAE, FILIVS NAHV SECVNDV̄
CARNEM, FILIVS SANCTORVM PETRI ET
PAVLI SECVNDVM GRATIAM; IMPERATOR
SVPERIORIS ET MAIORIS AETHIOPIAE, ET
AMPLISSIMORVM REGNORVM IVRISDIC:
TIONVM ET TERRARVM; REX GOAE, CAFFA:
TES, FATIGAR, ANGOTAE, BARV, BALIGVANZAE,
ADEAE, VANGVAE, GOIAMAE VBI NILI FONTES,
AMARAE, BAGVAMEDRI, AMBEAE, VANGVCI,
TIGREMAHON, SABAIM PATRIAE REGINAE SA
BAE, BARNAGASSI; ET DOMINVS VSQVE IN NV
BIAM QVAE IN AEGYPTVM EXTENDITVR.
NVBIA Regnum olim Christianum, hodie vero nulla fere religionem colunt. Regio est auro ditiss. atq; ebore: Saccari & frumenti feracissima, Precipua vrbs est Dangala, cuius incole sunt ditissimi, & cum Aegypti mercatorib. negociantur: in ea maxima Sandali & zibetti copia; domus sunt cretacee, stramineisque tectis.
Hic Niger fluuius se subter terram condens, post 60. milliaria de nuo in lacum emergit.
Nilus flu.
Borno
Benin.
Biafar
Rio de los Camarones.
Medra
Ambiancantua
Tigrai.
Vangue.
Bagamidri hic argenti fodine sunt.
Beleguanze.
Tigremahon.
Barnagasso.
Bello.
Dafila.
Amara mons, hic Presbiteri Iohannis filij in custodia a presidijs detinentur.
Aequinoctialis circulus
Reg. Damute. hic effoditur aurum in magna copia.
Goiame.
Manicongo.
Rio de Manicongo.
Zaire lacus.
Tritones et Syrenes in hoc lacu sunt.
Zembre lacus.
Cafates. hic Amasones habitare dicũt.
OCCIDENS
MARE AETHIOPICVM

1540 schrieb der portugiesische Missionar und Entdeckungsreisende Francisco Álvares ein Buch über das Königreich von „Preste Joam das Indias". Alvares weilte zwischen 1520 und 1526 als Geistlicher einer diplomatischen Gesandtschaft Portugals am äthiopischen Hof. Sein Bericht wurde erstmals in Lissabon veröffentlicht und im 16. und 17. Jahrhundert in mehrere europäische Sprachen übersetzt.

1557 schickten die Portugiesen Jesuiten zur Mission in das „Königreich des Priesters Johannes", aber ihre Bemühungen, die äthiopisch-orthodoxe Kirche zum römischen Katholizismus zu bekehren, scheiterten. Nach einer konstitutionellen Krise, in der es keinen Nachfolger auf dem portugiesischen Thron gab, wurde König Philipp II. von Spanien 1580 als Philipp I. auch König Portugals und der Algarve. Philipp entschloss sich, die Jesuitenmission wiederzubeleben. Er entsandte Pater Pedro Páez aus Goa nach Äthiopien. Páez war ein Mann von großer Intelligenz und Abenteuerlust. Er schloss mit dem äthiopischen König Freundschaft und gilt als Entdecker der Quelle des Blauen Nils. Seine Forschungsreisen trugen maßgeblich zur Vergrößerung des westlichen Wissens über Äthiopien bei. Die zweite Jesuitenmission endete jedoch in einem schrecklichen Bürgerkrieg zwischen den Anhängern der beiden Glaubensrichtungen, der die Vertreibung der Jesuiten aus dem Land zur Folge hatte.

1610 griff der Dominikanermönch Luis de Urreta die Mutmaßung, es gebe eine Verbindung zwi-

LINKS: Auf der Afrikakarte von Abraham Ortelius aus dem Jahr 1572 ist neben imaginären Seen, Flüssen und Städten auch das Reich des Priesterkönigs Johannes in Äthiopien detailliert verzeichnet. Die Karte ist voll von legendären und mythischen Orten, darunter die sagenhaften Mondberge.

schen Äthiopien und dem indischen Priesterkönigreich, in seinem Buch „Ekklesiastische, natürliche, ethische und politische Geschichte des großen und fernen Königreichs Äthiopien" wieder auf. In dem höchst fantastievollen Werk ist von Einhörnern die Rede, die in den Mondbergen leben. Man möchte dem Mönch eine rege Fantasie unterstellen, die Geschichte ist jedoch aller Wahrscheinlichkeit nach einem Bericht von Johannes Bermudes entlehnt, der 1535 angeblich als Botschafter an den Hof von Priesterkönig Johannes entsandt worden sein soll und in Abessinien Einhörner gesehen haben will. Urreta könnte sich aber auch beim Reisebericht von Marmolius (Marmol Caravaial) aus dem Jahr 1573 bedient haben. Hierin ist von in den Mondbergen von Äthiopien lebenden schneeweißen Einhörnern mit langen, glatten Hörnern aus Elfenbein die Rede.

Für heftigen Widerspruch sorgte jedoch Urretas Behauptung, die Dominikaner seien schon lange vor den Jesuiten in Äthiopien gewesen und ihnen gebühre dort der Vortritt. Wahrscheinlich brachte der dominikanische Missionar Jordanus Catalanus um 1329 in seinem Buch „Mirabilia descriptus" erstmals Priesterkönig Johannes in Verbindung mit Afrika, aber Jordanus war eher für seine Einbildungskraft als für seine Glaubwürdigkeit bekannt. Nicht überraschend widersprachen die Jesuiten, und mit besonderer Heftigkeit Pater Páez in seiner „Geschichte Äthiopiens" (um 1622), bald darauf den Behauptungen Luis de Urretas. In seinem Buch schildert Páez die Geschichte des Landes sowie die Bedeutung der Jesuitenmission, aber auch seine eigenen Abenteuer und Entdeckungen.

Pater Manuel de Almeida verfasste um 1645 eine Überarbeitung des Buches. Er verkürzt die leidenschaftliche Anfechtung Urretas, übernimmt aber den historischen, geographischen und naturgeschichtlichen Teil und nennt das Werk nun „Geschichte des äthiopischen Hochlands oder Abessiniens". 1660 wird dasselbe Buch von Pater Baltasar Teles fast bis zur Unkenntlichkeit überarbeitet und unter dem Titel „Geschichte von Äthiopien oder Priester Johannes" veröffentlicht.

Für den Westen mag der Priesterkönig der ersehnte christliche Verbündete für die Kreuzzüge im Heiligen Land gewesen sein. Die Suche nach diesem sagenhaften Reich und seinen Wunderdingen hielt jedoch noch bis ins 17. Jahrhundert an, und dies mit gutem Grund: Es war eine grandiose Fantasiewelt – eine Traumwelt, ausgeschmückt durch die mittelalterliche Vorstellungskraft, ein Paradies, in dem Milch und Honig im Überfluss flossen und das den Schlüssel zum ewigen Leben bereithielt. Diese Geschichte war zu gut, um sie ohne Grund einfach aufzugeben. Dass das Königreich von Johannes im 17. Jahrhundert schließlich von den Weltkarten verschwand, ist letztlich auch dem Interesse am Priesterkönig zu verdanken. Die europäischen Entdecker des Mittelalters reisten in die letzten Winkel der unbekannten Welt und zeichneten neue Karten von Europa, Asien und Afrika, die der Realität immer näher kamen.

Jenseits der Mauern von Gog und Magog

Die Bezeichnungen Gog und Magog tauchen in unzähligen Legenden, die über Jahrhunderte hinweg überliefert wurden, immer wieder auf – sei es in der Sage vom Priesterkönig Johannes, im vielfach ausgeschmückten Alexanderroman oder in den Prophezeiungen des Nostradamus. Wer oder was Gog und Magog waren und wo sie zu verorten sind, wurde jedoch im Lauf der Zeit immer geheimnisvoller. Die Namen kommen bereits im Alten Testament vor, zum ersten Mal in der Genesis, wo Magog, Thubal, Mesech, Gomer, Thiras, Javan und Madai als Söhne Jafets und Enkel Noahs erwähnt werden. In der Zeit des Alten Testaments wurden den Volksstämmen die Namen ihrer Gründerväter zugeordnet. Damit wäre Magog sowohl der Stammesname als auch das Stammesgebiet. Eine zweite Erwähnung findet sich im Buch Hesekiel, Kapitel 38. Dieses Kapitel wird von vielen auch heute noch für die Prophezeiung und Beschreibung eines schrecklichen Krieges gehalten, der den Nahen Osten in Schutt und

Asche legen wird. Das Werkzeug dieser Zerstörung sollten laut Hesekiel Gog und Magog mit ihren Verbündeten sein. Der finstere Prophet entwirft grausige Horrorvisionen:

«So spricht der Herr, der mächtige Gott: Siehe, ich will an dich, Gog, Fürst von Mesech und Tubal! Und ich werde dich herumlenken und Haken in deine Kinnbacken legen; und ich werde dich herausführen und dein ganzes Heer, Rosse und Reiter, allesamt prächtig gekleidet, eine große Schar mit Schild und Tartsche, welche Schwerter führen allesamt ... Nach vielen Tagen sollst du heimgesucht werden: Am Ende der Jahre sollst du in das Land kommen, das vom Schwerte wiederhergestellt, das aus vielen Völkern gesammelt ist, auf die Berge Israels, welche beständig verödet waren; und es ist herausgeführt aus den Völkern, und sie wohnen in Sicherheit allesamt. Und du sollst heraufziehen, wie ein Sturm herankommen, sollst wie eine Wolke sein, um das Land zu bedecken, du und alle deine Haufen und viele Völker mit dir. »

Laut Hesekiels Prophezeiung müsse Israel für die nächsten sieben Jahre kein Feuerholz mehr sammeln, sondern könne dafür die Ausrüstung von Gog und seiner feindlichen Armee verwenden. Sieben Monate werde es dauern, die Gefallenen zu begraben, damit das Land wieder rein werde. Der Begräbnisplatz für Gog im Land Israel solle das *«Tal der Wanderer östlich vom Toten Meer»* sein. Das Tal werde man Hamon Gog (Tal des Heereshaufen Gogs) nennen.

Die Offenbarung, das letzte Buch im Neuen Testament, enthält ebenfalls eine Prophezeiung zu Gog und Magog. Apostel Johannes soll die Offenbarung in einer Höhle auf der griechischen Insel Patmos vor der Küste von Ephesus geschrieben haben. Johannes prophezeit, dass Jesus nach furchtbarer Vergeltung an den Gottlosen für die Gerechten ein tausendjähriges Reich des Friedens errichten werde. Und *«wenn tausend Jahre vollendet sind, wird der Satanas los werden aus seinem Gefängnis und wird ausgehen, zu verführen die Heiden an den vier Enden der Erde, den Gog und Magog, sie zu versammeln zum Streit, welcher Zahl ist wie der Sand am Meer.»*

Der Koran erwähnt Gog und Magog ebenfalls und beschreibt, wie der Prophet Dhul-Qarnain auf einer Weltreise auf ein Volk stieß, das von Gog und Magog bedroht wurde. Diese waren böse und stifteten großes Unheil im Land. Das verängstigte Volk bot dem Propheten an, ihm für seinen Schutz Tribut zu zahlen. Dhul-Qarnayn lehnte dies ab, half dem Volk aber dennoch, eine große Mauer um es herum zu errichten, die die Völker Gog und Magog weder durchbrechen noch überwinden konnten, und so blieben sie eingesperrt bis zum Jüngsten Tag. Erst dann würden sie freigelassen, um sich noch einmal gegen die Völker der Welt zu erheben. Es gibt verschiedene Interpretationen dieser Geschichte. Einige glauben, es handle sich hierbei um eine Anspielung auf den eroberungsfreudigen persischen König Kyros II. Andere vermuten, die Geschichte beziehe sich auf den Reformer und Großkönig Dareios I. von Persien.

Die Geschichte zeigt aber auch Anklänge an den Alexanderroman, der von den Eroberungen Alexanders des Großen viele Jahrhunderte zuvor berichtet. Alexander regierte im 4. Jahrhundert v. Chr. und war einer der erfolgreichsten Feldherrn der Geschichte. Er soll eine Mauer errichtet haben, um die gefürchteten feindlichen Völker des Nordens ab-

Gog und Magog, Lucas Cranach der Ältere, 1534.

zuwehren. Ob sich dies wirklich so zugetragen hat, ist allerdings zweifelhaft. Alexander marschierte mit seinem Heer auf der Verfolgung des persischen Generals Bessos durch die Kaspische Pforte, eine Passstraße südöstlich des Kaspischen Meeres. Die romantische Verklärung der späteren Zeit verlagerte die Handlung in den Kaukasus, wo Alexander seine Armee zwischen zwei hohen Bergen hindurchführte, die als „Brüste des Nordens" bezeichnet wurden. Mit Gottes Hilfe gelang es ihm, die wilden Völker der Welt, darunter auch Gog und Magog, hinter einer großen Mauer aus Diamantgestein, in manchen Versionen auch hinter massiven eisernen Toren einzusperren. So waren sie gefangen und konnten nicht länger Verderben über die Länder im Süden bringen.

Auch der berühmte Bericht des Marco Polo aus dem 13. Jahrhundert über seine Reise entlang der Seidenstraße war zweifellos mit reichlich fantastischen Elementen ausgeschmückt. Er hatte einen weiteren Vorschlag für die Identität von Gog und Magog. Entsprechend den Vorstellungen seiner Zeit

(Fortsetzung S. 120)

Die Abenteuer des Marco Polo

Hätte Marco Polo im 21. Jahrhundert gelebt, wäre er sicher entweder ein hochrangiger Diplomat, Chef einer erfolgreichen Werbeagentur, Bestsellerautor von Politthrillern oder ein gut bezahlter Reisejournalist für eine große Zeitung. Große Talente hatte er in all diesen Bereichen auf jeden Fall. Aber Marco Polo wurde Mitte des 13. Jahrhunderts in Venedig geboren und stammte aus einer Kaufmannsfamilie. Die Familie unterhielt Niederlassungen in Konstantinopel, auf der Krim und sogar noch weiter im Osten. Zusammen mit seinem Vater und seinem Onkel reiste er als einer der ersten Westeuropäer entlang der Seidenstraße nach Kathai (China). Dort traf er auf den Großkhan der Mongolen, den berüchtigten Kublai Khan, Gründer der Yuan-Dynastie und Enkel des gefürchteten Dschingis Khan. Die beiden älteren Polos hatten erstmals im Jahr 1266 den Hof des Mongolenherrschers in Khanbaliq (nahe dem heutigen Peking) besucht. Beim zweiten Besuch im Jahr 1271 begleitete sie der 17-jährige Marco. Leider waren sie so willkommene Gäste, dass der Großkhan sie gleich für die nächsten 20 Jahre zu seiner Unterhaltung bei Hof festhielt. Marco wurde vor allem für seine Erzählkunst hochgeschätzt, und so durfte er als Präfekt des Mongolenhofs durch das ganze Reich reisen. 1291 ließ man ihn endlich nach Hause fahren, allerdings nicht ohne für Kublai Khan eine letzte Mission zu erfüllen: Marco Polo sollte die sichere Ankunft einer Mongolenprinzessin bei ihrem Verlobten in Sumatra gewährleisten. Seine Heimreise führte ihn über Sri Lanka und verschiedene Städte in Indien und Persien zurück nach Europa. Dort angekommen, geriet er 1298 in Genua für einige Monate in Kriegsgefangenschaft. Während dieser Zeit schrieb er das Buch „Il Milione" (Die Wunder der Welt), das schon bald nach seinem Erscheinen zu einem Riesenerfolg und in viele europäische Sprachen übersetzt wurde. Marco Polo verbrachte seinen Lebensabend als reicher Mann mit besten Beziehungen. Seine drei Kinder heirateten in einige der vornehmsten Adelsfamilien Italiens. Auf Reisen ging er niemals wieder. Ob seine berühmten Reisen überhaupt jemals stattgefunden haben, wird bis zum heutigen Tag heftig debattiert. Einige vermuten, dass Marco Polo seinen Reisebericht aus verschiedenen Erzählungen anderer zusammengefügt hat, die ihm als Kaufmann zu Ohren gekommen waren. In China sind keinerlei Hinweise auf seinen Aufenthalt überliefert, obwohl er dort als Europäer und berichtenswertes Novum einiges Aufsehen erregt haben müsste. Seine Erzählungen weisen ferner merkwürdige Lücken auf. So argumentieren seine Kritiker, es hätte im China dieser Zeit eine ganze Reihe von Besonderheiten gegeben, die Marco Polo nicht erwähnt, die in einen authentischen Bericht jedoch sicher eingeflossen wären. Dass das Originalmanuskript des Buches verloren ging und die Übersetzungen sich an einer frühen lateinischen Ausgabe orientieren mussten, macht die Erforschung der Wahrheit nicht einfacher.

Auf jeden Fall war Marco Polo nicht der erste Europäer, der am Hof des Großkhans empfangen wurde. Zu den ersten Besuchern gehörte ein anderer Italiener, Giovanni da Pian del Carpini, ein Mönch aus Umbrien. Er wurde 1245 von Papst Innozenz IV. auf eine gut dokumentierte diplomatische Mission zu Großkhan Güyük entsandt, der mit seinen mongolischen Truppen christliches Land besetzt hielt. Der Papst versuchte, die Mongolen auszuspionieren und den Großkhan als Verbündeten gegen den Islam zu gewinnen. Diese Hoffnung war allerdings aussichtslos. Die Gesandten wurden festgenommen und mit der Botschaft zurückgeschickt, der Khan sei die Geißel Gottes und die Herrscher Europas hätten sich ihm zu unterwerfen. Die Reise des Mönchs Giovanni war so strapaziös, dass er sich die Ernennung zum Erzbischof nach seiner Rückkehr redlich verdient hatte. Er verfasste zwei Bücher, „Kunde von den Mongolen" und „Geschichte der Mongolen und Reisebericht". Der Erfolg seiner Werke blieb jedoch weit hinter denen Marco Polos zurück.

Auch Christoph Kolumbus besaß ein Exemplar von Marco Polos Buch, dessen Reisebericht Kolumbus in seinem Plan bestärkte, eine westliche Route nach China zu finden. Die Landkarte, die Marco Polo aus Kathai mitgebracht haben soll, war vermutlich Grundlage für die wundervoll illuminierte *Mappa Mundi* von Fra Mauro.

FOLGENDE SEITEN: Das Detail aus Fra Mauros Mappa Mundi *(um 1453) zeigt Kathai. Diese Weltkarte ist fortschrittlicher als andere Karten der Epoche: Sie basiert auf dem Wissen des Ptolemäus, Portolan-Seekarten sowie arabischen Karten und den Reiseberichten berühmter Entdecker wie Marco Polo.*

SE
hedificio nobile
Pro. serica nel chataio
Fiume gã
Sinzu
tinzu
cinzu
Saianfu
Lago
Questa nobel citade e chome i uno lago ala qual se po anda per picola strada chome a par
nangin
Prouicia de nã
Queste insule se dice esser habundantissime de ogni metalo
EANVS. CHA TAI CVS
Quançu

RICA
P.
throzna
piada
tangiu
STRADA
taifu
Ledificio no
bile de idoli
Strada de mango
chataio
cazinfu
Caramo fan
linzinfu
pinzu
STRADA
bachalu
Questo excellẽtissimo e
potẽtissimo iperador el qual
ha .l.x. re de corona soto el suo
dominio quãdo el ua a spaso
el senta i un caro doro e dauo
lio ornado de çoie el priesio de
le qual e inextimabile. e quest
caro uiẽ menado da uno elefant
te biãcho. e ha .iiij. re di piu nobili
del suo regno uno per canton
che regeno questo caro. e .l. al
tri li uano auanti. con assai
numero de homeni darme da
uanti e da driedo e qui sono
tuti i piaceri çentileçe e costu
mi del mõdo.
ziangiu
CHATAIO
chaicianfu
Ponte mirabile e famoso cõ tresento
archi e simil a imagine de lioni
i qual tante collone cõ i suo capi
telli. a piu suo adornamẽto
sup el qual passa el fiu
me polisanchin
PONT
Archanara
Ponte
mirabi
le.
fl.
polisan
chin
Reg chesmi
maletan
REGNO

vermutete Marco Polo, die Kumanen seien das Volk hinter den eisernen Toren des Alexander. Dieses kriegerische nomadische Turkvolk aus den Steppen Westsibiriens und Nordkasachstans war in Richtung Süden durch die Wolgaregion gezogen und hatte sich im 11. Jahrhundert im Westen des Schwarzen Meeres niedergelassen. Die Kumanen begründeten im Mittelalter vermutlich auch mehrere bulgarische Dynastien. Sie wurden 1238 von den Mongolen besiegt. In einem anderen Kapitel seiner Reisebeschreibung siedelt Marco Polo Gog und Magog jenseits der Chinesischen Mauer an.

Keine dieser Spekulationen löst das Rätsel, wer oder was Gog und Magog waren beziehungsweise wo sie lagen. Im Lauf der Jahrhunderte wurden sie stets mit Nationen identifiziert, die den Weltfrieden bedrohten. Einige glaubten, es handle sich bei Gog und Magog um die gefürchteten Stämme nördlich des Schwarzen Meeres, die in der griechischen Antike als „Skythen" bekannt waren. Sowohl Herodot als auch Plinius der Ältere bezeichneten (im Abstand von mehreren Jahrhunderten) die Skythen als barbarisches Kannibalenvolk.

Der heilige Ambrosius, im 4. Jahrhundert Bischof von Mailand, behauptet 378 in seiner Abhandlung „De Fide" (Über den Glauben): *«Gog sind die Goten.»* Die gerade begonnene Völkerwanderung und die Überfälle der gefürchteten Goten passten für Ambrosius genau auf die biblische Beschreibung der Völker Gog und Magog. Er war keineswegs der Einzige, der die Goten mit dem apokalyptischen Volk gleichsetzte. Der heilige Isidor von Sevilla, einer der größten Gelehrten des Frühmittelalters, war ebenfalls davon überzeugt, dass die Goten von Gog abstammten. Jordanes, ein spätantiker römisch-gotischer Gelehrter, schrieb 551 in seinem zwölfbändigen Werk „Getica" über den „Ursprung und die Taten der Goten", dass Magog sowohl mit den Skythen als auch mit den Goten gleichgesetzt werden könne. Im 11. Jahrhundert behauptete der Historiker Adam von Bremen, die – mit den Goten verwandten – Schweden seien die Nachfahren von Gog und Magog. Königin Christina von Schweden fühlte sich später durchaus von der Vorstellung geschmeichelt, vom biblischen Volk Magog abzustammen, wenn auch Hunderte von Generationen dazwischen lagen. Manche Wissenschaftler glaubten, dass sich mit dem Einfall der Mongolen die Prophezeiung von Gog und Magog erfüllt hätten. Sir John Mandeville griff weniger hilfreich die in der „Epistola" vertretene Ansicht des Priesterkönigs Johannes auf und behauptete, die „verlorenen Stämme Israels" seien als Nachfahren von Gog und Magog hinter den Mauern Alexanders gefangen.

Es scheint, dass Gog und Magog mit der Zeit zum Synonym für eine Vielzahl kriegerischer und barbarischer Invasoren wurden. Alle in diese Ahnenreihe gestellten Völker hatten ihren Aufstieg, Momente der Macht und Zerstörung und schließlich ihren Niedergang. Doch keines davon konnte – wenigstens bis jetzt – zweifelsfrei als eines dieser sagenumwobenen Völker identifiziert werden.

Vielleicht kam Augustinus von Hippo in seinem Buch „De Civitate Dei (Vom Gottesstaat), geschrieben nach der brutalen Plünderung Roms durch die Goten 410 n. Chr., der Wahrheit am nächsten. Er schrieb, Gog und Magog bezeichneten keinen konkreten Ort beziehungsweise kein bestimmtes Volk, sondern vielmehr alle Völker, die durch ihre schrecklichen Taten in der ganzen Welt bekannt seien.

Englands Riesen

Obwohl eigentlich zu weit abgelegen von den Hauptschauplätzen der Legende von Gog und Magog, spielt auch Großbritannien in diesen seltsamen Geschichten eine Nebenrolle. Nach einer englischen Sage hatte der römische Kaiser Diokletian, der im 3. Jahrhundert n. Chr. herrschte, 33 Töchter, von denen eine boshafter als die andere war. Sie hatten bei der erbarmungslosen Verfolgung der Christen durch ihren Vater wohl allzu gut aufgepasst. Der Versuch, sie durch Heirat etwas zu zügeln, endete in einem Massenmord an den Ehemännern. Anführerin der wütenden Schwestern war Alba, die älteste Tochter. Zur Strafe setzte man die Damen auf hoher See aus, sie wurden jedoch in England an die Küste getrieben. So erhielt die britische Insel ihren alten Namen Albion. Es heißt, die Schwestern hätten sich dort mit Dämonen vermählt und mit ihnen ein Volk von Riesen gezeugt, unter denen auch Gog und Magog waren.

Geoffrey von Monmouth schreibt 1136 in der „Historia regum Britanniae" (Geschichte der Könige Britanniens) von einem Riesen namens Gogmagog. Bei einem Kampf auf Leben und Tod sei es Corineus, einem wohlbekannten Riesenbezwinger und legendären kornischen Helden des Mittelalters, gelungen, den Riesen Gogmagog bei Plymouth von den Klippen zu stoßen.

Seltsamerweise gelten Gog und Magog als Schutzpatrone von London. Seit den Tagen von König Heinrich V. Anfang des 15. Jahrhunderts trugen die Menschen bei feierlichen Umzügen große Figuren der Riesen aus Korbgeflecht, später auch aus Holz geschnitzte Bildnisse durch die Straßen. Es existieren auch zwei riesige uralte Eichen in Somerset, die ebenfalls Gog und Magog genannt werden. Sie sind angeblich die letzten Bäume einer Prozessionsstraße, die den Hügel von Glastonbury Tor hinaufführte. Als der Legende nach Josef von Arimathäa, der heimliche Jünger Jesu, mit seinen Getreuen und dem Heiligen Gral an der englischen Küste gelandet sein soll, waren die Eichen angeblich noch jung. Die heutigen Bäume sind allerdings nicht viel älter als 1000 Jahre, vielleicht sind sie aber auch Sprösslinge von Josefs Eichen.

Südlich von Cambridge liegen die Gog Magog Hills. Dort wurden Mitte des 20. Jahrhunderts altertümliche Zeichnungen im Kalkstein entdeckt. Seither wird darüber diskutiert, ob die Ritzzeichnungen Gog und Magog oder Sonne und Mond darstellen.

AMERICAE SIVE QVARTAE ORBIS PARTIS NOVA ET EXACTISSIMA DESCRIPTIO.
AVCTORE DIEGO GVTIERO
ETC. COSMOGRAPHO. HIERO
SEPTENTRIO
PARTE DI GRONLANDA
OCEANVS SEPTENTRIONALIS
PICNEMAY
TIERRA DE LABRADOR
TIERRA DE BACCALAOS
CANADA PROV
TIERRA FRANCISCA
TIERRA DI NORIMBERGA
MOCOSA
APALCHEN
AVACAL
CALICVAZ
OTAGIL
CAPAS CHI
TIERRA FLORIDA
LA NVEVA GALITIA
ISLAS DELOS AÇORES
ISLAS DE CANARIA
GOLFO DE LA NVEVA ESPAÑA
TROPICVS CANCRI
OCEANVS OCCIDENTALIS
ISLAS DE CAPOVERDE
NVEVA ESPAÑA
AEQVINOCTIALIS
NOVA ANDALVSIA
CARTAGENA
MAR DEL SVR
REGIO DEL PERV
REGIO DE BRASIL
TROPICVS CAPRICORNI
CHICA
TIERRA DE PATAGONES
MARE MAGELLANICVM SIVE PACIFICVM
REGIO PATALIS
TIERRA DE MAGALLANES
MERIDIES

Teil 4

Inseln im dunklen Meer

Vorstoss ins Meer der Verdammnis

Die Phantominsel Sankt Brendan

Die „Insel der sieben Städte“

Die heilige Ursula und die 11 000 Jungfrauen

Frisland und andere rätselhafte Inseln im Atlantik

Noch mehr verlorene Inseln

LINKS: Diego Gutierrez' Karte der Neuen Welt von 1562 ist mit Darstellungen von Meeresungeheuern, Kannibalen, Meerjungfrauen und Riesen geschmückt. Die Karte verklärt Spaniens Entdeckungen in Amerika und verzeichnet reale Plätze wie die Jungferninseln genauso wie fiktive Orte wie die Brasilinsel.
FOLGENDE SEITEN: Ausschnitt aus Alejo Fernandez' surrealem Altargemälde, das spanische Karavellen auf dem Weg in die Neue Welt zeigt.

Vorstoss ins Meer der Verdammnis

Der Atlantik war für die antike Welt geheimnisvoller, als es heute für uns der Mars ist. Jenseits der Straße von Gibraltar, damals als die „Säulen des Herakles“ bekannt, lag das große Unbekannte. Für die Araber war der Atlantik das „Meer der Finsternis“. Dort, glaubte man, würde die Hand des Teufels jeden ergreifen, der sich auf dieses schreckliche Meer hinauswagte. Der große persische Geschichtsschreiber und Geograph des 11. Jahrhunderts, Al-Biruni, beschrieb es als dickflüssiges Wasser in ewiger Dunkelheit. Angesichts dieser Vorstellungen sind die frühen Erkundungen des Atlantiks durch phönizische Seefahrer umso erstaunlicher. Die Phönizier unterhielten von ungefähr 1200–900 v. Chr. an ein weitverzweigtes Netz von Seehandelsrouten über das Mittelmeer. Strabon zufolge betrieben die phönizischen Händler auch jenseits der „Säulen des Herakles“ eine ertragreiche Zinnhandelsroute bis zu den Britischen Inseln. Dieses Zinn wurde mit Kupfer aus Zypern verschmolzen, um daraus Bronze herzustellen.

Besonders bemerkenswert ist eine Reise von Hanno dem Seefahrer in der ersten Hälfte des 6. Jahrhunderts v. Chr. Im Auftrag Karthagos segelte er mit einer Flotte von 60 Schiffen durch die Straße von Gibraltar, die Westküste Afrikas entlang und durch den Golf von Guinea bis zur Bucht von Corisco (im heutigen Gabun). Einer griechischen Übersetzung zufolge ging Hannos Schiffen bei der Ankunft in der Corisco-Bucht der Proviant aus. Die Besatzung tötete und enthäutete drei Gorillaweibchen (deren Felle laut Plinius dem Älteren bis zur Zerstörung Karthagos durch die Römer im Tempel der Göttin Tanit ausgestellt wurden) und war danach zur Umkehr gezwungen. Der kurze Bericht über Hannos Reise, der „Periplus", wurde als Inschrift im Tempel des Kronos in Karthago angebracht. Darin wird berichtet, wie Hanno entlang der westafrikanischen Küste karthagische Vorposten errichtete und ältere Stützpunkte wieder aufbaute. Plinius der Ältere schrieb, dass «Hanno in der Blütezeit Karthagos von Gades (Cadiz in Spanien) nach Arabien segelte». Dies legt nahe, dass er Afrika von West nach Ost umrundete.

Man vermutet, dass die Phönizier bereits sehr früh Afrika umsegelten und möglicherweise mit Südostafrika Goldhandel trieben. In den Aufzeichnungen Herodots aus dem 5. Jahrhundert v. Chr. findet sich hierzu als Randnotiz, dass phönizische Seefahrer bei ihrer Umsegelung Afrikas «die Sonne auf der rechten Seite sahen, während sie westwärts segelten», was nur der Fall gewesen wäre, wenn sie auf der Südhalbkugel entlang der Westküste Afrikas gesegelt wären. Herodot beschreibt auch eine dreijährige Reise phönizischer Seefahrer um 600 v. Chr., die Afrika vom Roten Meer aus von Ost nach West umsegelten und durch die „Säulen des Herakles" wieder zurückkehrten.

Die Phönizier suchten weit über ihr eigentliches Herrschaftsgebiet hinaus nach Bodenschätzen. Das Zentrum der phönizischen Kultur befand sich auf dem Gebiet des heutigen Libanon, an der syrischen Küste und umfasste Teile Israels. Diese Landstriche verfügten nicht über die nötigen Metallvorkommen. Die Kolonisation von Gebieten mit reichen Bodenschätzen war eine der größten Antriebskräfte für ihre Expansion im Mittelmeerraum und in Afrika. Die Phönizier errichteten Siedlungen in Karthago in Nordafrika, auf Sizilien und auf der Iberischen Halbinsel, wo es reiche Silbervorkommen gab, sowie auf den Inseln Zypern, Korsika und Sardinien. Herodot beschreibt eine Minengegend, in der die Phönizier auf der Suche nach Gold praktisch einen kompletten Berg abtrugen. Nachdem Phönizien selbst im Jahr 539 v. Chr. dem persischen Achämenidenreich einverleibt wurde, entwickelte sich Karthago, der große Außenposten in Nordafrika, zum Zentrum der phönizischen Zivilisation. Das Altpersische Reich wurde unter der Herrschaft von Kyrus dem Großen zum größten Reich der damaligen Welt. Es erstreckte sich von der heutigen Türkei und Israel in den Norden bis nach Kasachstan und im Osten bis an den Indus.

So außergewöhnlich die Reisen der Phönizier zweifellos waren, segelten die Schiffe damals möglichst immer in Sichtweite des Festlands und wagten sich kaum in unbekannte Gewässer hinaus, obwohl die phönizischen Seefahrer die Kunst der Navigation mithilfe der Sterne meisterhaft beherrschten. Soweit bekannt ist, gab es nur zwei Seewege durch das Mittelmeer ohne Sichtkontakt zum Festland:

den Weg zwischen den vor der Ostküste Spaniens gelegenen Balearischen Inseln (Ibiza, Mallorca, Menorca und Formentera) zu der karthagischen Bergbaukolonie auf der Insel Sardinien sowie den von der afrikanischen Küste zu den Balearen. Obwohl die Phönizier hervorragende Seefahrer waren, gibt es keine Hinweise darauf, dass sie sich in den Atlantik hinauswagten. Mit ihren durch Ruder angetriebenen Schiffen wäre dies auch ein fahrlässiges Unterfangen gewesen.

Pytheas von Massilia (Marseille) brach um 330 n. Chr. von der Südküste Frankreichs zu einer der ersten überlieferten Reisen in den Atlantik auf, die er in einem bereits seit Langem verschollenen Buch mit dem Titel „Über den Ozean" beschrieb. Glücklicherweise wurde das Werk von einigen späteren Autoren zitiert. Es gilt als erwiesen, dass Pytheas Cornwall besuchte, wo er vom Zinnhandel berichtete, und möglicherweise bis nach Irland sowie zu den Hebriden- und Orkneyinseln vorstieß. Er berichtete auch, wie er seine Reise von dort weiter nach Norden, nach *Ultima Thule*, fortsetzte. Dies beschreibt er als einen Ort am äußersten Ende der Welt, sechs Tagesreisen von Britannien entfernt, wo die Nacht nicht mehr als zwei bis drei Stunden dauere. Eine weitere Tagesreise jenseits von Thule begann das kronische Eismeer, wo laut seiner Auskunft die Sonne im Sommer nie untergeht. Auf Karten des 16. Jahrhunderts wurden diese eisigen Gewässer als *Mare Congelatii* (Gefrorenes Meer) eingezeichnet. Über die wahre Identität des *Ultima Thule* von Pytheas gibt es verschiedene Theorien. Angesichts der Segelzeiten und der Beschreibung könnte es sich um eine frühe Entdeckung Islands oder der Shetlandinseln handeln. Andere vermuten, dass Pytheas möglicherweise Trondheim in Norwegen erreicht habe.

Während es sich bei der europäischen Erkundung des Nordatlantiks eher um sehr zurückhaltende Vorstöße handelte, begannen die grönländischen Ureinwohner wahrscheinlich bereits etwa 80 000 Jahre früher mit der Besiedelung Kanadas. Die norwegischen Wikinger kolonialisierten Island etwa im Jahr 874 und der norwegisch-isländische Seefahrer Erik der Rote besiedelte Grönland 986. Von dort aus wagten sich die Wikinger bis zur Nordostküste Kanadas vor. Der „Vinland-Saga" zufolge, die zunächst mündlich überliefert und schließlich im 12. und 13. Jahrhundert niedergeschrieben wurde, kam Bjarni Herjolfsson, ein norwegischer Siedler in Grönland, um das Jahr 985 vom Kurs ab und sichtete einen neuen Kontinent westlich von Grönland. Etwa 15 Jahre später machte sich Leif Eriksson, der Sohn Eriks des Roten, auf den Weg zu diesem neuen Kontinent.

Im darauffolgenden Jahrzehnt folgte eine Reihe weiterer Entdeckungsreisen. Weil die Seefahrer dort wilde Trauben in Hülle und Fülle vorfanden, wurde es „Vinland" (Weinland) getauft. Obwohl vermutlich mehrere Siedlungen gegründet wurden, konnte keine langfristig überdauern. Die Ausgrabungsstätte bei L'Anse aux Meadows im heutigen Neufundland, die 1978 zum Unesco-Weltkulturerbe erklärt wurde, ist die früheste bekannte europäische Siedlung in der Neuen Welt. Sie wurde zur Instandsetzung der skandinavischen Schiffe für die Rückreise und als Ausgangspunkt für Expeditionen ins Landesinnere genutzt, die die Siedler weit in Richtung Süden bis zum Sankt-Lorenz-Strom und nach New Brunswick führten.

Die Phantominsel Sankt Brendan

Man könnte meinen, im Mittelalter und in der Renaissance habe eine gewisse geographische Nachlässigkeit geherrscht. Einige Länder und Inseln gingen einfach verloren und tauchte niemals wieder auf. Tatsächlich gibt es das Phänomen der „Phantominseln" wirklich. Durch Seebeben oder vulkanische Aktivität existieren manche Inseln nur kurzzeitig oder werden regelmäßig vom Meer überspült. Dies könnte die Ursache für einige der Mythen sein, die sich um diese kurzlebigen Inseln ranken.

Die Insel Sankt Brendan zählt hierzu. Schon Ptolemäus berichtete in seiner „Geographia" von einer Insel namens *Aprositus Nesos*, die offensichtlich zu den Kanarischen Inseln gehörte – damals auch als „Insel der Seligen" bezeichnet – und die, wie er praktischerweise befand, «niemals erreicht oder gesehen werden kann», da sie von Nebel umgeben sei.

Auch in portugiesischen und spanischen Überlieferungen wurde lange Zeit immer wieder von einer achten Insel des kanarischen Archipels berichtet, die als San Borondón bekannt war. Die meisten

Insulæ Fortunatæ

Einwohner von La Palma, La Gomera und El Hierro, die im Lauf der Jahrhunderte San Borondón schilderten, schienen den Zeitgenossen glaubwürdig. Sie gaben an, die Insel bei klarem Wetter gesehen zu haben, und beschrieben sie übereinstimmend als groß, bewaldet und bergig.

Im 11. Jahrhundert siedelten sowohl der Kartograph San Severo als auch der Mönch und christliche Gelehrte Guanilo von Marmoutier (der das Eiland als *Isla Perdida*, die verlorene Insel, bezeichnete) San Borondón im Kanarenarchipel an. Um das Jahr 1280 war San Borondón auf der Hereforder *Mappa Mundi* (siehe Seite 54) zu erkennen. Auf dieser Karte waren die großen Städte und Flüsse Europas eingezeichnet. Am Rand der unbekannten Welt waren fremdartige und furchtbare Monster und Bestien abgebildet. Die kanarische Inselgruppe wurde auf dieser Karte *«die Inseln der Gesegneten und die Insel Sankt Brendan»* genannt. Noch Ende des 15. Jahrhunderts hoffte Christoph Kolumbus, die Insel bei seiner Reise über den Atlantik im Jahr 1492 zu finden.

Sankt Brendan der Seefahrer

Der irische Heilige Sankt Brendan (auch als Sankt Brandanus bekannt) lebte im 6. Jahrhundert, einer Zeit in der irischen Geschichte, die durch eine starke christliche Missionstätigkeit geprägt war und in der sich viele Mönche weit über ihr Heimatland hinauswagten. Sankt Brendan bereiste weite Teile von Wales bis hinauf zur Insel Iona vor der Westküste Schottlands und gründete dabei eine Reihe von Bis-

LINKS: Der heilige Brendan und seine Mönche halten den Gottesdienst auf dem Rücken eines Wals ab. Farbkupferstich nach einer mittelalterlichen Buchmalerei.

tümern sowie zahlreiche Kirchen und zwei Klöster. Nach Irland zurückgekehrt, gründete er 557 v. Chr. das bedeutende Benediktinerkloster von Clonfert in der Grafschaft Galway. Das Kloster soll zur Regierungszeit von Königin Elisabeth I. die unglaubliche Anzahl von 3000 Mönchen beherbergt haben. Es florierte mehrere Hundert Jahre, obwohl es zwischen dem 9. und 11. Jahrhundert dreimal von einfallenden Normannen niedergebrannt wurde. Das Kloster und ein Großteil der Kirche wurden im Jahr 1541 erneut zerstört, das Kloster danach nicht wieder aufgebaut. Gegen Ende seines Lebens wirkte Sankt Brendan in Annaghdown, er starb mit 93 Jahren und wurde in Clonfert beerdigt.

Sankt Brendan, auch als Sankt Brendan der Seefahrer bekannt und als Schutzpatron der Seefahrer und Reisenden verehrt, ist vor allem für seine siebenjährige Reise bekannt, die er auf der Suche nach dem irdischen Paradies, dem „Gelobten Land der Heiligen“, unternahm. Diese Geschichte wurde häufig weitererzählt, wobei im Lauf des Mittelalters offenbar frei erfundene Ausschmückungen hinzukamen. Ein historischer Beleg für die Reise Sankt Brendans fehlt, allerdings finden sich im alten irisch-keltischen Kalender Angaben für ein besonderes Fest zur Feier dieser Reise. Am Ende des 8. Jahrhunderts erwähnte Sankt Aengus der Culdeer die Reise des heiligen Brendan in seiner Litanei.

Die älteste überlieferte Version der Geschichte ist ein anonymer lateinischer Text des 9. Jahrhunderts namens „Navigatio Sancti Brendani“ (Die Reise des heiligen Brendan). Dabei handelt es sich um eine der bekanntesten Schriften des Mittelalters, die auf einer alten mündlichen Überlieferung basiert. Der Reisebericht wurde in zahlreiche Sprachen übersetzt, unter anderem ins Französische, Sächsische und Flämische. In der Kathedrale aus dem 12. Jahrhundert, die in Clonfert steht, befindet sich eine geschnitzte Meerjungfrau, die ihr Haar kämmt – eine Reminiszenz daran, dass Sankt Brendan angeblich auf seiner Reise den Meereswesen predigte.

Eine Pilgerfahrt ins Gelobte Land

Die Geschichte beginnt mit einem gewissen Bruder Barrind (Barinthus), der nach Clonfert kam und behauptete, er sei nach dem Besuch eines Mönchsbruders und Einsiedlers auf eine Insel gebracht worden, die als das „Gelobte Land der Heiligen“ bezeichnet wurde. Barrind beschrieb, durch eine dicke Wolkenschicht gefahren zu sein, die so dicht war, dass er kaum hindurchsehen konnte, bevor er in ein helles Licht vordrang und an einer wunderschönen grünen Küste an Land ging. Diese war reich an Edelsteinen, es blühten Obstbäume und Blumen und die Luft war erfüllt von herrlichem Duft. Die Mönche seien weit durch dieses wunderschöne Land gereist, bis sie schließlich an einem großen Fluss anhalten mussten, den sie nicht überqueren durften.

Aufgrund dieser Schilderungen erfasste den heiligen Brendan die große Sehnsucht, jenen herrlichen Ort mit eigenen Augen zu sehen. Er wählte daraufhin 14 Mönche als Begleiter. Am Fuße von Brandon Hill flochten sie aus Weiden ein Schiff, bespannten es mit Leder, das sie mit Eichenrinde gegerbt und mit Teer wasserdicht gemacht hatten. Sie beluden das Schiff mit Proviant für 40 Tage. Als die Gruppe losreisen wollte, baten drei weitere Mönche inständig darum, mitgenommen zu werden, und wurden erhört. Schon bald nachdem die Mönche aufgebrochen waren, legte sich der Wind und sie mussten rudern. Am 40. Tag der Reise, als die Gruppe erschöpft und der Proviant aufgebraucht war, erblickten sie eine steil aus dem Meer ragende Felseninsel mit mächtigen Wasserfällen.

Sie segelten drei Tage um die Insel herum, bis sie in einer Bucht sicher an Land gehen konnten. Dort wurden sie von einem Hund zu einem herrschaftlichen Haus geführt. In einem Saal war bereits eine festliche Tafel für sie gedeckt, mit Metallgeschirr und silberverzierten Hörnern. Diese Beschreibung lässt darauf schließen, dass sie dort auf eine Wikingersiedlung gestoßen waren.

Auf der nächsten Insel, die sie auf ihrer Reise erreichten, entdeckten die Mönche eine Herde riesiger weißer Schafe und große Wasserströme aus Fontänen, in denen sich die Fische nur so tummelten. Zur Feier der Auferstehung Christi opferten die Mönche an Ostern ein neugeborenes Lamm und ergänzten die Proviantvorräte ihres Schiffes. Ihren nächsten Landgang unternahmen sie auf einer eigentümlichen Insel ohne Sand, Bäume oder Gras. Sie verbrachten dort die Nacht mit Gebeten, hielten die Messe ab und bereiteten in einem großen Kessel eine Mahlzeit zu. Gerade als der Kesselinhalt zu kochen anfing, begann sich die Insel zu heben. Die Mönche flüchteten angsterfüllt zurück in ihr Boot und die Insel versank auf der Stelle im Ozean. Sankt Brendan erklärte seinen Mitreisenden, Gott habe ihm in der Nacht offenbart, dass es sich bei der Insel in Wahrheit um einen riesigen Wal namens Jasconius handelte. Die nächste Insel, die sie besuchten, war das „Vogelparadies", eine mit Blumen übersäte grüne Insel. Auf dem Weg ins Landesinnere kamen sie an einen Baum, der vollständig mit schneeweißen Vögeln besetzt war, die wie mit einer Stimme sangen. Einer dieser Vögel erklärte dem heiligen Brendan, dass sie Engel seien, die beim Sturz Luzifers in Ungnade gefallen waren. Sie zogen nun um die Erde, aber an den Festtagen des christlichen Kalenders sei es ihnen erlaubt, die Gestalt weißer Vögel anzunehmen und sich auf der Insel zu treffen, um Gott mit ihren Gesängen zu lobpreisen.

Als die Mönche das nächste Mal Land erreichten, waren sie völlig entkräftet. Sie entdeckten ein Kloster, in dem bescheidene Mahlzeiten gereicht und die Laternen mit einem brennenden Pfeil angezündet wurden. Die Mönche dieses Klosters behaupteten, hier bereits seit 80 Jahren zu leben, seit der Zeit Sankt Patricks und Sankt Ailbes. Während dieser Jahre seien sie nicht gealtert oder gebrechlich geworden, hätten niemals unter Hitze oder Kälte zu leiden und ihnen fehle es an nichts. Sankt Brendan und seine Mönchsbrüder verließen die Insel nach dem Dreikönigsfest. Auf der nächsten Insel fanden sie den Brunnen des Vergessens. Danach segelten sie erst nach Norden und dann nach Osten. Sie merkten, dass sie im Kreis gesegelt waren, als sie nach einem Jahr wieder auf der Insel landeten, auf der sie das erste Mal Ostern gefeiert hatten.

Ihr Abenteuer aber ging weiter, sie wurden Zeugen eines gigantischen Kampfes zwischen zwei riesigen Meeresungeheuern und entdeckten die „Insel der starken Männer", auf der einer von Sankt Brendans Gefährten an Land ging, um einen persönlichen Bußgang anzutreten. Nach weiteren leid-

FOLGENDE SEITEN: *„Die Regionen des Nordens" aus Abraham Ortelius' „Theatrum Orbis Terrarum" (Theater der Welt) aus dem Jahr 1570 zeigen die Brasilinsel, die Insel Sankt Brendan und Frisland im Nordatlantik.*

Groen
Estotilant
Islant
Thule
OCEANVS DEVCALIDON
Frisland
Drogeo
Podalida
Neome
Hirta
Hebudes insule
Scetlant insu.
Orcades
SCOTIA
HIBERNIA
ANGLIA
Dublin
Londen
Farre insu.
Dumo
Biscaps sund
Diamanten sund
Monaco
S. Brandain
Brasil
Grislada
Westmone
Grimse
Cumbra
Arran
Mona
Anglesey
Pembroke
Bristow
Hampton
Falmouth
Exmouth
Weymouth
Barwyck
Tueda fl.
Lancaster
Stafford
Derby
Rye
Wicht

SEPTENTRIONALIUM REGIONUM DESCRIP.
RVSSIA
Biarmia
Lacus Albus
Scrickfinnia
Finmark
Lappenlandt
SVEDIA
Dalekarlia
NORVEGIA
BODDIA
FINLANT
Finnicus sinus
Boddicus sinus
Liuoniae pars
Prussiae pars
Pomeraniae pars
Germaniae pars
Oostsee
Gotlant
GOTIA
DANIA
Stockholm
Wardhuis
Bornholm
Rugen
Lubeck
Hamborch
Bremen
Emden
Groningen
Amsterdam
Antwerpen
Coln
Rhijn fl.
Albis fl.
Vistula fl.
Coningsberg
Danczigk
Stetin
Rostock
Riga
Derbt
Narua
Nouogrod
Pskoue
Onega fl.
Colmogro
S. Nicolas
S. Michel
Kouloai
Wener lacus
Parall. 60. grad latit.
Cum priuilegio

vollen Erfahrungen erreichten die Männer eine weitere Insel, ein Paradies mit Weinreben voller Trauben sowie einem reichen Angebot an Gemüse und Kräutern. Sechs Quellen versorgten die Insel mit Wasser, und die Luft war erfüllt vom Duft der Granatäpfel. Dort blieben sie 40 Tage, um sich zu erholen.

Die Mönche scheinen mehrere Jahre auf See verbracht zu haben. Immer wieder kehrten sie zu den Inseln zurück, auf der sie das erste Mal Ostern und Weihnachten gefeiert hatten. Bei einer ihrer Fahrten entdeckten sie einen riesigen, im Meer treibenden Pfeiler aus klarstem Kristall und so hart wie Marmor. In der Mitte dieses Pfeilers fanden sie eine Öffnung, durch die sie hindurchsegelten, bevor sie von günstigen Winden in Richtung Norden getragen wurden.

Zu ihren furchterregendsten Erlebnissen gehörte die Entdeckung einer Insel, deren Luft bis weit ins Meer hinaus faulig roch und deren schroffe Klippen mit Schlacke bedeckt waren. Der donnernde Klang von Schmiedehämmern erfüllte die Luft. Sie wurden mit riesigen Felsbrocken beworfen und Rauch wie aus glühenden Öfen stieg in die Luft. Während sie voll Ehrfurcht auf dieses Spektakel starrten, verwandelte sich die Insel in eine riesige glühende Feuermasse und das umgebende Meer fing an zu kochen. Sankt Brendan warnte seine Brüder, dass sie sich hier an der Schwelle zur Hölle befänden. Später sahen sie, wie aus dem Ozean ein großer Berg mit einem von Rauchwolken verdunkelten Gipfel und kohlrabenschwarzen Klippen emporstieg. Nachdem Sankt Brendan dort einen seiner Männer verloren hatte, setzte er Segel in Richtung Süden. Als sie zurückblickten, sahen die Mönche, wie riesige Flammen in den Himmel emporschossen, als ob sich der gesamte Berg in einen brennenden Scheiterhaufen verwandelt hätte.

Sieben Jahre waren seit Anbruch ihrer Reise vergangen – und endlich kamen sie ans Ziel. Von den Winden westwärts bis zu einer großen dunklen Nebelwand getragen, erkannten sie, als sie wieder daraus hervorkamen, eine hell erleuchtete Küste vor sich: das „Gelobte Land der Heiligen". Sie reisten 40 Tage durch dieses Land, ohne an Grenzen zu stoßen. Es war dicht bewaldet, voller Obstbäume und Edelsteine. Das Licht schien Tag und Nacht. Schließlich kamen sie an einen großen Fluss, den sie nicht überqueren konnten. Dieser markierte das Ende dessen, was Sterblichen zu sehen erlaubt war. Sie füllten die Vorräte auf ihrem Boot wieder auf, nahmen einige der kostbaren Steine mit und segelten zurück zu ihrem Kloster in Irland, ohne dass sie von weiteren merkwürdigen Vorkommnissen in die Irre geführt wurden.

Der heilige Brendan des 20. Jahrhunderts

1979 fasste Timothy Severin, ein moderner irischer Abenteurer, den Entschluss, die Geschichte der Odyssee des heiligen Brendan nachzuprüfen. Entsprechend der Beschreibung in der „Navigatio Brendani" fertigte er einen mit Leder bezogenen *currach*, ein traditionelles irisches Fischerboot, und stach damit in See. Trotz seines fragilen Aussehens ist ein großer *currach* erstaunlich seetüchtig und imstande, der rauen See vor den Westinseln Schottlands zu trotzen. Bei einer Reise über den Atlantik ist ein *currach* den Strömungen und Winden jedoch schutzlos ausgeliefert. Severin nahm zuerst Kurs nach Norden, dann nach Westen, bis er schließlich unbeschadet den Atlantik bis nach Neufundland überquert hatte. Somit stellt sich die Frage, ob Sankt Brendan und seine Gefährten fast 500 Jahre vor den Wikingern und 1000 Jahre vor Kolumbus Nordamerika und möglicherweise auch Grönland und Island entdeckt hatten? Lange vor Timothy Severin, im Jahr 1497, war der im englischen Dienst stehende Genueser Giovanni Caboto in seinem Schiff „Matthew“ ebenfalls nach Neufundland gelangt. Es ist also nicht auszuschließen, dass Sankt Brendan im 6. Jahrhundert das Gleiche gelang.

Sankt Brendans Beschreibung des im Meer treibenden Kristallpfeilers erinnert stark an einen Eisberg. Die Beschreibung des Gestanks nach faulen Eiern und der brennenden Felsbrocken, die auf ihr Boot fielen und in einem Feuerball explodierten, hat frappierende Ähnlichkeit mit der Eruption einer Vulkaninsel. Auch der feuerspeiende Berg mitten im Meer lässt einen Vulkan vermuten. 1963 tauchte, infolge vulkanischer Aktivität des Mittelatlantischen Rückens direkt vor den Westmännerinseln, die der Südküste Islands vorgelagert sind, plötzlich solch eine Insel aus dem Meer auf. Über mehrere Monate hinweg schleuderte der Vulkan geschmolzenes Gestein, Asche und Bimsstein bis zu 300 Meter in die Luft. Teilweise reichte die Aschesäule bis zehn Kilometer in die Atmosphäre. Die Insel, heute unter dem Namen Surtsey bekannt, wuchs während der nächsten zwölf Monate auf eine stattliche Größe an. Sehr wahrscheinlich beobachteten die Seefahrermönche des frühen Mittelalters einen solchen Vulkanausbruch vor der Küste Islands.

Darüber hinaus legt die Beschreibung, wie Sankt Brendan und seine Männer durch eine dunkle Wand hindurchsegelten, die so dicht war, dass sie kaum ihre Route erkennen konnten, bevor sie in das helle Licht des „Gelobten Landes der Heiligen“ kamen, nahe, dass ihre Reise an der Neufundlandbank geendet hatte. Dies ist eine der nebligsten Gegenden der Welt, da dort der warme Golfstrom auf den kalten Labradorstrom trifft. Vor einiger Zeit entdeckten Archäologen in der Nähe der Stadt L'Anse aux Meadows in Neufundland eine alte nordische Siedlung, die der Instandsetzung von Schiffen diente. Hier ballt sich jeden Abend eine große Nebelbank zusammen und verdeckt den Blick auf den Horizont.

Ein Großteil der Geschichte über die siebenjährige Reise des heiligen Brendan wird im Stil einer abenteuerlichen Pilgerfahrt geschildert und ist ein mittelalterliches Lehrstück. Aber basiert sie auf einer tatsächlichen Reise von Seefahrern, die möglicherweise von Sankt Brendan selbst angeführt wurde? Erreichten sie wirklich Neufundland und kehrten zurück, um von ihren Abenteuern zu berichten? Wenn Sankt Brendan tatsächlich das vorfand, was wir heute als Eismeer, aktive Vulkane und Eisberge interpretieren, erscheint seine Geschichte plötzlich vollkommen real. Im 6. Jahrhundert waren die meisten Iren bereits zum christlichen Glauben bekehrt und widmeten sich mit Eifer ihrer Religion. Viele folgten ihrer Sehnsucht nach einem Eremitendasein. Es ist durchaus wahrscheinlich, dass einige Mönche auf ihrer Suche nach Orten der inneren Einkehr in Richtung Norden und Westen reisten. Irische Wandermönche waren in großer Zahl in ganz Europa unterwegs. Es könnte aber auch sein, dass die Geschichte eine Sammlung früher irischer Seefahrerentdeckungen ist. Kürzlich durchgeführte Untersuchungen über die genetische Verwandtschaft der Menschen in Nordirland, Island und auf den Färörern bestätigen eindeutig die verwandtschaftliche Verbindung der Bewohner. Unabhängig davon, inwieweit die Reise des heiligen Brendan den Tatsachen entspricht oder nicht, scheint die Geschichte bei näherer Betrachtung mehr als nur ein Körnchen Wahrheit zu enthalten. Die Iren erreichten Island tatsächlich bereits um das Jahr 795. Aber ob Mönche Jahrhunderte vor der Entdeckung Amerikas tatsächlich bis nach Nordamerika kamen, werden wir wohl niemals zweifelsfrei erfahren.

Auf der Suche nach der Phantominsel

Die Suche nach der Phantominsel Sankt Brendan bzw. San Borondón im Kanarischen Archipel ging auch noch lange nach Kolumbus' berühmter Reise weiter. 1570 häuften sich Augenzeugenberichte über ein erneutes Auftauchen von San Borondón bei den Kanarischen Inseln derart, dass der Gouverneur der Insel El Hierro mehr als 100 Berichte vertrauenswürdiger Zeugen dokumentieren ließ. Vergleichbare Berichte gab es auch auf Teneriffa und La Palma. Viele dieser Schilderungen waren sehr detailliert und wurden oft von höchst angesehenen Männern überliefert. Erstaunlicherweise stammen einige Berichte von Schiffskapitänen, die alle eine sehr ähnliche Geschichte erzählten: Sie seien mit ihrer Besatzung an der Küste der mysteriösen Insel gelandet, woraufhin sich ein schrecklicher Sturm zusammenbraute und das Schiff vom Anker losriss. Hals über Kopf seien sie auf ihr Schiff zurückgekehrt, das daraufhin vom Wind aufs Meer getrieben wurde, während die Insel hinter ihnen in einem undurchdringlichen Nebel verschwand. Aufgrund dieser Berichte wurde von La Palma aus eine erneute Suche nach der Phantominsel gestartet, die sich jedoch wieder einmal als erfolglos erwies.

Die Insel wurde im Lauf der Zeit immer wieder gesichtet. 1720 beispielsweise herrschte erneut reges Interesse an der verlorenen Insel. Von Teneriffa aus brach unter Leitung von Don Gaspar Dominguez erneut eine Expedition auf. Zur bitteren Enttäuschung der Einwohner Teneriffas kehrte er jedoch unverrichteter Dinge zurück. Auch 1759 wurde die Insel wieder gesichtet, diesmal von einem Franziskanermönch auf der Insel La Gomera. Angeblich etwa 40 Zeugen bestätigten, die Insel mit einem Teleskop gesichtet zu haben.

Das Phänomen der Gruppendynamik spielte sicher bei einigen der Sichtungen eine nicht unwesentliche Rolle, dennoch ist zu bedenken, dass viele rational denkende Männer bereit waren, ihren Ruf zu riskieren, indem sie ein erneutes Auftauchen von San Borondón bezeugten. Selbst die kastilischen Könige wollten auf Nummer sicher gehen und machten ihren Anspruch auf alle Kanareninseln geltend, einschließlich jener, die eventuell in der Zukunft entdeckt werden würden.

Vielleicht erklärt die Vermutung des spanischen Benediktinerabts und Gelehrten Feyjóo y Montenegro (1676–1764) das Phänomen. Er schreibt das rätselhafte Verschwinden dieser Kanareninsel einer Luftspiegelung zu, einer optischen Täuschung ähnlich derjenigen, die vor Marseille an der südfranzösischen Küste dokumentiert ist. Auch in der Straße von Messina zwischen Sizilien und dem italienischen Festland kann manchmal eine Fata Morgana beobachtet werden. Dabei werden die sizilianische Stadt Reggia und ihre Umgebung von der Meeresoberfläche reflektiert.

Die „Insel der sieben Städte“

Eine weitere Phantominsel, die manchmal mit Sankt Brendan gleichgesetzt wird, obwohl sie völlig andere mythologische Wurzeln hat, wurde westlich der Iberischen Halbinsel mitten im Atlantik vermutet. Sie war als „Insel der sieben Städte“ oder „Antillia“ bekannt. Diese Legende basiert womöglich auf den Zwillingsinseln, die der Historiker Plutarch (46–um 127 n. Chr.) im 1. Jahrhundert in seiner Biographie des römischen Generals und Politikers Quintus Sertorius (126–73 v. Chr.) beschrieb.

Nachdem Sertorius mit größter Tapferkeit in verschiedenen Feldzügen und anschließend als Militärtribun in Spanien gedient hatte, lernte er die Schattenseiten der Politik Roms kennen. Sertorius war zu dieser Zeit Statthalter in der Provinz Hispania. Dort wurde er in die Querelen der römischen Bürgerkriege hineingezogen, in denen er sich bei der erfolglosen Verteidigung der Provinz gegen die Streitkräfte Sullas aufrieb. Sulla, zweimaliger Konsul von Rom und später römischer Diktator, war ein glänzender Feldherr und Staatsmann, der das Ende

VNI
EX RECEN
VERSALIOR
TIBVS CONFECTA
IAVA MAIOR
CANDYN
MANGI
TEBET
HVC VSQ NAVES FERDINANDI REGIS HISPANIE PVENERVNT
A DOMINICA
TERRA SANCTE CRVCIS
SIVE MVNDVS

TABVLA
BVS
COGNITI ORBIS
OBSERVATIONI
CIRCVLVS ARTICVS
SEPTIMVM CLIMA
SEXTVM CLIMA
QVINTVM CLIMA
QVARTVM CLIMA
TERTIVM CLIMA
CIRCVLVS CANCRI
SECVNDVM CLIMA
PRIMVM CLIMA
CIRCVLVS AEQVINOCTIALIS
PRIMVM CLIMA
SECVNDVM CLIM
CIRCVLVS CAPRICORNI
TERTIVM CLIMA
QVARTVM CLIMA
SINVS GAGETICVS
AEQVINOCTIALIS
PELAGVS
INDICVM
CIRCVLVS
CAPRICORNI
S
V
N
ARABIA
MARE MEDITERRANEVM
ITALIA
LIBYA
INTERIOR
AETHIOPIA INTERIOR
AGISYMBA REGIO
AGISIMBVS SINVS

VORHERIGE SEITEN: Die Weltkarte von Johannes Ruysch aus dem Jahr 1507 basiert auf dem Werk von Strabon, berücksichtigt jedoch die Entdeckungen von Christoph Kolumbus und Giovanni Caboto. Neufundland (und Kuba) sind darin mit Asien verbunden.

der römischen Republik einleitete. Es überrascht nicht, dass er später von Machiavelli sehr bewundert wurde. Sertorius zog sich daraufhin nach Nordafrika zurück. Er nahm bei einem Feldzug in Mauretanien Tingis (Tanger) ein und sicherte sich die Unterstüzung der Einwohner Lusitaniens (heute Portugal). Nach diesem verhängnisvollen Feldzug, bei dem er den Angriff vom Meer aus führte, legte Sertorius wegen eines heftigen Sturms nahe der Mündung des Flusses Baetis (heute Guadalquivir) an. Dort traf er auf Seefahrer, die ihm erzählten, gerade von den Zwillingsinseln im Atlantik zurückgekehrt zu sein, die etwa 2000 Kilometer vor der afrikanischen Küste lägen. Die Inseln seien nur durch einen schmalen Kanal voneinander getrennt und auch als „Inseln der Seligen" bekannt. Dort gebe es mäßige Regenfälle und fruchtbare Böden sowie wohlschmeckende Früchte, die im Überfluss wüchsen, ohne dass man dafür etwas tun müsse. Klima und Luft seien angenehm, es wehe stets ein leichter Wind. Die Seefahrer hielten diese Inseln für die Elysischen Gefilde Homers. Des Kampfes müde, gerade erst einem drohenden Schiffbruch entronnen und von Rom verfolgt, war Sertorius kurzzeitig von dem Gedanken an diese Inseln geradezu besessen. Er wurde jedoch bald von der Realität abgelenkt, musste sich wieder um seine Soldaten kümmern, so dass er nie zu den „Inseln der Seligen" aufbrach.

Die Insel der sieben Städte wird sowohl in portugiesischen als auch in spanischen Überlieferungen erwähnt. Es hieß, die Insel sei vom Erzbischof von Porto und sechs Bischöfen besiedelt worden. Diese befanden sich zusammen mit vielen frommen Christen, ihrem Vieh und all ihren Besitztümern auf der Flucht vor den im 8. Jahrhundert auf der Iberischen Halbinsel einfallenden Mauren. Angeblich zogen die Flüchtlinge ihre Boote auf der Insel an Land und verbrannten sie, um sicherzugehen, dass niemand wieder nach Hause zurückkehren würde und sie unentdeckt blieben. Der Erzbischof und jeder seiner Bischöfe gründeten eine Stadt und schufen auf der Insel einen utopischen Staat des Friedens und der Ordnung.

Die „Insel der Seligen" wandelte sich damit zur „Insel der sieben Städte". Die meisten dieser sagenumwobenen Orte änderten gelegentlich ihren Namen, meist im Zusammenhang mit der Umdeutung alter Legenden. Außerdem wechselten diese Orte im Lauf der Zeit nicht selten ihren Standort, behielten aber ihre unpräzisen Positionsangaben bei, immer nahe der Regionen in den historischen Karten, die als *Terra incognita* bezeichnet wurden.

Antillia, die nächste Manifestation dieser Insel und nicht mit den heutigen Antillen zu verwechseln, tauchte zum ersten Mal im Jahr 1367 auf der Karte von Francesco Pizzigano auf (heute in der Biblioteca Palatina im italienischen Parma). In der Pizzigano-Karte, die fast sieben Jahrhunderte nach dem angeblichen Landgang des Erzbischofs, aber lange vor Kolumbus' Reise in die neue Welt erschien, deutet eine Inschrift auf Antillia hin. In der späteren Zeit und bis ins 15. Jahrhundert wurde die Insel mit einem rechteckigen Umriss ungefähr in der Größe Portugals eingezeichnet. Ihre Position hatte sie etwa 320 Kilometer westlich der Azoren (siehe Bianco-

Karte, Seite 88). Auf der im Jahr 1435 veröffentlichten Karte des italienischen Kartographen Battista Beccario gesellten sich zu Antillia mehrere rätselhafte Nachbarinseln, namens Satanaxio (St. Antagio), Royllo und Danmar hinzu. Auf der Karte werden diese Inseln als *Insulae de Novo Repertae* (neu entdeckte Inseln) bezeichnet. Der Name Antillia bedeutet angeblich „Insel der Seedrachen" und soll auf die arabischen Worte *jezirat al-lin* oder *al-tennyn* (Dracheninsel) zurückgehen. Wahrscheinlicher ist jedoch, dass die Bezeichnung auf das portugiesische *ante ilha* zurückzuführen ist, was „nähere Insel" bedeutet.

Die Mutmaßungen über die „Insel der sieben Städte", oder wie sie auch immer jeweils genannt wurde, hatten bis ins 15. Jahrhundert Bestand. 1414 soll die Besatzung eines spanischen Schiffes die sagenhafte Insel gesichtet haben, sie ist ferner auf einer venezianischen Karte von 1420 eingezeichnet, und es wurde von einer Landung portugiesischer Seefahrer in den 1430er-Jahren auf der Insel berichtet. Der spanische Gesandte in England, Pedro de Ayala, schrieb im Jahr 1498 an König Ferdinand und Königin Isabella, die Bewohner von Bristol hätten in den letzten sieben Jahren jedes Jahr zwei, drei oder auch vier Karavellen ausgerüstet, die sich auf die Suche nach der Brasilinsel (Hy Brasil) und der „Insel der sieben Städte" begeben sollten. In späteren Jahren vermutete man in Portugal São Miguel hinter der „Insel der sieben Städte". Die größte der Azoreninseln ist auch als „grüne Insel" bekannt. Da dort Weizen, Wein, Obst und Käse produziert werden, kann die Insel durchaus einige der paradiesischen Eigenschaften dieser sagenhaften Insel für sich in Anspruch nehmen.

Legenden neigen dazu, sich dem jeweiligen Zeitgeist und den Erwartungen ihrer Zuhörer anzupassen. Antillia wanderte im Atlantik immer weiter nach Westen, und bevor die Insel ganz von den Landkarten verschwand, gab sie ihren Namen an eine Inselgruppe in der Karibik weiter. Das sagenumwobene Antillia wurde sogar aus dem Ozean mitten ins Landesinnere Nordamerikas versetzt und als die „Sieben goldenen Städte" im heutigen New Mexico bekannt. Dieser Legende nach entdeckten der Erzbischof und seine Gefährten auf der Flucht vor den Mauren den Weg nach Amerika, wo sie die Städte Cibola und Quivira gründeten. Von beiden Städten hieß es, sie besäßen unermessliche Reichtümer an Gold und Edelsteinen. In kürzester Zeit wurde diese Geschichte so oft weitererzählt, dass aus den zwei sieben goldene Städte wurden, eine für jeden Bischof. Die Geschichte wurde durch die Überlebenden einer Expedition nach Florida unter der Führung von Pánfilo de Narváez im Jahr 1528 wiederbelebt. Sie schilderten, wie sie auf ihrem Rückweg nach Sinaloa an der Westküste Mexikos auf Eingeborene trafen, die ihnen von unermesslich reichen Städten erzählten.

Der Glanz des Goldes veranlasste die Konquistadoren, sich von Nordmexiko aus über den Landweg auf die *Jornada del Muerto* (Reise des Toten) zu begeben. Dieser Weg erstreckte sich 160 Kilometer von Mexiko bis ins nördliche New Mexico. Die Konquistadoren fanden jedoch nicht die „Sieben goldenen Städte von Cibola", sondern stattdessen die Dörfer der dort ansässigen Pueblo-Indianer, die vom Ackerbau lebten. Statt Gold und Reichtümern, die sie erwarteten, fanden sie die eindrucksvolle Lehmziegelarchitektur der Pueblos vor.

Kolumbus und Antillia

Zwischen Kolumbus und Antillia gibt es mehr als nur eine Verbindung. Der folgende Bericht stammt vom spanischen Dominikanermönch und Bischof von Chiapa, Bartolomé de Las Casas, der sich 1502 auf der Insel Hispaniola niedergelasssen hatte. Er behauptete, dass folgende Geschichte jedem auf Hispaniola wohlbekannt sei: Demnach weilten Kolumbus und seine Frau auf Madeira, als ein kleines, schwer beschädigtes Schiff im Hafen einlief. Auf diesem befanden sich nur noch sechs Matrosen, deren Gesundheitszustand äußerst kritisch war. Trotz aufopfernder Pflege starben fünf Matrosen kurz nach ihrer Ankunft. Der sechste, der Schiffsführer, konnte noch kurz vor seinem Tod von seinem unheilvollen Schicksal berichten. Das Schiff war mit 17 Mann Besatzung von einem spanischen Hafen aus in See gestochen. Als sie sich bereits weit auf dem Meer befanden, gerieten sie in einen heftigen Sturm, der sie dazu zwang, 28 Tage lang nach Westen zu segeln, weit über die auf den Landkarten eingezeichneten Gebiete hinaus in die als „Schreckliches Meer" markierten Gewässer. Sie konnten zwar auf einer Insel ihre Wasservorräte auffüllen, doch die Rückreise – der Wind hatte sich endlich zu ihren Gunsten gedreht – war aufgrund der zur Neige gehenden Vorräte schrecklich. Ein Mann nach dem anderen starb. Der Seemann hatte versucht, die Position der Insel zu bestimmen, und beschrieb deren Einwohner als nackt, doch der Rest seiner Angaben scheinen im Nebel der Geschichte verloren gegangen zu sein.

Trug sich dieses Ereignis wirklich so zu? Erhielt Kolumbus dadurch einen weiteren versteckten Hinweis darauf, dass ihn eine Seereise nach Westen zu bislang unentdeckten Ländern und nicht ins Verderben führen würde? Und falls diese Geschichte wahr sein sollte: Erreichten die unglückseligen Seefahrer die Westindischen Inseln vor Kolumbus? Kolumbus war zweifellos von der Existenz Antillias überzeugt, denn 1492 plante er, die Insel als Proviantstation für seine Schiffe zu nutzen.

RECHTS: Christoph Kolumbus' Landung auf Hispaniola am 5. Dezember 1492, aus seiner „De insulis nuper in mari Indico repertis, inventis epistola", Holzschnitt aus Carlo Verardis „Historia baetica", Basel, 1494.

Die heilige Ursula und die 11 000 Jungfrauen

Zwar wurde die heilige Ursula im Jahr 1969 aus dem römisch-katholischen Heiligenkanon gestrichen, ihre Geschichte jedoch lebt weiter. Der Legende nach war Ursula eine schöne römisch-britische Prinzessin aus dem 4. Jahrhundert, Tochter des Königs Donaut von Dumnonia im Südwesten der Britischen Insel (manchmal auch als König Dionotus von Cornwall bezeichnet).

Ihr Vater versprach Ursula dem Heiden Conan Meriadoc zur Heirat. Dieser war Herzog von Armorica (heute Bretagne) und ein bedeutender Krieger. Mit seiner Hilfe gelang es dem römischen Heerführer Magnus Maximus, zum Kaiser und Alleinherrscher im Westen des römischen Reiches aufzusteigen. Conan warb bei König Donaut nicht nur um die Hand seiner Tochter, sondern auch um eine Schar kornischer Jungfrauen, die als Bräute für seine Soldaten in die Bretagne gesendet werden sollten. Laut Geoffrey von Monmouths unterhaltsamer, aber teilweise erfundener „Historia Regum Britanniae“ (Geschichte der Könige Britanniens) heirateten Conans

Männer schließlich Frauen aus der Bretagne und nicht die Jungfrauen aus Britannien. Ursula hatte ihr Leben Gott gewidmet und wollte nichts von der Heirat wissen. Dennoch wurde sie, zusammen mit elf weiteren Jungfrauen, mit dem Schiff nach Armorica geschickt. In der Überlieferung wuchs die Zahl ihrer Gefährtinnen bis zum 9. Jahrhundert auf unrealistische 11 000 jungfräuliche Edelfrauen sowie 60 000 weitere Jungfrauen. Auf der Reise geschah jedoch ein Wunder: Ein heftiger Wind zwang die Schiffe, an einer anderen Stelle der gallischen Küste zu landen. Nachdem Ursula Gott für ihre Errettung gedankt hatte, schwor sie, erst in die Heirat einzuwilligen, wenn sie und ihre Gefährtinnen eine Pilgerreise zum Papst in Rom unternommen hätten.

In einigen Versionen der Geschichte dauert diese Reise drei Jahre und schildert im Stil der abenteuerlichen siebenjährigen Seereise des Sankt Brendan viele schreckliche, aber erbauliche Erfahrungen. Bei ihrer Ankunft in Rom überzeugte Ursula Papst Cyriacus, der historisch nicht belegt ist, und Sulpicius, den Bischof von Ravenna, mit ihr nach Köln zu reisen, das damals von den Hunnen belagert wurde. Angeblich schlossen sich viele Freiwillige der Gruppe an, darunter auch Pantalus, der erste Bischof von Basel, sowie Jacques, ein Märtyrer des 4. Jahrhunderts, König Ethereus von Britannien und sogar Conan Meriadoc selbst, der angeblich vom Papst mit Ursula verheiratet wurde.

Geoffrey von Monmouth erzählt entgegen seinen sonstigen Gepflogenheiten eine viel kürzere Geschichte. Er behauptet, dass einige der Schiffe untergingen, während andere, darunter auch das Schiff mit Ursula an Bord, vom Wind vom Kurs abgebracht wurden und auf Inseln in der Mündung eines Flusses in Deutschland strandeten, wo die Frauen von den Hunnen und Pikten niedergemetzelt wurden.

Ursula ist in mancher Hinsicht eine Vorläuferin der heiligen Johanna von Orléans. Wie diese führte sie eine Gruppe von Frauen, Freiwilligen und Kirchenführern zur Unterstützung einer belagerten Stadt (in diesem Fall Köln) an. Im Gegensatz zu Johanna beteiligte sich Ursula aber nicht selbst an den Kämpfen, und ihr erster Feldzug sollte auch ihr letzter sein. Einige Quellen behaupten, sie habe die Aufmerksamkeit eines Anführers der Hunnen erregt. Als Ursula sich weigerte, ihn zu heiraten, metzelte er sie und die 11 000 Jungfrauen nieder. In anderen Berichten köpften die Hunnen alle Jungfrauen in einem schrecklichen Blutbad, während der Häuptling Ursula mit einem Pfeilschuss in den Kopf tötete.

Die Verehrung der heiligen Ursula überdauerte Jahrhunderte. So komponierte Hildegard von Bingen Gesänge zu ihren Ehren, und 1535 gründete Angela Merici den Ursulinenorden, der sich die Erziehung junger Mädchen zur Aufgabe machte. Auch wenn Ursula vielleicht niemals tatsächlich lebte, ist ihr Name bis heute mit Mut, Stärke, Ehrenhaftigkeit und festen moralischen Werten verknüpft.

Obwohl Ursula und ihre Gefährtinnen zweifellos niemals den Atlantik überquerten, wurden trotzdem nicht nur eine, sondern sogar zwei Inselgruppen vor Amerika nach ihnen benannt. Christoph Kolumbus entdeckte in der Karibik einen Archipel kleiner Inseln, der sich um eine größere Insel gruppierte. Er nannte die große Insel Santa Ursula und die kleineren Inseln *Las Once Mil Virgines* (die 11 000 Jungfrauen). Noch heute tragen diese Inseln die Namen British beziehungsweise U.S. Virgin Islands.

Im Jahr 1521 benannte auch der nordportugiesische Entdecker Juão Álvares Faguendes eine Inselgruppe vor der Südküste Neufundlands zu Ehren der 11 000 jungfräulichen Märtyrerinnen. Dieser Name überdauerte jedoch nicht. Die Inseln gingen in französischen Besitz über und heißen heute Saint-Pierre und Miquelon. Selbst der Entdecker Ferdinand Magellan gedachte bei seiner Weltumsegelung der Legende. Als er am 21. Oktober 1520, dem Gedenktag der heiligen Ursula, ein Kap an der Südostspitze Südamerikas umsegelte und sich vor ihm endlich der lang ersehnte Anblick der später nach ihm benannten Magellanstraße darbot, nannte er dieses Kap *Cabo Virgenes* (Jungfrauenkap).

„Das Martyrium der heiligen Ursula und ihrer 10 000 Jungfrauen", frühes 16. Jahrhundert. Damals belief sich die Zahl der Jungfrauen noch nicht auf 11 000.

Frisland und andere rätselhafte Inseln im Atlantik

Im Jahr 1558 wurde in Venedig ein Buch mit dem Titel „De I Commentarii del Viaggio“ veröffentlicht. Darin enthalten waren mehrere Briefe und eine Karte, die sich auf eine Reise in den Nordatlantik bezogen. Die beiden Brüder Nicolo und Antonio Zeno hatten sie angeblich Ende des 14. Jahrhunderts unternommen. Die Unterlagen wurden von einem Nachfahren der Brüder, ebenfalls mit Namen Nicolo Zeno, entdeckt. Wenn dieses Buch der Wahrheit entspricht, enthält es historischen Sprengstoff. Denn es beweist, dass Amerika bereits 100 Jahre vor Kolumbus' Reise entdeckt worden war. Die Geschichte ist nicht ganz unmöglich, obwohl sie offensichtlich stark ausgeschmückt wurde. Die meisten Historiker halten sie jedoch für eine Fälschung.

Nicolo und Antonio lebten tatsächlich. Sie entstammten einer vornehmen venezianischen Familie und waren anerkannte Seefahrer. Ihr Bruder Carlo war ein berühmter venezianischer Seeheld. Das erste Kapitel des Buches besteht aus Briefen, die Nicolo angeblich an Antonio schickte. Es gibt einige historische Hinweise darauf, dass die erste Reise, die in den Briefen beschrieben wird, tatsächlich stattfand und Nicolo 1385 nach Venedig zurückkehrte. Nicolo soll 1380 von Venedig aus nach England und Flandern gesegelt sein, wurde jedoch von einem Sturm vom Kurs abgetrieben. Er erlitt Schiffbruch auf einer Insel irgendwo zwischen Britannien und Island, wo er von dem Fürsten Zichmni errettet wurde. Dieser herrschte über das Fürstentum Sorandi auf der Insel Frisland, die größer als Irland war, sowie über eine Inselgruppe namens Porlanda. Einige glauben, in ihm Henry I. Sinclair, den Grafen von Orkney, zu erkennen. Zichmni ernannte Nicolo zum Admiral seiner Flotte. Nach der Eroberung der Shetlandinseln wagten sich die beiden in den Nordatlantik vor. Der Versuch, Island einzunehmen, scheiterte jedoch.

Danach nimmt der Text zunehmend fiktionale Züge an. Es wird behauptet, dass sie verschiedene Inseln namens Bres, Broas, Damberc, Iscant, Mimant, Talas und Trans überfielen. Nicolo sei anschließend nach Grönland gesegelt, wo er ein Kloster entdeckt habe, das wie von Zauberhand geheizt wurde – ein Detail, das an die Erlebnisse Sankt Brendans erinnert. Bei seiner Rückkehr nach Frisland sei Nicolo gestorben. Der historische Nicolo jedoch starb nicht 1394 in Frisland, sondern stand in Venedig wegen Untreue vor Gericht, die er während seiner Zeit als Militärgouverneur in Griechenland zwischen 1390 und 1392 begangen hatte. Er starb 1400 in Venedig.

Die Briefe im zweiten Teil des Buches sind angeblich von Antonio an Carlo gerichtet. Darin erfahren wir, wie Antonio nach Nicolos vermeintlichem Tod in Frisland zum Admiral von Zichmnis Flotte ernannt wurde. In Frisland berichteten ihm Fischer von einer abenteuerlichen 25 Jahre andauernden Reise nach Westen. Auf dieser sollen sie zwei fremde Länder entdeckt haben: Estotiland, angeblich 1600 Kilometer westlich von Frisland gelegen, deren Einwohner mit Grönland Handel trieben, und Drogeo. Die Männer beschreiben Begegnungen mit furchterregenden Meeresungeheuern und Kannibalen. Seltsamerweise veranlassten ihre Geschichten Zichmni und Antonio dazu, in diese schrecklichen Gewässer aufzubrechen. Auf der Suche nach den beiden geheimnisvollen Ländern segelten sie westwärts. Sie entdeckten ein Land namens Icaria, dessen Einwohner die Neuankömmlinge unfreundlich empfingen, und fuhren weiter nach Westen, bis sie an der Südspitze von Engrouelanda landeten. Zichmni beschloss, dort zu bleiben und eine Siedlung zu gründen. Antonio kehrte dagegen nach Frisland zurück.

Von den Kartographen festgehalten

All dies wäre nicht mehr als eine unterhaltsame Geschichte, wenn den beiden Briefen nicht eine Landkarte beigefügt worden wäre. Eine zweite Version dieser Karte wurde 1561 in Venedig von Girolamo Ruscelli veröffentlicht. Bald danach, im Jahr 1569, erschien eine Karte von Gerhard Mercator, auf der die angeblichen Entdeckungen der Brüder Zeno ebenflalls eingezeichnet waren. Auch der flämische Geograph und Kartograph Abraham Ortelius zeichnete diese fiktiven Länder in seinem 1570 erschienenen „Theatrum orbis Terrarum“ (Theater der Welt) ein. Was für die Kartographen nicht mehr als geduldiges Papier war, konnte für Seefahrer große Gefahren bedeuten. So wurden die Entdeckungsreisen von Martin Frobisher im 16. Jahrhundert nach Kanada durch Mercators Karte irregeleitet. Als Frobisher auf Grönland stieß, glaubte er, Frisland entdeckt zu haben, und als er auf Baffin Island landete, hielt er die Insel für Grönland. Das rätselhafte Frisland war noch bis ins 18. Jahrhundert auf Karten zu finden.

Und was ist mit Henry I. Sinclair? In der Rosslyn-Kapelle finden sich in Stein gehauene Pflanzendarstellungen, die stark an Mais erinnern. Den Bau dieser Kapelle hatte Henrys Enkelsohn, der erste Graf von Caithness, 1446 in Auftrag gegeben. Zur damaligen Zeit war Mais in Europa jedoch unbekannt. Einige Historiker belächeln diese Interpretation und sehen in den Pflanzen Weizen oder Erdbeeren. Der Sinclair-Clan feierte im Jahr 1998 gleichwohl den 600. Jahrestag von Henrys Reise nach Amerika. Verbirgt sich in der Geschichte von Zichmni vielleicht doch ein Körnchen Wahrheit?

Der Ausschnitt aus „Orbis terrarum typus de integro multis in locis emendatus" von Jan Huygen van Linschoten, 1594, zeigt Frisland und die Insel Buss.

Noch mehr verlorene Inseln

Zur gleichen Zeit, als Frisland auf den Landkarten verzeichnet war, tauchten im Atlantik eine Reihe weiterer sonderbarer und geheimnisvoller Inseln auf . Die Brasilinsel, auch Hy-Brasil genannt, war eine der beständigsten davon. Sie wurde etwa 500 Jahre lang auf Karten eingezeichnet und verschwand erst in den Siebzigerjahren des 19. Jahrhunderts. Meist wurde sie ringförmig mit weiteren Inseln im Inneren oder als Zwillingsinsel dargestellt. Auch über ihre tatsächliche Position gab es widersprüchliche Angaben. Anfangs befand sie sich westlich von Irland. Dann rückte sie immer weiter in Richtung Amerika vor, vermutlich aufgrund der immer weiter erforschten Gewässer des Atlantiks. Die ungenaue Positionsbestimmung führte dazu, dass sie auf der Pizzigano-Karte von 1367 gleich zweimal abgebildet ist.

Die sogenannten Dämoneninseln konnten sich weniger lang auf den Seekarten halten. Sie wurden vor der Küste Neufundlands vermutet und als schreckliche Orte mit wilden Monstern und Dämonen beschrieben. Glücklicherweise existiert eine solche Insel vor Neufundland nicht. Dennoch wurden die Dämoneninseln 1507 auf der Ruysch-Weltkarte (siehe Seiten 140/141) eingezeichnet, und auch in den Sechziger- und Siebzigerjahren des 16. Jahrhunderts tauchten sie sowohl auf der Mercator- als auch auf der Ortelius-Karte auf (siehe Seiten 134/135).

Mit der Insel Buss verhält es sich etwas anders. 1578 befand sich Frobisher auf seiner dritten Expedition zur Erkundung der Nordwestpassage von Europa nach China, als eines seiner Schiffe in Schwierigkeiten geriet und nach England zurückkehren musste. Dort angekommen, berichteten seine Seeleute von der Entdeckung eines großen, grünen und fruchtbaren Landes, das auf keiner der vorhandenen Karten eingezeichnet war. Sie benannten das Land nach dem Schiffstyp, in dem sie unterwegs waren: *Buss* (dt. Büse).

Fast ein Jahrhundert später, im Jahr 1671, behauptete Kapitän Thomas Shepherd, die Insel erneut entdeckt zu haben, und kartierte sie. Es gab weitere Berichte über Sichtungen der Insel, aber ebenso wie die Brasilinsel entzog sich die Insel Buss scheinbar immer weiter ihrer Entdeckung, je mehr Schiffe sich in ihre Nähe vorwagten. Dennoch blieb sie auf vielen Karten bestehen.

Auf einer niederländischen Karte aus dem Jahr 1745 ist ihre Position noch verzeichnet, allerdings mit dem Zusatz, sie sei inzwischen untergegangen. Daraufhin wurde die Insel in „Versunkenes Land Buss“ umbenannt. Im 18. Jahrhundert ergaben im Bereich der Doggerbank durchgeführte Messungen, dass das Meer an dieser Stelle der unterseeischen Landbrücke zwischen den Britischen Inseln und dem europäischen Festland tatsächlich sehr flach ist. Dies wurde als Beleg für die Existenz des „Versunkenen Landes Buss“ gewertet. Allerdings versank die Landbrücke bereits kurz nach der letzten Eiszeit und nicht in den letzten Jahrhunderten.

Rupes Nigra und die vier Inseln

Manche Mythen entwickeln ein regelrechtes Eigenleben. Während die Größe der *Terra incognita* dank neuer Entdeckungen allmählich schrumpfte, blieb die nördliche Polarregion eine große Unbekannte.

Im 14. Jahrhundert schrieb ein Franziskanermönch aus Oxford seine vermeintlichen Entdeckungsreisen im Nordatlantik nieder. Im folgenden Jahrhundert ging sein Buch mit dem Namen „Inventio Fortunata“ (Glückliche Entdeckung) jedoch verloren. In dem kurzen Zeitraum seiner Existenz fachte das Buch nichtsdestotrotz die Fantasie vieler an. Dazu zählten auch Kartographen wie Martin Behaim, der die darin beschriebenen Orte 1492 auf seinem Globus verzeichnete, sowie Johannes Ruysch, der eine aus dem Buch abgeleitete Randnotiz in seine Weltkarte von 1507 aufnahm (siehe Seiten 140/141). Die „Inventio Fortunata“ war Grundlage einer aufregenden, wenn auch vollkommen frei erfundenen Geographie des Nordpols.

Diese fantastische Polarwelt übte auf die Menschen des 14. Jahrhunderts eine große Anziehungskraft aus. Es hieß, am Nordpol befinde sich ein riesiger schwarz glitzernder Magnetfels, 53 Kilometer breit, der als *Rupes Nigra* bezeichnet wurde. Dieser Fels ziehe die Kompassnadeln von Schiffen an und stehe mitten im Polarmeer, umgeben von vier großen Inseln, jede mindestens so groß wie Grönland. Die Inseln seien von breiten Ozeanströmen getrennt, durch die das Wasser der vier umgeben-

Fris lant insula
Bergi regio
Obila flu.
Canaoga
Circulus Arcticus
Zubilaga
Chiagiga
Cogib flu.
California regio sola fama Hispanis nota
Lago de Conibas
Polus magnetis respectu insularu capitis Viridis
Polus magnetis respectu Corui insule
Hic mare est dulcum aquarum, cuius terminum ig norari Canadenses ex relatu Saguena iensium aiunt
Oceanus 19 ostijs inter has in: sulas erumpens 4 euripos fa cit quibus indesinenter sub septentrionem fertur, atq ibi in viscera terre absorbetur. Rupes que sub polo est ambitu circiter 33 leucarum habet.
In septentrionalibus par tibus Bargu insule sunt inquit M. Paulus Ven. lib. 3. cap. 45. que tantum vergunt ad aqui lonem, ut polus arcticus illis videatur ad meridiem deflectere
Rupes nigra et altissima
Hic euripus 5 habet ostia et propter angustiam ac celerem fluxum nun quam congelatur.
Gradus latitudinis
65
70
75
80
85
90
POLVS ARCTICVS
Hæc insula optima est et saluberrima totius septen trionis
Hic euripus 3 in greditur ostijs et quotannis ad 3 circiter menses congelatus manet latitudinem habet 37 leucarum
Pygmei hic habitant 4 ad summum pedes longi, quemadmodum illi quos in Gronlandia Screlingers vocant.
Mare gla.
Grocland
t Nieulant
E Cumberlands Isles
L. Lumleys Inlet
Fretum
GROENLAND
Na prom
Neum pro.
Margaster insula
OCEANUS SEPTEN
ciale
Hales iland
Regne Elizabe the prom.
ISLAND
Circulus Arc
Frisland
Langa ness
Berg
Lofot
Sammawik
Nort cape
Wardhuys

den Meere einströme. Eingesogen von einem großen Strudel, stürze das Wasser dort in einem endlosen Wirbel in das Innere der Erde hinab. Diese Idee sprach die Fantasie vieler Menschen an, sie wurde jedoch auch von einigen der gelehrtesten Köpfe dieser Zeit verteidigt. Die Vorstellung war noch 1577 geläufig, als der große flämische Kartograph Gerhard Mercator seinem Freund John Dee in England darüber berichtete. Dee war ein brillanter Mathematiker, Astrologe und Geograph. In einem Brief beschrieb Mercator die Polarregion. Es gebe vier große Inseln, vier Meere, die den Norden teilten, und einen riesigen Strudel in der Mitte, in den das Wasser ins Erdinnere gesaugt würde. Mercators Karte vom Nordpol „Septentrionalium Terrarum" ist zwar außergewöhnlich schön, doch auch unglaublich falsch.

Kolumbus hatte Amerika bereits 85 Jahre zuvor „entdeckt". Die Urangst der Griechen, dass ihre Schiffe am Rand der Welt einen großen ozeanischen Wasserfall hinabstürzen könnten, war schon lange widerlegt. Dennoch schienen Mercator und Dee diese unwahrscheinliche und komplizierte Geographie der Polarregion für bare Münze zu nehmen. Dabei hätten sich beide lieber die Maxime des Wilhelm von Ockham, ironischerweise ein weiterer Franziskanermönch und Gelehrter des 14. Jahrhunderts aus Oxford, beherzigen sollen: *«Die einfachste Erklärung ist meist die richtige.»*

LINKS: Gerhard Mercators Weltkarte von 1578 war die genaueste Karte ihrer Zeit und basierte auf akribischer Forschungsarbeit. Dennoch war Mercators Polarkarte von 1598 vollkommen falsch, sogar für damalige Verhältnisse. In der Mitte der Karte befindet sich Rupes Nigra, *ein riesiger Magnetberg, verantwortlich für das Magnetfeld der Erde, umgeben von vier großen Inseln.*

Rätselhafte schwimmende Inseln

Schwimmende Inseln sind ein bekanntes Naturphänomen. Normalerweise entstehen sie in Sümpfen, Seen und Flüssen aus einem Geflecht von Wasserpflanzen. Durch Schlammansammlung und verrottende Pflanzen verbreitern diese Gebilde allmählich den Ufersaum, manchmal mehrere Quadratkilometer, bis sie sich schließlich vom Land lösen und im Wasser treiben. Ihre Existenz wird in der Regel dadurch beendet, dass sie bei Stürmen in Teile zerfallen oder gegen die Küste gespült werden. Manchmal verwachsen sie auch wieder mit dem Festland und scheinen somit auf geheimnisvolle Weise zu verschwinden. Im Sudd, einer ausgedehnten Sumpfregion des Nils im Süden des Sudans, die sich schon als unüberwindbares Hindernis für die Soldaten von Kaiser Nero herausgestellt hat, gibt es zahlreiche dieser schwimmenden Inseln.

Das im späten Mittelalter (ca. 1250) in Altnorwegisch verfasste Werk „Speculum Regale" (Der Königsspiegel) beschreibt die geheimnisvolle Insel Loycha, die in einem See in Irland treibt. Sie ist von Kräutern bewachsen, mit denen sich jede Krankheit heilen lässt. Diese Insel kann immer nur von einer Person betreten werden und existiert nur sieben Jahre. Danach wächst sie wieder mit dem Festland zusammen und eine neue Insel entsteht: die klassischeBeschreibung einer schwimmenden Insel, die mit dem Zusatz einer wunderkräftigen Pflanzenwelt ausgeschmückt wurde.

Im 17. Jahrhundert befand sich in einem Thermalsee in der Nähe von Tivoli in Italien eine Badeanstalt mit 16 schwimmenden Inseln, die als *Le Sedici Barchette* (die 16 Boote) bekannt waren. Mittlerweile sind die Inseln verschwunden, und aufgrund von Mineralablagerungen wird der See immer kleiner. Heute trägt er den Namen Lago della Regina, früher wurde er La Solfatara oder Lago delle Isole Natanti und, zur Zeit der Römer, Lacus Albuleus genannt.

1795 beschrieb der Vizekönig von Neu-Spanien (Mexiko) einen anderen großen Thermalsee namens Zacoton, auf dem noch immer 15 runde Schilfinseln treiben.

RECHTS: Diese frühe Karte von Mexiko-Stadt von Georg Braun und Franz Hogenberg aus dem Jahr 1572 zeigt eine idyllische Szene weit jenseits der Realität. Die Stadt wurde auf den Ruinen der aztekischen Hauptstadt Tenochtitlán errichtet, nachdem die Konquistadoren die Einwohner niedergemetzelt hatten.

MEXICO.

Rätselhafte schwimmende Inseln

Die Uru-Indianer leben am Titicacasee in den peruanischen Anden seit vielen Jahrhunderten in einer einzigartigen Wasserwelt. Sie bauen künstliche schwimmende Inseln aus Schilf, auf denen sie in Schilfhäusern wohnen und im See nach Nahrung fischen. So musste ihr Volk keine Angst vor Überfällen der Inkas haben.

Die Azteken folgten auf ihrem Weg nach Süden quer durch Mexiko den Anweisungen ihres Schutzgottes Huitzilopochtli. Dieser soll im 14. Jahrhundert ihrem Anführer den Auftrag erteilt haben, ihre neue Stadt auf einer Insel im See Texcoco zu errichten. Ein Adler, der eine Schlange frisst und auf einem Kaktus sitzt, der aus einem von Wasser umgebenen Stein herauswächst, sollte ihnen als göttliches Zeichen die genaue Stelle für den Stadtbau zeigen. Die Azteken fanden dieses unwahrscheinliche Zeichen tatsächlich und begannen 1325 n. Chr. mit dem Bau einer großen Stadt namens Tenochtitlán.

Als die Bevölkerung anwuchs, bot die Insel nicht mehr ausreichend Nahrung. Die Azteken ersannen daraufhin ein ausgeklügeltes Agrarsystem, das auf schwimmenden Gärten, den sogenannten *chinampas*, basierte. Noch heute kann man diese effektive Art der Landwirtschaft bewundern. Die schwimmenden Inseln aus Schilf wurden mit fruchtbarem Schlamm gefüllt, Wurzeln von Sträuchern und Bäumen festigten das Geflecht, so dass man darauf Mais, Gemüse und Obst anbauen und sogar Hütten errichten konnte. Zu ihrer Glanzzeit war Tenochtitlán eine Stadt mit weit über 250 000 Einwohnern, durchzogen von Kanälen, mit einem riesigen Marktplatz, Gärten und Brunnen. Im Tempelbezirk der Stadt befanden sich herrliche Paläste, Stufenpyramiden und Tempel. Als Hernando Cortés und seine spanische Armee 1521 dort einfielen, war es die prächtigste Stadt, die sie je gesehen hatten.

Ein halbes Jahrtausend später ist von dieser prächtigen Stadt fast nichts mehr übrig. In einem Akt von extremem, durch religiöse Motive gerechtfertigten Vandalismus zerstörte Cortés praktisch die gesamte aztekische Hauptstadt Tenochtitlán und errichtete auf ihren Ruinen eine neue Stadt. Die Spanier tilgten jegliche Hinweise auf die Aztekenzeit. Cortés errichtete seine Residenz auf den Trümmern des Palastes des Herrschers Montezuma, und die katholische Kathedrale wurde auf dem aztekischen Tempel erbaut. Viele der Kunstwerke der Azteken gingen verloren. Der fein gearbeitete Goldschmuck wurde zu Barren eingeschmolzen und nach Spanien verfrachtet.

Tenochtitlán wurde unter der rasch anwachsenden Metropole Mexico-Stadt begraben. 1978 wurden bei Ausgrabungen sieben Stufen des prächtigen Templo Mayor freigelegt. Dieses ehemalige religiöse Zentrum von Tenochtitlán befand sich nur einen Steinwurf vom großen Hauptplatz mitten in Mexiko-Stadt und der katholischen Kathedrale entfernt.

Auch die schwimmenden Inseln, die die Einwohner von Tenochtitlán ernährten, haben überlebt. Heutzutage wachsen dort farbenprächtige Tropenblumen und Rosen, mit denen Blumenmärkte beliefert werden. Auf den Kanälen zwischen den seit Langem verankerten Inseln schwimmen farbenprächtige Boote, es tummeln sich Mariachi-Bands und Mexikaner, die einen Tagesausflug außerhalb der Stadt genießen.

Andere schwimmende Inseln lassen sich nicht so leicht erklären. Der im 5. Jahrhundert v. Chr. lebende griechische Historiker Herodot war ein sehr genau beobachtender und eher skeptischer Reisender, der sich nicht so leicht durch abenteuerliche Geschichten beeindrucken ließ. Er beschreibt eine Insel namens Chemmis, die er in Ägypten besuchte. Sie befand sich mitten in einem großen tiefen See und war mit einer üppigen Flora aus Palmen und Obstbäumen bewachsen. Ein großer Apollotempel mit drei Altären war auf ihr errichtet. Man sagte ihm, es handle sich hierbei um eine schwimmende Insel. Allerdings notierte Herodot auch, dass er niemals gesehen habe, wie sich die Insel bewege. Die Ägypter erzählten ihm, dass Apollo als Kind von Isis der Göttin Leto anvertraut worden war. Sie rettete das Kind, indem sie es auf der Insel versteckte. Da der Gott Typhon überall nach diesem Sohn des Osiris suchte, erhielt die Insel die Fähigkeit, zu schwimmen. So sollte Apollo gerettet werden. Aber war es wirklich eine schwimmende Insel? Konnte die Insel mit dem auf ihr lastenden Gewicht des Tempels überhaupt schwimmen? Oder war diese Geschichte nur eine Legende? Theoretisch könnte sie wahr sein.

Die schwimmenden Gärten von Tenochtitlán wurden durch die Wurzeln von Bäumen befestigt. Dies wäre auch bei natürlichen schwimmenden Inseln möglich. Die Inseln von Tenochtitlán konnten die Last von Häusern durchaus tragen. Auch Pomponius Mela, der um 40 n. Chr. in Südspanien lebte, beschrieb in seiner auf Latein geschriebenen Geographie die Insel Chemmis in ähnlichen Worten wie Herodot, wenngleich er davon überzeugt war, dass sie tatsächlich schwamm.

FRANCISCA
C.Britonum
Exteriores
Terra florida
Oceanus occidentalis
Panuco
Inf. Tortucarū
CVBA
Iucatana
Hispaniola
Inf. Hesperidum
Iamica
Dominica
S.Iacobi
Beragna
PARIA s abundat auro & margaritis
Canibali
Nouus orbis
Insula Atlantica quam uocant Brasilij & Americam.
Catigara
Die Nüw Welt
Regio Gigantum
7. insulę Marguentarū
Mare pacificum
Fretum Magaliani

Teil 5

Wahr und dennoch falsch

Erste Landgänge in der Neuen Welt

Orientierungsloser Kolumbus

Die blühende Insel Florida

Kalifornien, die Insel der Amazonen

Die Geschichte vom geschrumpften Kontinent

Das falsche Meer von Verrazano

Giovanni Caboto und die Entdeckungen im Norden

Pepys Island

Terra Australis, die grosse Theorie

Die Mondberge

LINKS: Sebastian Münsters Amerikakarte von 1540 war die erste bedeutende europäische Karte, in der die Neue Welt korrekt als eigenständiger, nicht mit Europa verbundener Kontinent abgebildet ist. Nordamerika wird als schmaler Landstreifen dargestellt, aber mit einer deutlichen Einbuchtung. Man glaubte damals, der Kontinent sei ein leicht zu überwindendes Hindernis auf dem Weg nach Asien.

FOLGENDE SEITEN: Christoph Kolumbus landet in Amerika. Kupferstich aus der „Historia Americae" (Geschichte Amerikas) von Theodor de Bry, 1602.

9

Erste Landgänge in der Neuen Welt

Geschichte wird von den Siegern geschrieben, heißt es oft. Historiker arbeiten aktuell daran, dieses Ungleichgewicht zu überwinden und die objektive Wahrheit über die Vergangenheit aufzudecken. Allerdings wird das frühe Zeitalter der Entdeckungen historisch auch heute meist aus dem Blickwinkel der großen europäischen Seefahrernationen des 15. und 16. Jahrhunderts heraus betrachtet. So, als hätte die Geschichte der Neuen Welt erst mit der Ankunft der Entdecker begonnen.

Es gibt jedoch genügend Anhaltspunkte, dass es bereits vorher „Entdeckungen" von Nordamerika gegeben hat. Möglicherweise wurden die karibischen Inseln bereits vor Christoph Kolumbus von Seefahrern besucht, und die gefeierten Entdecker waren lediglich Nachfolger früherer Wegbereiter. Es wäre zu schön, wenn man sich auf eine Zeitreise begeben und einige dieser Rätsel der Vergangenheit lösen könnte. Doch leider bleiben den Historikern heute nur Vermutungen, denn es gibt keinerlei überlieferte Fakten aus jener Zeit mehr.

Eines dieser nicht zu lösenden Rätsel ist die Frage, ob irische Seefahrer Grönland bereits Jahrhunderte vor den Skandinaviern und Amerika neun Jahrhunderte vor Kolumbus entdeckt haben könnten (siehe „Die Phantominsel Sankt Brendan", S. 129). Lässt man all die mittelalterlichen Ausschmückungen beiseite, so lassen sich durchaus Anhaltspunkte finden, dass die Iren den Nordatlantik überquerten, lange bevor die Skandinavier dort westwärts von Insel zu Insel segelten.

Obwohl die Iren möglicherweise lange vor dem Jahr 1000 in Nordamerika gelandet sein könnten, gilt Leif Eriksson als erster Europäer, der Nordamerika erreichte. Er gründete die ersten Siedlungen in Vinland (wahrscheinlich beim heutigen L'Anse aux Meadows auf Neufundland). Dass auf Eriksson die Bezeichnung Nordamerikas als Vinland zurückzuführen ist, gilt als gesichert. Es ist jedoch zweifelhaft, ob er wirklich der erste Skandinavier war, der Nordamerika gesichtet hat. Man vermutet, dass Bjarni Herjulfsson es vor ihm durch Zufall entdeckt hatte. Im Sommer des Jahres 985 oder 986 n. Chr. segelte er anlässlich eines Besuchs bei seinen Eltern von Island nach Grönland und wurde durch einen schweren Sturm vom Kurs abgebracht. Er erblickte im Westen ein einladend wirkendes, flaches und bewaldetes Land. Sein Schiff war allerdings für Entdeckungsfahrten nicht ausgerüstet, und Herjulfsson und seine Männer wollten ihre Fahrt nach Grönland fortsetzen. So gingen sie nicht an Land, machten kehrt und erreichten schließlich ihr Ziel. Herjulfsson berichtete zwar in Norwegen und auf Grönland von seinen Beobachtungen, aber es wurden keine Schiffe zur weiteren Erkundung ausgesandt. Leif Eriksson allerdings war so fasziniert von der Geschichte, dass er zehn Jahre später Herjulfssons Boot kaufte und eine Mannschaft anheuerte. Tatsächlich erreichte er das von Herjulfsson beschriebene Land und besiedelte es.

Mit ziemlicher Sicherheit gab es schon vor Giovanni Caboto und denen, die ihm folgten, zahlreiche Besuche an der Ostküste Kanadas. Fischer von der baskischen Küste, aus Galizien und der Bretagne beispielsweise, die im Atlantik in den fischreichen Gewässern vor Neufundland auf Kabeljaujagd gingen. Im Gegensatz zu Caboto handelten sie jedoch nicht im königlichen Auftrag, und ihre Landgänge wurden somit nicht offiziell aufgezeichnet.

Mystery Hill

Archäologen sind sich heute weitgehend einig, dass es sich bei L'Anse aux Meadows um eine 1000 n. Chr. von Skandinaviern gegründete Siedlung handelt. Andere, möglicherweise noch frühere europäische Siedlungen in der Neuen Welt sind nicht zweifelsfrei nachgewiesen, lassen sich aber auch nicht gänzlich von der Hand weisen. Mystery Hill in der Nähe von Salem in New Hampshire ist einer dieser Orte. Er liegt etwa 40 Kilometer von der Küste entfernt. Dort fand man altertümliche Steinbauten und Megalithen. Mit Blick auf vergleichbare keltische Stätten in Europa ist der Name „Mystery Hill" durchaus passend. Obwohl die Stätte auch „Amerikas Stonehenge" genannt wird, ist sie mit der Bedeutung von Stonehenge nicht zu vergleichen.

Der sanfte Hügel ist von lichtem Laubwald bedeckt, der im Frühherbst oftmals in märchenhaften Nebel getaucht ist. Da dieser Ort seit vielen Jahrhunderten durchgängig besiedelt ist, lässt sich seine Geschichte heute nur noch schwer rekonstruieren.

Sva er vm pundara ⁊ meli k
mikit at engi maðr skal
hafa ranga pundara eða
meli kerolld. En sa er rettr pun
dari at .xx. merkr se i fiorðung hvn
ok megi æigi vega meir at visi at fior
ðungi ok æigi meira at vega en tver
.xx. fiorðunga vetta. Annar er annarr
pundari er heitir handpundari. sa
skal visa at halfri vætt. ok æigi meira
at vega en halfan annan fiorðung
þat skal vera tungu pundari. Stika
skal gera .ij. alnar sliker sem vit
hafa. En þessi skolo vera meli kerolld
til bu nytiar ok fra lutar er i keroll
dum skal meta. Er þar fyrst bu skio
la er i liggr halfr annarr fiorðun
gr. þa er fiorðungr er giorer at va
ga .xx. merkr rugar ⁊ vista tysvar
i kerolldi ⁊ draga tvevar af. kven as
kar fiorðr i fiorðung. halfr ann
ars kven askr i kartask. Skolo þes
ser pundarar ok meli kerolld ligg
ia a þing velli vnder logmanz insigli.
Skal þar eptir hverr sysslu maðr retta
sina pundara stiku ⁊ meli kerolld
en bender eptir þeira meli kerolldum
i hverre sysslu. En hverr sem eitthv
ert i þessari grein hefer rangt
sekr .iij. m. vid kg ef hann veit ok hafi

hann meirr eptir sysslu manz punda
rum marka. En æigi eru aller bo
nder skylldir meli kerolld at hafa.

her hef[illegible] hollar ok
her [illegible] ⁊ sig [illegible]
[illegible]
[illegible] taka at
loggum.

Nv er ein
loglig far
tekia ein
engi mæl
at i hond
skal taka
styri manni eða hans logligum v
boðs manni ⁊ nefna vitni við
tvau eða fleiri ok segi hann til a haf
nar er fari toku. en hin til legu
burðar er skip liggr. En ef þa
skilr a vm kaup mala sin. þa
hafi sa sitt mal er vitni fylgir
ok ba fyrir sva ⁊ sina at vit heyrðu
orð þeirra beggia ok sau varu
þa sattir ⁊ samkaupa vm far tek
iu ⁊ [illegible] vm lest ok legu. þa er þat
vitni logliga borit ⁊ at logfullu
far tekit eptir rettum farmanna logum.

Skip þat er hvit skip ferr er
sausa far þrysvar a .ij.
dagrum þat er talt fart i

1936 wurde Mistery Hill zum Schutz vor Plünderungen und Raubgrabungen eingezäunt. Der damalige Eigentüner glaubte, dass dort zwischen dem 8. und 12. Jahrhundert irische Mönche, sogenannte Kuldeer, gesiedelt hatten. Es gibt jedoch keinerlei Beweise, die diese Theorie belegen. Hingegen gibt es Hinweise auf eine weit frühere Besiedlung.

Mauern, Tunnels, Monolithe und Steinbauten verteilen sich hier auf eine Fläche von 17 Hektar. Man schätzt, dass im Lauf der Jahrhunderte etwa 40 Prozent der einstigen Bauten abgetragen und für den Bau von Kirchen und Häusern, im Straßenbau oder für die Errichtung der Dämme des Sankt-Lorenz-Stroms verwendet wurde. Auf einigen dieser Steine entdeckte man Inschriften aus einer längst vergangenen Zeit.

Die massiven Monolithen, die bis zu zehn Tonnen schwer sind und stark an die Anlagen der Megalithkultur in Großbritannien erinnern, sind teilweise in Steinreihen angeordnet. Die sogenannte Orakelkammer erinnert eindeutig an einen Dolmen oder eine neolithische Grabkammer. Auch zahlreiche künstlich angelegte Höhlen wurden gefunden. Ein Landwirt, dem der Hügel in der ersten Hälfte des 19. Jahrhunderts gehörte, nutzte eine der Höhlen als Keller und errichtete sein Haus über einigen der alten Steinbauten. Ein weiteres außergewöhnliches Monument besteht aus einem sehr großen, flachen Stein mit einer Rinne in der Mitte, der auf vier tragenden Steinsäulen steht. Man vermutet, dass es sich dabei um einen Opferaltar handelt. In der gesamten Stätte finden sich zahlreiche rätselhafte Steinbauten wie die Upton-Kammer, die aus einem 1,80 Meter hohen und 4,20 Meter breiten Tunnel besteht, der in einen Raum mit einem Durchmesser von 3,60 Metern und einer Höhe von 3,30 Metern führt. Darüber liegen riesige Steine, die mehrere Tonnen wiegen.

Jeder, der Mystery Hill schon einmal besucht hat, kann bestätigen: Es lässt sich nur schwer vergessen – und genauso schwer erklären. Aus der Art und Weise, wie die Monolithen ausgerichtet sind, haben Astronomen und Wissenschaftler errechnet, dass diese Anlagen ungefähr zwischen 2500 und 1900 v. Chr. entstanden sein müssen. Somit wäre der Komplex etwa so alt wie die megalithischen Steinkreise von Avebury in Wiltshire, die zum Weltkulturerbe der Unesco gehören. Die Radiokarbondatierung von Funden aus bisher unberührten Erdschichten und von Baumwurzeln, die in einige der Kammern hineingewachsen waren, ergibt eine Altersdatierung von 2000 v. Chr. bzw. 1500 v. Chr.

Andere Fundstücke, die auf 1000 v. Chr. datiert werden, sprechen dafür, dass die Stätte lange Zeit genutzt wurde. Seit 25 Jahren beschäftigt sich die Wissenschaft verstärkt mit diesem Rätsel. Doch Mystery Hill ist durchaus nicht die einzige Megalithstätte in Nordamerika. Rätselhafte Steinstrukturen sind über das gesamte Gebiet von Neuengland verteilt.

LINKS: Historisierte Initiale aus einem Kapitel über Seefahrt und Handel in einer Kopie des „Jonsbok" (auf Pergament, isländische Schule). Die Gesetzessammlung stammt ursprünglich aus dem 14. Jahrhundert.

Die Vinland-Karte: dreister Betrug oder fabelhafter Fund?

Die Wissenschaft ist bei Weitem nicht die leidenschaftslose, logisch-kühle Welt, für die sie gerne gehalten wird, sondern ein wahres Schlachtfeld von Ideen und gegensätzlicher Theorien, die mit großer Leidenschaft debattiert werden. Wenn die Reputation der Wissenschaftler, Antiquitäten und ihre Fälschungen und das große Geld ins Spiel gebracht werden, werden die Auseinandersetzungen umso heftiger geführt. Genau das war der Fall in der faszinierenden Affäre um die berühmte Vinland-Karte, die ihren Namen einem Land westlich von Grönland verdankt. Dort soll nordischen Sagen zufolge vor über 1000 Jahren eine Wikingerkolonie gegründet worden sein. Wenn die Experten, die von der Echtheit der Karte überzeugt sind, recht haben, dann ist die Vinland-Karte die älteste kartographische Abbildung Nordamerikas, etwa 60 Jahre älter als die erste Amerikakarte von Kolumbus. Sollte es sich bei der Karte allerdings um eine Fälschung handeln, ist dem Hersteller bei einem unlängst geschätzten Wert von rund 19 Millionen Euro eine der erfolgreichsten Betrügereien aller Zeiten geglückt.

Die Karte tauchte zum ersten Mal in den 1950er-Jahren bei einem italienischen Buchhändler auf. Sie besteht aus einer Doppelseite, die in ein Buch aus dem 15. Jahrhundert eingebunden ist. Bei diesem Buch handelt es sich um eine Abschrift der Werke „Historia Tartarorum" und „Speculum Historiale". Die Provenienz, d. h. der genau zurückverfolgbare Ursprung der Karte, Voraussetzung für die Schätzung des Wertes der Karte, war aber unklar. 1957 erstand ein Händler für antiquarische Bücher aus New Haven, Connecticut, die Karte für 3600 US-Dollar. Es wurde behauptet, sie stelle das gesammelte Wissen der alten skandinavischen Seefahrer dar und zeige, für die damalige Zeit bemerkenswert genau abgebildet, die Britischen Inseln, Frankreich, die Iberische Halbinsel, die Mittelmeerregion und Skandinavien sowie vermutlich die Azoren. Im Westen von Skandinavien sind Island, Grönland und ein Teil Kanadas zu sehen, von dem wir heute wissen, dass er von Wikingern erkundet und besiedelt wurde. Auch die Hudson

Die legendäre Vinland-Karte, in den 1950er-Jahren entdeckt und anfangs auf Mitte des 14. Jahrhunderts datiert, wird heute gemeinhin für eine Fälschung gehalten.

Die Vinland-Karte: dreister Betrug oder fabelhafter Fund?

Bay und der Sankt-Lorenz-Golf sind abgebildet. Die Karte ist inzwischen zu einem weit höheren Kaufpreis, angeblich eine Million US-Dollar, in den Besitz der Yale University übergegangen. Sie wurde sogleich nach ihrem Auftauchen zum Thema einer höchst umstrittenen wissenschaftlichen Publikation „Die Vinland-Karte und die Historia Tartarorum". Darin wird behauptet, die Karte habe sich nach eingehender Untersuchung als authentisch erwiesen. In der Folge wurde eine internationale Konferenz am Smithsonian Institute veranstaltet, auf der sich jedoch keine Einigung über die Echtheit der Karte erzielen ließ. Als Konsequenz empfahlen die Wissenschaftler, die Vinland-Karte noch eingehender zu überprüfen.

1974 wurde die Karte unter einem Polarisationsmikroskop untersucht. Dabei wurde nachgewiesen, dass die verwendete Tinte das Mineraloxid Anatas enthält. Dieses Pigment wurde nicht vor 1923 verwendet. Daraufhin gab die Yale-Bibliothek sogleich bekannt, dass es sich «bei der berühmten Vinland-Karte um eine Fälschung handeln könnte». Seither steht die Karte im Mittelpunkt nicht enden wollender akademischer Debatten.

Bei einer zweiten Untersuchung 1987, bei der ebenfalls die Tinte analysiert wurde, verwendete man diesmal unter anderem die Methode der Partikel-induzierten Röntgenemission (PIXE). Zwar wies man abermals das Mineral Anatas nach, jedoch nur in geringen Spuren. Dies stellte die Ergebnisse von 1974 infrage. Eine weitere Studie stürzte die Fachwelt 1993 noch tiefer in die Verwirrung: Darin wurde aufgezeigt, warum Anatas in mittelalterlicher Eisengallustinte sehr wohl vorkommen kann. Da diese Tinte selbst auf der Karte jedoch nicht nachgewiesen wurde, führte die Untersuchung in eine Sackgasse. Eine Radiokarbondatierung ergab 2002, dass das Pergament der Vinland-Karte etwa aus dem Jahre 1425 (plus/minus elf Jahre) stammt.

Die Wurmlöcher in der Karte stimmen mit den Löchern in den umliegenden Seiten des Buchs überein, in dem das Pergament gefunden wurde. Die Wasserzeichen auf dem Kartenpergament passen ebenfalls zu dem auf den angrenzenden Buchseiten. Die als relativ sicher geltende Radiokarbonmethode ergab eine Datierung auf die Zeit um 1430. All diese Anhaltspunkte lassen darauf schließen, dass es sich um ein echtes mittelalterliches Dokument handelt. Sie könnten sich jedoch auch damit erklären lassen, dass ein Fälscher des 20. Jahrhunderts die Karte auf zwei leere Pergamentseiten des alten Buches gezeichnet hat. Die nachträgliche Bearbeitung von echten Antiquitäten ist eine beliebte Methode, um bei Untersuchungen durch die Radiokarbonmethode die Echtheit von historischen Dokumenten vorzutäuschen. Ähnlich verfährt man in der Kunstfälschung. Man entfernt die Farbschicht eines alten, aber unbedeutenden Ölgemäldes und bemalt die Leinwand „im Stil" eines berühmten Künstlers vergangener Zeiten, unter Verwendung von Pigmenten, mit denen auch damals schon gemalt wurde. Selbst für Experten ist es schwierig, einen solchen Schwindel zu erkennen. Mittelalterliche Tinte wurde meistens entweder auf der Basis von Ruß (Kohlenstofftinte) bzw. aus Eichengallen hergestellt (die sogenannte Eisengallustinte) oder aus einer Mischung von beiden. Diese Tinten altern auf ganz charakteristische Weise. Kohlenstofftinte bleibt farbecht, Eisengallustinte verblasst mit der Zeit zu einem hellen gelblich-braunen Farbstoff. Außerdem zerstört sie das Papier, es wird brüchig und entlang der Tintenlinien löchrig.

2001 zeigte eine Analyse der Vinland-Karte unter Anwendung der sogenannten Raman-Spektroskopie eine Schicht von Kohlenstofftinte mit einer darunterliegenden gelben Pigmentschicht, die von einer moderneren anatashaltigen Tinte stammt. Dies bestätigte das Untersuchungsergebnis von 1974. Die Forscher fanden hingegen keine Spuren mittelalterlicher Eisengallustinte. Dies lässt den Schluss zu, dass es sich bei der Karte um eine äußerst aufwändige und gelungene Fälschung handelt, die wahrscheinlich im 20. Jahrhundert auf einem Pergament aus dem 15. Jahrhundert hergestellt wurde. Mit großer Wahrscheinlichkeit wird dem deutschen Jesuitenpater Josef Fischer (1858–1944), einem Experten und Sammler von Karten aus dem 15. Jahrhundert, die Fälschung zugerechnet. Seine Motivation könnte Rache an den Nationalsozialisten gewesen sein, die die Jesuiten als „Volksschädlinge" verfolgten und 1938 den Zwangsverkauf des Kollegiums durchsetzten, an dem er unterrichtete.

Die Debatten über die Echtheit der Vinland-Karte gehen unvermindert weiter. Erst im Juli 2007 verkündeten dänische Kartographieexperten nach einer fünf Jahre dauernden Untersuchung der Karte, dass sie echt sein müsse. Das umstrittene Anatas ließe sich dadurch erklären, dass man im Mittelalter frische Tinte zum Trocknen mit Sand bestreut habe. Der Gelehrtenstreit hält also an, und momentan sieht es ganz danach aus, als könnte er nicht endgültig entschieden werden.

Orientierungsloser Kolumbus

Für die Kartographen des Zeitalters der Entdeckungen ähnelte die Erstellung der Karten einem Puzzlespiel, bei dem die Hälfte der Teile fehlte. Die Berechnung von Längengraden war noch unbekannt und die Küsten der neu entdeckten Gebiete waren nur zum Teil erschlossen. Viele frühe Kartographen füllten die Lücken mit Fantasie und mehr oder weniger plausibler Logik. Einige dieser Karten waren daher das Ergebnis haarsträubender Spekulationen, wie sich im Fall der Entdeckung Amerikas erweisen sollte. Was noch in den alten *Mappae Mundi* für ein leicht zu überwindendes Hindernis zwischen Europa und Asien gehalten wurde, wollte nun mit jedem neu erkundeten Teilstück der Küstenlinie so gar nicht der Küste Chinas entsprechen.

Jede neue Entdeckung trug weiter zur Verwirrung bei, denn wenn man all die Puzzleteile zusammensetzte, ergab sich eine unglaublich lang gestreckte und unüberwindbare Barriere für all jene, die auf der Suche nach einem kürzeren Seeweg zu den Gewürzen Indiens und den Reichtümern Chinas waren. Noch irritierender war, dass sich vermeintliche Inseln plötzlich als Halbinseln und Halbinseln als gewaltige Landmassen herausstellten.

Die frühen Entdecker hatten angenommen, dass Nordamerika nur ein schmaler Landstreifen sei, der sich in wenigen Tagen einfach durchqueren ließe. Jedoch verbreiterte sich dieser Landstreifen zu einem riesigen Kontinent, der sich der Durchquerung auf dem Landweg widersetzte. Die weißen Flecken auf den Landkarten der früheren Kartographen erwiesen sich als ein mächtiger Doppelkontinent und als ein Ozean, der sogar die Ausmaße des Atlantiks übertreffen sollte.

Selbst Kolumbus täuschte sich, wo er sich auf seiner berühmten Reise von 1492 befand. Als er zufällig auf Kuba stieß, war er davon überzeugt, er segle entlang der Küste des chinesischen Festlands. Am 1. November 1492 hielt er in seinem Logbuch fest: «Ich bin mir sicher, auf das Festland gestoßen zu sein und mich in einer Entfernung von ungefähr 260 Seemeilen vor Zayto und Quinsay zu befinden.» (Zayto ist das heutige Zhangzhou und Quinsay das heutige Hangzhou.) Danach glaubte Kolumbus zunächst, Kuba sei eine Insel östlich von China und Indien. Kurz darauf vermutete er, Kuba sei die Halbinsel Mangi, eine große, geheimnisvolle Halbinsel, die auf mittelalterlichen *Mappae Mundi* südlich von Kathai (China) eingezeichnet wurde. Kolumbus' Verwirrung steigerte sich immer weiter, als er am 6. Dezember auf die Insel Hispaniola stieß. Er hielt sie für Japan, obwohl die Einwohner die Insel Cibao nannten (der Name eines Tals in der heutigen Dominikanischen Republik).

Die *Mappa Mundi* von Alberto Cantino, gezeichnet im Jahr 1502 auf Grundlage portugiesischer Entdeckungsreisen (siehe S. 174), zeigt, dass die Europäer auch zehn Jahre nach der ersten Reise von Kolumbus die Entdeckungen in Amerika noch nicht richtig einordnen konnten. Während viele Karibikinseln bereits korrekt dargestellt wurden, verzeichnete man nordwestlich von Kuba immer noch die Halbinsel Mangi, die angeblich vor der chinesischen Küste lag. Auch die Halbinsel Florida fehlte noch gänzlich – bis zu ihrer Entdeckung, vermutlich im Jahr 1513, dauerte es noch ein wenig.

Der niederländische Astronom, Entdecker, Kartograph und Mönch Johannes Ruysch (siehe S. 140/141) zeichnete 1507 seine berühmte Weltkarte. Darauf sind vor der Küste Kathais (Chinas) mehrere Karibikinseln abgebildet, zusammen mit der legendären Insel Antillia. Es scheint sich damals noch nicht durchgesetzt gehabt zu haben, dass ein ganzer Kontinent zwischen den Karibikinseln und Asien liegt. Die Ruysch-Karte entstammt noch stark der mittelalterlichen kartographischen Tradition: Sie zeigt auch noch die legendären Länder Gog und Magog nördlich von Kathai und das Land der Skythen im Norden Moskaus. Indien und Ostasien sind ungenau dargestellt und in einigen Bereichen gänzlich frei erfunden. Die mysteriöse Mangi-Halbinsel liegt auf der Karte südlich von Kathai. Erst in den 1530er-Jahren verschwand die sagenumwobene Mangi-Halbinsel nordwestlich von Kuba endgültig aus den Karten. Erst Mitte des 16. Jahrhunderts herrschte unter den europäischen Kartographen zum ersten Mal Einigkeit, dass die Neue Welt ein eigener Kontinent und nicht bloß eine Verlängerung Asiens sei.

Auch wenn uns dies alles heute seltsam erscheinen mag, sind weder Kolumbus noch die Kartographen für ihre Irrtümer verantwortlich zu machen.

Oceanus occidẽtalis
Terra del Rey de portuguall
Has antilhas del Rey de castella:
Este he o marco dantre castella y portuguall
da esta terra he descoberta p mãdado del Rey de castella
Linha equinocialis:
Tropicus capricorni.
Pollus antarticus:
Mare oceanu

Instrumente, mit denen sich der Längengrad auch über weitere Entfernungen genau bestimmen ließ, gab es damals noch nicht. Aber der Hauptgrund für die lange andauernden Fehleinschätzungen war das blinde Vertrauen auf Ptolemäus' fehlberechnete Größen von Erde und Landmassen. Obwohl Ptolemäus seine „Geographia" bereits über 1000 Jahre zuvor geschrieben hatte, verließ sich Kolumbus auf seiner ersten Reise voll und ganz darauf. In der *Mappa Mundi* von Ptolemäus (siehe S. 32/33) ist die Mittelmeerregion – damals das Zentrum der westlichen Welt – um etwa 30 Prozent zu groß abgebildet. Asien war ebenfalls überdimensioniert und der Erdumfang insgesamt zu klein.

Kolumbus vertraute außerdem den Berechnungen des phönizischen Geographen Marinos von Tyros aus dem 2. Jahrhundert v. Chr., der die Distanz zwischen Asien und Europa massiv unterschätzt hatte. Kolumbus' eigene Berechnungen wurden zudem durch die Umrechnung der „Meile" verfälscht, die in verschiedenen Teilen Europas unterschiedliche Längenmaße bezeichnete. So kam er zu dem Ergebnis, dass nur 2400 Seemeilen (4445 Kilometer) zwischen dem westlichsten Punkt Spaniens und Kathai liegen müssten, eine Strecke, die durchaus zu bewältigen war. In Wahrheit beträgt diese Entfernung aber etwa 9500 Seemeilen (17 600 Kilometer). So ist es nicht verwunderlich, dass die frühen Entdecker und Kartographen der Neuen Welt annahmen, Amerika läge nahe bei Asien.

LINKS: Dieser Ausschnitt aus Alberto Cantinos Weltkarte von 1502 zeigt die Inseln der Karibik schon sehr realitätsnah. Die Landmasse im Norden allerdings entspricht der Theorie von Kolumbus, er habe die Mangi-Halbinsel erreicht. Florida ist auf der Karte noch nicht eingezeichnet.

Erwähnt werden sollte, dass Kolumbus' Vorschlag, im Westen über den Atlantik einen Seeweg nach Asien zu finden, bei mehr als einer Gelegenheit abgeschmettert wurde. Die Berater von König Johann II. von Portugal und später von Ferdinand II. von Aragon und Isabella I. von Kastilien argumentierten, dass Kolumbus die Distanz seiner Reise viel zu gering berechnet habe. Königin Isabella gewährte ihm dennoch bis zu ihrer endgültigen Entscheidung ein jährliches Gehalt, damit er sich die Umsetzung seiner Pläne nicht von anderen Königreichen finanzieren ließe.

Trotz aller Probleme und Fehleinschätzungen, trotz der Geheimniskrämerei, mit der Spanien und Portugal ihre ersten Karten der Neuen Welt unter Verschluss hielten, und trotz der noch immer primitiven Navigationstechnik jener Zeit ist die Amerikakarte von Abraham Ortelius aus dem Jahr 1570 ein geniales Kunstwerk. Der flämische Geograph, Kartograph und Schöpfer des ersten modernen Atlas mit dem Titel „Theatrum Orbis Terrarum" (Theater der Welt) kartiert 82 Jahre nach Kolumbus' Landgang in Amerika bemerkenswert realistisch und erstaunlich detailliert sowohl die Küstenlinie als auch das Landesinnere des neuen Kontinents. Sogar der Pazifik und die Küsten von Neuguinea und Australien sind darin abgebildet, allerdings als zusammenhängende Landmasse und nicht durch eine schmale Meerenge getrennt, und das zwei Jahrhunderte bevor James Cook Australien „entdeckte". Die *Terra Australis* geht auf der Karte von Ortelius im Süden in die *Terra incognita* über. Die großartige Karte der Neuen Welt von Theodor de Bry, gezeichnet 1596 in Frankfurt am Main, bildete ebenfalls bereits die Ostküste Australiens ab.

Die blühende Insel Florida

Von flachen, sanft ins Meer abfallenden Stränden und feinsandigen Tropeneilanden gesäumt, erstreckt sich Florida vom nordamerikanischen Festland aus südwärts in den Atlantik. Es dauerte viele Jahre, bis die lang gestreckte Halbinsel auf den europäischen Weltkarten nicht mehr als Insel, sondern als Teil des amerikanischen Festlands dargestellt wurde. Schon lange vor Kolumbus hatte Portugal, Spaniens größter Rivale auf den Meeren der Welt, seinen Anspruch auf die Erkundung der Neuen Welt geltend gemacht und dabei zweifellos auch Florida entdeckt. Die Weltkarte von Andrea Bianco aus dem Jahr 1436 (siehe S. 88) zeigt bereits die Halbinsel Florida als Anhängsel von Antillia, weit vor der Küste Portugals. Die sogenannte Cantino-Weltkarte (siehe S. 174) unterscheidet sich von der Bianco-Karte dadurch, dass Florida sogar in annähernd korrekter Entfernung zu Europa und in den richtigen Proportionen eingezeichnet ist. Die Cantino-Karte ist die Kopie einer geheimen portugiesischen Karte, die 1502 von Lissabon durch einen Spion in die Hände der einflussreichen italienischen Familie d'Este gelangte.

Kolumbus hätte auf seiner Reise in die Neue Welt im Jahr 1492 zum Entdecker Floridas werden können – sogar müssen. Am 13. Oktober, bei seiner ersten Landung auf Kuba, schrieb er in sein Tagbuch: «Die Eingeborenen haben mir zu verstehen gegeben, dass es nicht nur im Süden und Südwesten, sondern auch im Nordwesten Land gibt. Zudem, wenn ich sie recht verstehe, kommen des Öfteren Fremde aus dem Nordwesten hierher, um gegen die hiesigen Eingeborenen zu kämpfen und Gefangene zu nehmen.» Er hatte also deutliche Hinweise, dass sich sowohl im Norden als auch im Süden eine größere Landmasse befindet. Warum ging Kolumbus einem so wichtigen Hinweis nicht nach?

Kolumbus war der Erste in einer fast endlos scheinenden Reihe von Europäern, die der Versuchung erlagen, sich an den Schätzen der neuen Länder zu bereichern. Die Ureinwohner Kubas schilderte er als «jung und von schöner, wohlgefälliger

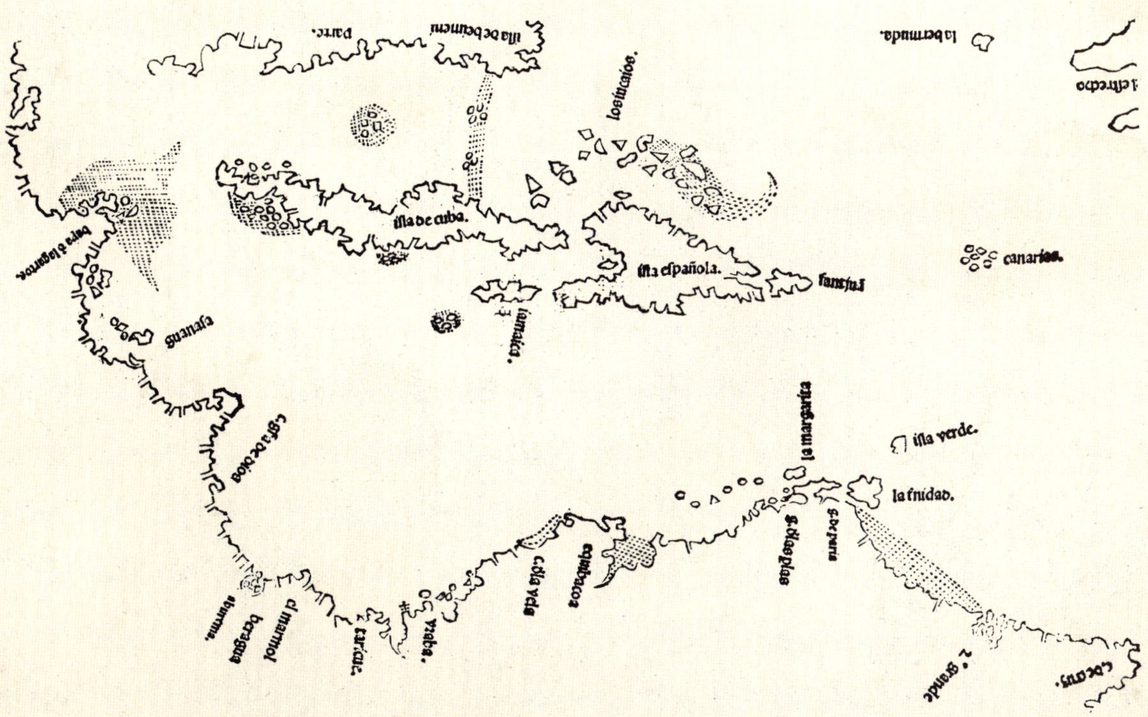

Florida wird auf der Karibikkarte von Andrés Morales aus dem Jahr 1511 zum ersten Mal richtig dargestellt – als eine mit dem nordamerikanischen Kontinent verbundene Halbinsel nördlich von Kuba. Auf der Karte ist es allerdings noch ohne Bezeichnung eingetragen.

Gestalt ... dünnbäuchig und ausnahmslos von geradem Wuchs.» Ferner beschrieb er ihre Boote, die groß genug seien, dass «40 oder 45 Männer» darin Platz hätten. Die Eingeborenen stachen damit in See, um mit «Knäueln von Baumwolle, Papageien, Speeren und anderen Dingen» zu handeln. Weiter hieß es in Kolumbus' Logbuch:

«Ich schenkte ihnen viel Aufmerksamkeit, begierig, herauszufinden, ob sie Gold besaßen, und sah, dass einige von ihnen kleine Stücke dieses Metalls an der Nase trugen. Mithilfe der Zeichensprache erfuhr ich, dass man, wenn man nach Süden fuhr ..., einen König finden könne, der große Gefäße aus Gold besaß. Ich bemühte mich, sie dazu zu bringen, mir den Weg dorthin zu zeigen, doch fand ich heraus, dass ihnen die genaue Route unbekannt war.»

Man fragt sich heute, ob sich die Entdecker jener Tage je Gedanken über die Grenzen der Kommunikation mit Zeichensprache gemacht haben – immerhin für Ungeübte eine reichlich komplizierte Art der Konversation. Kolumbus' erklärtes Ziel war eigentlich, die Küste Asiens zu erreichen. Doch wegen ungünstiger Winde und aufgrund des Reizes, den das Gold auf ihn ausübte, segelte er von Kuba aus in südwestlicher Richtung weiter. Hätte er Kurs nach Norden genommen, wäre er auf Florida gestoßen.

Die „Historia de las Indias“ von Bartolomé de Las Casas wurde 1601 posthum veröffentlicht. Sie enthielt unter anderem einen Bericht über die Entdeckung Floridas durch Juan Ponce de León, der mit seiner Mannschaft von den Bahamas aus gestartet war. «Sie brachen auf und segelten in Richtung Nordwesten. Am Sonntag, dem 27. März, ... sahen sie eine Insel ... und sie nannten sie „La Florida“, denn sie bot den wunderschönen Anblick vieler blühender Bäume, war flach und gefällig. Sie entdeckten die Insel in den Feiertagen von Pascua Florida (Ostern).» Eine wunderschöne Geschichte, und es ist fast schade, Ponce de León die Ehre absprechen zu müssen, doch er war ganz gewiss nicht der erste Europäer, der Florida entdeckte. Erstmals ist Florida auf der Karte des spanischen Kartographen Andrés Morales aus dem Jahr 1511 eingezeichnet (siehe S. 177). Ponce de León sichtete die „Insel“ Florida erst 1513.

Ponce de León – Entdecker und Ausbeuter

Ponce de León war ein Konquistador, der Kolumbus auf seiner zweiten Amerikareise 1493 begleitete. Ziel dieser Expedition, die 17 Schiffe und etwa 1500 Mann umfasste, war die Kolonisierung der neu entdeckten Länder. Eine der Inseln, die sie auf ihrer Reise entdeckten und besiedelten, nannten sie zuerst San Juan Bautista, kurz darauf Puerto Rico. Ponce de León war Leutnant in Kolumbus' Armee und äußerst ehrgeizig. 1493 gründete er Caparra, die erste spanische Siedlung auf Puerto Rico, und wurde zum ersten Gouverneur ernannt. Doch seine Amtszeit kann beim besten Willen nicht als ehrenvoll bezeichnet werden. Er versklavte das Volk der Taíno, die Ureinwohner Puerto Ricos. Sie wurden unter anderem zur Arbeit in den Gold- und Silberminen gezwungen. Die Zahl der Toten unter den Taíno durch eine menschenunwürdige Behandlung und eingeschleppte Krankheiten war beträchtlich. Doch Ponce de León wurde durch seinen Aufenthalt in Puerto Rico ein äußerst wohlhabender Mann.

Nach seiner Reise musste Christoph Kolumbus Königin Isabella sein Logbuch vorlegen. Er erinnerte darin taktvoll formuliert an seine versprochene Belohnung:

«Eure Hoheit würden mich zum Großadmiral des ozeanischen Meeres, Vizekönig und ständigem Gouverneur aller Inseln und des Festlands ernennen, die ich entdeckte und in Besitz nahm. Dies gelte auch für alle zukünftigen Entdeckungen im ozeanischen Meer. Zudem erhielt ich die Zusicherung, dass mein ältester Sohn das Recht habe, meine Nachfolge in dieser Position anzutreten und dies von Generation zu Generation immer so bleiben solle.»

So kam der Anspruch, dass Kolumbus' Titel als Militärführer nach seinem Tod 1506 auf seinen Sohn Diego übergehen würde, zustande. Die spanische Obrigkeit entschied jedoch, dieses Privileg zu widerrufen. Erst vor Gericht gelang es Diego, den Titel zu behaupten. In der Zwischenzeit war Ponce de León zum Gouverneur von Puerto Rico aufgestiegen. Diesen Titel verlor er 1512 nach Diegos erfolgreicher Klage. Wahrscheinlich als Entschädigung gewährte man Ponce de León das Recht, die Gebiete nördlich von Kuba zu erkunden. Mit seinen angehäuften Reichtümern konnte er drei Schiffe ausrüsten und stach 1513 in See.

Im Nordosten von Florida ging er an Land und beanspruchte La Florida für Spanien. Von dort segelte er weiter nach Süden, kartierte die Küstenlinie, umsegelte die Florida Keys und erkundete die Golfküste Floridas bis Cape Romano. Danach machte sich Ponce de León auf den Weg nach Kuba und kehrte von Havanna aus wieder an die Ostküste Floridas zurück. Seine Schiffe legten dort in der Gegend des heutigen Miami in der Biscayne Bay einen Zwischenstopp ein, bevor sie wieder nach Puerto Rico segelten. 1514 kehrte Ponce de León nach Spanien zurück und wurde 1515 mit einer Expedition nach Guadeloupe beauftragt. Doch die Mission scheiterte, und so machte er sich wieder auf den Weg nach Puerto Rico. 1521 plante er, eine Kolonie in Florida zu gründen, und startete mit zwei Schiffen. Bei einer Ladung von 200 Mann und den notwendigen Gütern und Vieh müssen diese völlig überfüllt gewesen sein. Die Kolonisten landeten im Südwesten Floridas, im Mündungsgebiet des Flusses Caloosahatchee, der die nördlichen Everglades durchfließt. Eine folgenschwere Entscheidung, wie sich bald herausstellen sollte, denn kurz nach ihrer Ankunft griffen Calusa-Indianer die neuen Siedler an. Ponce de León wurde von einem vergifteten Pfeil in die Schulter getroffen. Die Überlebenden flüchteten nach Havanna, wo Ponce de León später seinen Verletzungen erlag.

Politische Spionage und der Kampf um neues Land

Es gab keine Möglichkeit, die Eroberer der neuen Länder wirksam zu kontrollieren, selbst wenn die großen Seefahrernationen dies gewollt hätten. So gab es neben den offiziellen Entdeckungsfahrten auch zahlreiche heimliche Unternehmungen. Jede der neuen Entdeckungen löste Besitzansprüche der europäischen Nationen aus, die begierig waren, ihren Einfluss auf die neuen Gebiete auszudehnen.

FOLGENDE SEITEN: Die aufwändig verzierte Karte „Virginae item et Floridae" (Virginia und Florida) ist in der duch Jodocus Hondius 1606 erschienenen Ausgabe von Gerhard Mercators Atlas enthalten. Sie basiert auf Berichten der ersten englischen Siedler.

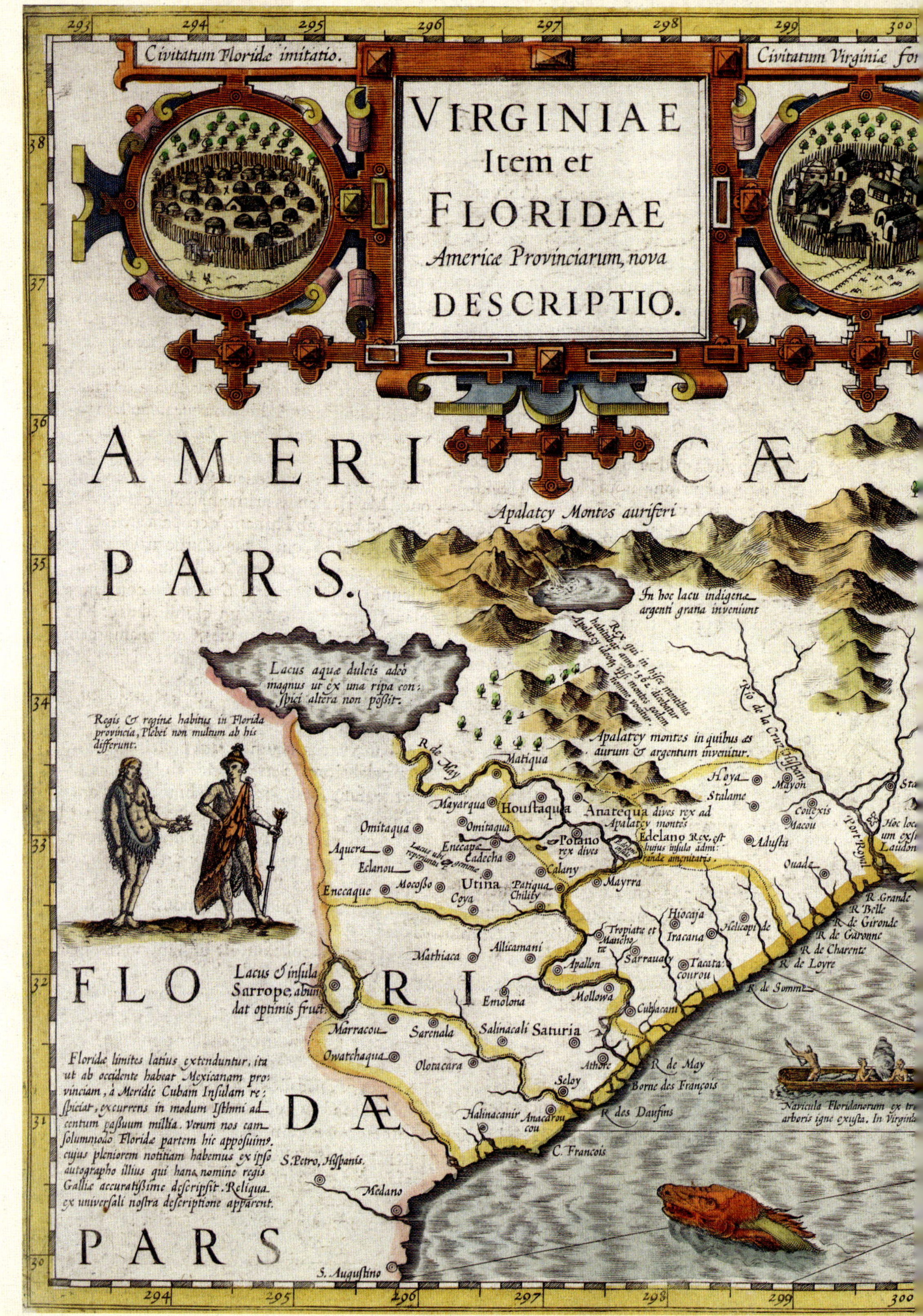

Civitatum Floridæ imitatio.
Civitatum Virginiæ
VIRGINIAE
Item et
FLORIDAE
Americæ Provinciarum, nova
DESCRIPTIO.
AMERICÆ
PARS.
Apalatcy Montes auriferi
In hoc lacu indigenæ argenti grana inveniunt
Lacus aquæ dulcis adeo magnus ut ex una ripa con:spici altera non possit.
Regis & reginæ habitus in Florida provincia, Plebei non multum ab his differunt.
Apalatcy montes in quibus et aurum & argentum invenitur.
R. de May
Matiqua
Houstaqua
Anatequa dives rex ad Apalatcy montes
Edelano Rex, est huius insula admirande amœnitatis
Potano rex dives
Omitaqua
Aquera
Eclanou
Enecaque
Utina
Coya
Calany
Mayrra
Hoya
Stalame
Mayon
Adusta
Ouade
Port Royal
R. Grande
R. Belle
R. de Gironde
R. de Garonne
R. de Charente
R. de Loyre
R. de Somme
Mathiaca
Allicamani
Apallon
Sarrauahy
Tacatacourou
Iracana
Hiocaia
Lacus & insula Sarrope, abundat optimis fruct.
FLORIDÆ
Marracou
Sarenala
Owatchaqua
Olotacara
Emoloa
Mollowa
Salinacali
Saturia
Cubacani
Athore
R. de May
Borne des François
Seloy
Halinacanir
Anacarou cou
R. des Daufins
C. Francois
S. Petro, Hispanis.
Medano
S. Augustino
Floridæ limites latius extenduntur, ita ut ab occidente habeat Mexicanam provinciam, à Meridie Cubam Insulam re:spiciat, excurrens in modum Isthmi ad centum passuum millia. Verum nos cum solummodo Floridæ partem hic apposuimus cuius pleniorem notitiam habemus ex ipso autographo illius qui hanc nomine regis Galliæ accuratissime descripsit. Reliqua ex universali nostra descriptione apparent.
PARS
Navicula Floridanorum ex arboris igne exusta. In Virgin

Comokee
Chesepiooc Sinus
Skicoak
Apassus
Chesepiooc
Ramushouuong
Ohaunoock
WEAPEMEOC
Catokinge
VIR
Waratan
Metocuuem
Masconing
Chepanuu
Moratuc
Tandaquo-
nuck
Pasquenoke
Trinitie harbor
MONGOACK
Medano, Hispanis.
Moquopeu
Tramasquecoock
GINIA
Dasamotiquepeuc
SECOTAN
Paquuyp lac.
Aquscogoc
Pomeiock
Paquiwock
Cotan
Secota
Panau-
uajock
Setuook
Cwareuuock
Newsyooc
Croatoan
Wococon
R. Sicco
C. S. Romano Hispanis
C of feare id est,
Prom. tremendum.
Medius Meridianus est 300, reli:
qui ad hunc inclinantur pro ratione
30. & 37. parallelorum.
301
302
303
304
305
306
307
308
38
37
36
35
34
33
32
31
30

Die Suche nach neuem Land wurde immer wieder auch dadurch angefacht, dass man in der Neuen Welt große Reichtümer, Städte aus Gold und Berge voll Diamanten vermutete. Besonders Portugal war sorgsam darauf bedacht, nichts über seine Erkundungsfahrten an der südamerikanischen Ostküste außerhalb der Landesgrenzen dringen zu lassen – und das mit gutem Grund. Spione gierten danach, sich die Weitergabe von geheimen Informationen an konkurrierende Staaten fürstlich entlohnen zu lassen. Auch Portugal schickte bezahlte Spitzel in andere Länder. Spanien war ebenfalls sehr bemüht, seine Entdeckungen in Mexiko und Kalifornien geheim zu halten. In beide Ländern herrschte die Auffassung, dass jede Entdeckungsfahrt staatlich autorisiert sein müsse. Daher betrachteten sie alle auf diesen Reisen gewonnenen Informationen als Staatsgeheimnis. Ein solches zu enthüllen war Hochverrat und wurde mit dem Tod bestraft.

Auch Abenteurer und Piraten beteiligten sich an den Beutezügen. Einige machten dabei ganz unbeabsichtigt neue Entdeckungen: Bei einem Schiffbruch konnte es schon einmal passieren, dass die Überlebenden irgendwo an einer noch gänzlich unbekannten Küste angespült wurden. Heimkehrende Seeleute berichteten von ihren Reisen. Das Geheimwissen um die Neue Welt war bald nicht mehr unter Verschluss zu halten.

Es wird wohl ein Geheimnis bleiben, auf welchem Weg die Informationen über die Halbinsel Florida nach Europa gelangten. Auf jeden Fall erschien Florida 1511 erstmals auf einer spanischen Karte des Kartographen Andrés Morales (siehe S. 177) – zwei Jahre vor Ponce de León. Auf der Morales-Karte liegt Florida nordöstlich von Kuba und ist Teil des nordamerikanischen Festlands. Es kann sich dabei nicht um die imaginäre Mangi-Halbinsel vor Asien handeln, selbst Kolumbus wusste schon, dass diese westlich von Kuba liegen müsse.

Auch die dreibändige „Historia de las Indias" (Geschichte der westindischen Länder) von Bartolomé de Las Casas aus dem 16. Jahrhundert bestätigt die Morales-Karte. Las Casas wurde 1474 in Sevilla geboren. Sein Vater hatte an der ersten Reise von Kolumbus teilgenommen und sicherte sich danach in der Karibik ein stattliches Vermögen. Bartolomé war als junger Mann Teil der jubelnden Menschenmenge, die Kolumbus und seine Männer bei ihrer Rückkehr 1492 willkommen hieß, was seine Verehrung für den großen Seefahrer noch verstärkte. Das Vermögen, das sein Vater angehäuft hatte, ermöglichte es ihm, Theologie und Jura an der angesehenen Universität von Salamanca zu studieren, wo er 1498 sein Examen machte. Vier Jahre später segelte er mit dem Konquistador Gonzalo Fernández in die Neue Welt und ließ sich auf Hispaniola, der spanischen Kolonie in der Karibik, nieder. Im Jahr 1510, in einer Zeit, als Spanien begann, im großen Stil Gold aus den eroberten Gebieten abzutransportieren, wurde Las Casas in Santo Domingo, der Hauptstadt von Hispaniola, als erster in der Neuen Welt zum Priester geweiht.

Las Casas verdanken wir eine Abschrift von Kolumbus' Logbuch. Wiederholt betont er in seiner „Historia", dass er Einsicht in die lange Zeit verschollen geglaubte Karte hatte, in der Kolumbus die Entdeckungen seiner ersten Reise aufzeichnen ließ. Das Original des Bordbuchs wurde Königin Isabella ausgehändigt. Auf ihre Anweisung erhielt Kolumbus eine Kopie, doch diese ging verloren. Ohne die

Abschrift von Las Casas gäbe es heute keinen zeitgenössischen Bericht von den großen Reisen des Kolumbus.

Las Casas war ein hochgelehrter Mann. Es ist unwahrscheinlich, dass er die Ereignisse absichtlich falsch wiedergegeben hat. Sein Bericht aus den ersten Jahren der Kolonisation der Neuen Welt ist ein bedeutendes historisches Dokument. Darin schildert er auch die erste europäische Entdeckung Floridas. In seiner Version rüstete ein spanisches Konsortium eine Expedition in die Karibik aus, um von dort aus auf die Bahamas (damals Lucayos genannt) zu segeln. Die dort ansässigen Indianer sollten als Sklaven gefangen genommen werden. Die Schiffe segelten von Puerto Plata in der heutigen Dominikanischen Republik los. Die Suche nach den Bahamasinseln blieb allerdings erfolglos. Die Männer wollten nicht mit leeren Händen zurückkehren und fürchteten beträchtliche finanzielle Verluste. So beschlossen sie, solange die Vorräte reichten, weiter nach Norden zu segeln und dort ihr Glück zu suchen. Dort stießen sie auf Land. Las Casas betont: «Es ist sicher, dass dies die Küste des Landes war, das wir heute Florida nennen.» Laut Las Casas brachten die Männer von dort indianische Sklaven nach Santo Domingo. Es scheint also, als sei Florida von einer Truppe von Sklavenhändlern und nicht von Ponce de León entdeckt worden. Eines kann man Ponce de León aber nicht absprechen: Er war der Erste, der einem Bundesstaat der späteren Vereinigten Staaten den Namen gab.

Die Karte „Virginae item et Floridae“ (Virginia und Florida), die der Kartograph Gerhard Mercator gemeinsam mit dem Flamen Jodocus Hondius erstellte, wurde 1606 in Amsterdam veröffentlicht. Darauf ist Florida zwar verzerrt dargestellt, allerdings mit vielen geographischen Details der Küstenlinie und des Hinterlandes, von St. Augustine im Süden bis zur Chesapeake Bay im Norden (siehe S. 180/181). Diese Karte bestimmte für ein Jahrhundert das Bild Floridas. Das Landesinnere darauf ist ausgeschmückt mit Darstellungen der indianischen Urbevölkerung sowie der landestypischen Fauna wie einem Truthahn und einem Elch. In den Gewässern im Norden und Süden lauern grausige Ungeheuer, die stark an riesige Meerechsen erinnern.

Kalifornien, die Insel der Amazonen

Florida wurde früher fälschlicherweise für eine Insel gehalten und aufgrund der blühenden Fantasie der Kartographen irgendwo südlich von China im Meer eingezeichnet. Doch Kalifornien traf es noch härter: 1510 erschien der spanische Ritterroman „Las Sergas de Esplandian“ (Die Heldentaten Esplandians) von Garci Rodriguez Ordóñez de Montalvo. Der Roman basiert auf einem Buch des portugiesischen Schriftstellers Vasco de Lobeira und berichtet von unwahrscheinlichen, aber mitreißenden Abenteuern. Beschrieben wird darin eine von schwarzen Amazonen bewohnte Insel an der Westküste der Neuen Welt:

«Wisse, dass rechterhand von Indien eine Insel mit dem Namen California liegt. Sie befindet sich sehr nah am Ort des irdischen Paradieses und ist von schwarzen Frauen bewohnt. Sie leben nach Art der Amazonen: Unter ihnen ist kein einziger Mann. Sie sind von robustem Körperbau, stark und leidenschaftlichen Herzens und von großer Tugendhaftigkeit. Ihre Insel ist mit steilen Felsen und

Klippen übersät und eine der wildesten der Welt. Ihre Waffen sind gülden, ebenso wie der Harnisch der wilden Bestien, die sie zähmen und reiten. Die ganze Insel ist voll von Gold und Edelsteinen. Hier gibt es kein anderes Metall.»

Herrscherin über die magische Insel war die als Göttin verehrte Königin Califia, die eine Streitmacht von 500 Greifen befehligte. Diese furchteinflößenden Kreaturen – halb Adler, halb Löwe – waren darauf abgerichtet, die Insel frei von Männern zu halten. Califia wurde folgendermaßen beschrieben:

«Eine Königin von majestätischem Ebenmaß, schöner als alle anderen, in voller Blüte ihrer Weiblichkeit. Sie sehnte sich nach dem Ruhm großer Taten, war beherzt, mutig und mit Leidenschaft tapfer. Sie strebte danach, edlere Taten zu vollbringen als jeder andere Herrscher vor ihr.»

Die Kombination aus schönen, dunkelhäutigen Amazonen und Gold übte auf die spanischen Entdecker in Neu-Spanien (Mexiko) eine unwiderstehliche Wirkung aus. Ironischerweise verdankt ausgerechnet Kalifornien, das Zentrum der „Traumfabrik", seinen Namen einer Geschichte, die klingt, als sei sie Hollywoodfilmen entsprungen. Montalvos Geschichten erregten auch die Aufmerksamkeit von Hernán Cortés. Der Konquistador und Gouverneur von Neu-Spanien ist wegen seiner brutalen Eroberung und Zerstörung des Aztekenreichs in Mexiko unrühmlich in die Geschichte eingegangen. Er glaubte, 1524 die Amazoneninsel vor der Nordwestküste Mexikos zu finden. Ähnlich wie Kolumbus, der davon überzeugt war, die Inseln der Karibik lägen vor der Küste Chinas, beflügelte das Trugbild dieser von Amazonen bewohnten Insel die Vorstellungen der frühen Entdecker über die geographische Gestalt der kalifornischen Küste.

Im Namen Gottes und Spaniens, aber vor allem wohl im Namen des Goldes finanzierte Cortés zwischen 1533 und 1535 zwei Erkundungsfahrten, von Acapulco an der mexikanischen Pazifikküste aus in Richtung Norden. 1536 führte er selbst eine dritte Fahrt an. Sein Schiff landete in der Nähe des heutigen La Paz am südlichen Ende der 1250 Kilometer langen Halbinsel Baja California, die sich parallel zum mexikanischen Festland erstreckt. Cortés gründete dort eine Siedlung, die aber nicht lange Bestand hatte. Er hielt die Halbinsel, zumindest eine Zeit lang, tatsächlich für eine Insel und nannte sie Kalifornien. Dieser Name sollte später ein weit größeres Gebiet bezeichnen, darunter auch den Großteil dessen, was die Spanier Alta California (Oberkalifornien) nannten, der heutige US-amerikanische Bundesstaat Kalifornien. Cortés war der zweite spanische Entdecker nach Ponce de León, der einem US-Staat seinen Namen gab.

Spätere Erkundungsreisen ergaben, dass die „Insel" Kalifornien eine Halbinsel ist. 1539 schickte Cortés den Seefahrer Francisco de Ulloa auf eine Expedition entlang der mexikanischen Pazifik- sowie der Golfküste der Baja California. Den Golf nannte Ulloa nach seinem Auftraggeber „Cortés-See", ein Name, der heute noch benutzt wird. Am Nordende des Golfs erreichte er die Mündung des Colorado. Ab hier ging es auf dem Seeweg nicht weiter nach Norden. Somit war klar, dass die Baja California keine Insel und der Golf nicht die erhoffte „Straße von Anián" war, wie die Spanier die Nordwestpassage nannten.

HAVAN
S. DOMINGO
CARTAGENA
MEXICO
GROENLAND
VIRGINIAN
K. of FLORIDA
WO. of MEXICO
K. of NEWE ENGLAND
The Northernely part of America seeing that it could not bee contained which in the compasse of this Mape, unlesse we should have discribed the said country in a lesser forme, wee have there fore ordayned this little Carde above drawne, within wch ye North pole is included.
THE NORTHERNE PART OF AMERICA
NEWE BRITTAINE
Hudsons bay
THE BAY OF MEXICO
THE SOUTH SEA
THE EQUINOCTIAL CIRCLE
THE PERUVIANE SEA
OCEAN
the Tropicke of Capricorne
THE PACIFICKE SEA
AMERICA with those known parts in that unknowne worlde both people and manner of buildings Discribed and inlarged by I.S. Ano. 1626
Are to be sold by Thomas Bassett in Fleetstreet, and by Richard Chiswell in St Pauls Churchyard.
THE UNKNOWNE WORLD

Juan de Fuca allerdings belebte die Legende von der „Insel Kalifornien" wieder, als er frei erfunden behauptete, die lang gesuchte Nordwestpassage gefunden zu haben. Fuca, ein griechischer Seefahrer, der unter spanischer Flagge und unter spanischem Namen fuhr – eigentlich hieß er Ioannis Phokas –, segelte die Westküste Mexikos nordwärts bis nach Vancouver Island. Später berichtete er, die Meeresstraße dort, die heute seinen Namen trägt, sei der Seeweg nach Kathai (China).

Auch Juan de Oñate, Gouverneur in Neu-Spanien, hielt mit weiteren Falschmeldungen den Mythos der „Insel Kalifornien" am Leben: Er führte von 1604 bis 1605 eine Expedition zur Erkundung des Colorado River. Oñate war der festen Überzeugung, dass der Golf von Kalifornien weiter nördlich ins Meer mündet, was Kalifornien zu einer Insel machen würde. Antonio de la Ascensión, ein Karmelitermönch, stützte ebenfalls die Inseltheorie. 1602 segelte er zusammen mit Sebastián Vizcaino die Westküste Kaliforniens entlang. In seinem Reisetagebuch schreibt er, die „Insel Kalifornien" sei durch das „Kalifornische Mittelmeer" vom Festland getrennt.

Erst ein anderer Geistlicher, der Kartograph, Jesuit und Missionar Eusebio Francisco Kino, bewies ein für alle Mal, dass die Baja California eine Halbinsel ist. Zum einen verfolgte er mit seinen Expeditionen das Ziel, die einzelnen Missionsstationen der Regionen Sonora und Baja auf dem Landweg zu verbinden. Andererseits wollte er auch die Insellage Kaliforniens klären, mit der er sich bereits vor seiner

LINKS: John Speeds Amerikakarte von 1627 war eine der ersten, die Kalifornien als Insel abbildeten. Der Rand der Karte ist mit Darstellungen von Ureinwohnern aus verschiedenen Regionen Amerikas illustriert.

Abreise aus Europa beschäftigt hatte. Zwischen 1698 und 1706 führten ihn seine Reisen von Sonora aus zur Erkundung der Flüsse Gila und Colorado, die in den Golf von Kalifornien münden. Kino war davon überzeugt, er habe mit seinen Expeditionen die Streitfrage geklärt und eindeutig bewiesen, dass Kalifornien keine Insel ist. Seine Karte wurde 1705 in Paris gedruckt. Doch erst im 18. Jahrhundert – 200 Jahre nachdem Francisco de Ulloa die Frage eigentlich schon beantwortet hatte – klärten Jesuitenmissionare die Angelegenheit endgültig.

Die beiden Nordamerikakarten von Mercator und Ortelius bildeten die Halbinsel Baja California bereits wirklichkeitsgetreu ab. Doch die Legende von der Amazoneninsel und die Zweifel an der Halbinsel-Theorie beeinflussten die Kartographen bis weit ins 18. Jahrhundert. Auf einer Karte aus dem Jahr 1622, gezeichnet von Michiel Colijn aus Amsterdam, erscheint die Baja noch als Insel – beileibe nicht zum letzten Mal.

John Speeds reich illustrierte Karte aus seinem Werk „A Prospect of the Most Famous Parts of the World" (siehe S. 186/187), 1627 in London veröffentlicht, war eine der berühmtesten Amerikakarten überhaupt und prägend für die Vorstellung von Kalifornien als Insel. Sie bildet große Teile Süd- und Mittelamerikas bereits relativ exakt ab, ebenso die Ostküste Nordamerikas mit den Buchten Chesapeake Bay, Delaware Bay und Hudson Bay. Prächtige Darstellungen von Meeresungeheuern, Schiffen und fliegenden Fischen schmücken sowohl den Atlantik als auch den Pazifik. Trotzdem blieb diese Karte vor allem wegen der falschen Darstellung Kaliforniens bis heute in Erinnerung. Selbst Johannes Janssonius' Karte „America Septentrionalis (Nordamerika)" von 1636 nahm diese Darstellung auf – das erste Mal, dass ein maßgebender niederländischer Kartograph die „Insel Kalifornien" abbildete.

Die „Insel Kalifornien" war einer der größten kartographischen Irrtümer der Weltgeschichte, wobei man zugestehen muss, dass die Konkurrenz um diesen Titel sehr groß ist. Vielleicht wird die Inseltheorie irgendwann doch noch Realität, wenn in Jahrmillionen die Halbinsel Baja California durch die tektonische Aktivität in der Region endgültig vom Festland abgetrennt werden könnte.

Die Geschichte vom geschrumpften Kontinent

Kolumbus war nicht der Einzige, dem bei der Kartierung der Neuen Welt aufgrund der fehlerhaften Berechnung des Erdumfangs durch Ptolemäus Irrtümer unterliefen. Die von John Farrer 1651 in London veröffentlichte Karte „A Mapp of Virginia Discovered to ye Hills“ (siehe S. 190) zeigt nicht nur dessen Vertrauen in Ptolemäus, sondern auch den Triumph von Wunschdenken und Gier über die Realität.

John Farrer wurde in London geboren und war ein erfolgreicher Kaufmann. Schon früh ließ er sich von der Begeisterung um die neue britische Kolonie in Virginia anstecken, die sich unter Königin Elisabeth I. erst nur zögerlich zu entfalten begann. Er war Mitglied des Royal Council der Virginia Company, die im Namen der englischen Krone die natürlichen Ressourcen der neuen Kolonie durch Ansiedlung von Manufakturbetrieben erschließen sollte. Das Unternehmen war für die Investoren jedoch ein desaströser Reinfall. Farrer hatte selbst investiert und eine Seidenspinnerei in der neuen Kolonie gegründet.

1649 verfasste Farrer eine Abhandlung mit dem Titel „A Perfect Description of Virginia", die später in London veröffentlicht wurde. Seine leidenschaftliche Begeisterung für die neue Kolonie prägte sein ganzes Leben. Er benannte sogar seine Tochter nach seiner geliebten Kolonie „Virginia" und schrieb: «Immer wenn jemand sie anspricht, sie ansieht oder ich von anderen ihren Namen höre, kann ich an beide zugleich denken.» Seine Tochter Virginia sollte für die junge Kolonie eine Werbung aus Fleisch und Blut sein. Sie führte später dort die Seidenfabrik ihres Vaters fort.

Farrers Text war Teil eines umfangreicheren Werks von Edward Williams mit dem Titel „Virgo Triumphans: or, Virginia richly and truly valued", das 1650 in London erschien. Die dritte Ausgabe des

„A Mapp of Virginia Discovered to ye Hills" von John Farrer, 1651. Ausgehend von Westen im oberen Teil der Karte, befindet sich darunter ein schmaler nordamerikanischer Kontinent. Der durchgehende Wasserstreifen am rechten Rand zeigt die Nordwestpassage.

Werks, 1651 publiziert, beinhaltete auch eine Landkarte. Darin lässt sich ein Missverständnis von weit größerem Ausmaß als beim Streit um die „Insel Kalifornien" erkennen. Es wurde allerdings auch schneller aufgeklärt.

Die Farrer-Karte zeigt einen erstaunlich schmalen nordamerikanischen Kontinent. Der Pazifik („The Sea of China and the Indies", das Meer von China und Südostasien) beginnt darauf mehr oder weniger direkt anschließend hinter den Blue Ridge Mountains, einem Gebirgszug der Appalachen. Dies war kein kartographisches Versehen. Farrer selbst schrieb, dass jenseits der „Fälle" des Quellgebiet des James Rivers in Virginia die «Flüsse auf der anderen Seite jener Hügel in ein südliches oder westliches Meer fließen, genau wie auf dieser Seite, wo sie von Westen nach einem Lauf von 150 Meilen [etwa 240 Kilometer] in das östliche Meer münden.» Weiter heißt es, dass ein Reisender nach einem nur zehntägigen Marsch von der Quelle des James Rivers aus nach Westen an die westwärts fließenden Flüsse und von dort zum „Meer von China und Südostasien" gelange. Farrer bekräftigt seine Aussagen mit der Feststellung, dass seine Karte auf der des englischen Kartographen Henry Briggs basiere, die 1625 erschienen war. Biggs hatte nicht nur den geschrumpften amerikanischen Kontinent, sondern auch als einer der Ersten die „Insel Kalifornien" in einer Karte verzeichnet. Die Karte von Briggs enthält die Randnotiz: «Kalifornien wird manchmal für einen Teil des westlichen Kontinents gehalten, aber seit eine spanische Karte in den Besitz der Holländer gelangt ist, wissen wir, es handelt sich um eine stattliche Insel.»

Farrers Karte der damals bekannten Gebiete von Virginia und Maryland basierte also auf einer fehlerhaften Vorlage und war verzerrt, enthielt aber zahlreiche wichtige geographische Bezugspunkte und verzeichnete einige Orte erstmals namentlich, darunter die niederländischen und schwedischen Siedlungen im Norden Virginias. Ganz rechts auf der Karte befindet sich ein äußerst seltsames geographisches Phänomen, nach dem lange vergebens gesucht wurde – die Nordwestpassage. Auf einer späteren Version der Karte, die um 1652 von Virginia Farrer überarbeitet wurde, ist dieser fiktive Seeweg verschwunden und die „Fälle" des James Rivers werden nun als „Hügel" bezeichnet.

Der Kalifornien-Karte von Nicolas Sanson, die fünf Jahre nach Farrers Karte entstand, gebührt eine Auszeichnung für ihre blühende Fantasie. Sie zeigt eine elegant geschwungene, aber komplett erfundene kalifornische Küstenlinie und weitere fiktive Einzelheiten wie den Lake Taos, aus dem der Rio del Norte (Rio Grande) entspringt, der wiederum in den Golf von Kalifornien mündet. Vermutlich ist diese ungezügelte Darstellung der Tatsache geschuldet, dass Sanson – wie viele andere – die Größe des nordamerikanischen Kontinents schlichtweg unterschätzt hat. Außerdem scheint er gänzlich unsicher über den Lauf des Rio Grande gewesen zu sein, der eigentlich in den Golf von Mexiko mündet.

Das falsche Meer von Verrazano

Ein triftiger Grund, der zur Fehleinschätzung des nordamerikanischen Kontinents durch Henry Briggs und andere beitrug, war der Irrglaube an das geheimnisvolle „falsche Meer Verrazanos“, wie es unter anderem auf der berühmten Amerika-Karte von Sebastian Münster eingezeichnet war (siehe S. 160). Nach zahlreichen Entdeckungsfahrten war die außergewöhnliche Länge des amerikanischen Doppelkontinents offensichtlich. Doch die Anstrengungen, einen schnellen Seeweg an den neuen Kontinenten vorbei nach Kathai (China) und Ostindien zu finden, schienen nicht voranzukommen. Dennoch wollten viele Europäer den Traum von einer Nordwestpassage nicht aufgeben. Viele erwarteten, dass es nur eine Frage der Zeit sei, einen Weg zu finden – eine Art Magellanstraße, nur praktischerweise in Nordamerika gelegen. Vielleicht eine Landenge, ein sogenannter Isthmus, der sich leicht durchqueren ließ, um danach weiter nach Westen segeln zu können. Solch einen Isthmus entdeckte Vasco Núñez de Balboa in Panama (siehe S. 236). Er lag jedoch viel weiter südlich als erhofft und befand sich zudem im Einflussgebiet Spaniens. Die Entdecker ließen sich daher gerne von Wunschdenken leiten. 1524 sollte es Giovanni da Verrazano sein, der die trügerischen Hoffnungen, die sich über ein Jahrhundert lang hielten, weiter nährte.

Verrazano war ein Adliger aus Florenz und ein bedeutender Seefahrer, der bereits zahlreiche Reisen in das östliche Mittelmeer und nach Neufundland unternommen hatte. Im Auftrag des französischen Königs Franz I. sollte er die ersehnte Passage an Nordamerika vorbei finden. Franz I. war ein bemerkenswerter Mann – ein tapferer Ritter, Förderer der Künste und Friedensfürst, der auch als Frankreichs erster „Renaissancekönig" bezeichnet wird. Verrazano hätte sich keinen besseren Auftraggeber wünschen können. Doch auch in diesem Fall sollte das Wunschdenken die Wahrnehmung der Wirklichkeit trüben.

Verrazano war ein akribischer Kartograph. Als erster Europäer erkundete er die Atlantikküste Nordamerikas von South Carolina bis nach Nova Scotia. Seine Karte ist die genaueste ihrer Zeit. Auch sein Logbuch führte er erstaunlich detailliert. Auf seiner Expedition im Jahr 1524 ging Verrazano bei Cape Fear im heutigen North Carolina an Land. Von dort segelte er eine kurze Weile südwärts, bis er seine Reise in Richtung Norden fortsetzte. Er landete auch in der heutigen New York Bay, schien dabei aber den Hudson River übersehen zu haben. Er segelte entlang der Küste von Maine und kehrte von dort zurück nach Frankreich.

In seinem ausführlichen und spannend zu lesenden Bericht an Franz I. schildert er die Seereise. Es ist erschreckend, wie beiläufig er darin erwähnt, wie er einen Indianerjungen dessen Großmutter entriss, so, als handle es sich um ein Exemplar einer neuen Tiergattung für seine Sammlung. Ebenso nebenbei erzählt er von einem etwa 21-jährigen Indianermädchen, das «sehr schön und groß war». Sie habe allerdings so laut geschrien, dass es ihnen sicherer erschien, sie nicht mitzunehmen, da der Rückweg an die Küste durch mehrere Wälder führte. Verrazano scheint nicht die geringsten Skrupel empfunden zu haben, bei dem, was er den Indianern antat. Später beschreibt er mit größter Empfindsamkeit die Schönheit der Natur, die sie in nördlicheren Breiten entdeckten: «Wildrosen, Veilchen und Lilien, daneben viele Arten von Kräutern und Blumen.» Verrazano gab den Gebieten, die er im östlichen Nordamerika entdeckte, zu Ehren von König Franz I. den Namen Francesca, Auf einigen alten Karten ist dieser Name noch zu finden.

In der damaligen Zeit war es technisch nicht möglich, einfach die Küstenlinie mit den Segelschiffen entlangzufahren und dabei alles zu kartieren, was man dort sah. Stattdessen musste Verrazano immer wieder von der Küste wegsegeln, gegen den Wind kreuzen und wieder Kurs Richtung Land nehmen. Diese Segeltechnik ließ sich nicht vermeiden, doch deshalb entgingen dem Entdecker zahlreiche topographische Einzelheiten wie zum Beispiel die Chesapeake Bay und der Delaware River. Mit jeder Kehre landwärts hoffte er, den direkten Seeweg nach Asien zu finden. Und mit jedem Mal muss seine Enttäuschung wohl größer geworden sein.

Zumindest entdeckte Verrazano etwas, das er für diese Passage hielt. In seinem Brief an Franz I. schrieb er:

«Vom Tag unserer Ankunft an nannten wir den Ort ‚Annunciato'. Wir fanden dort einen Isthmus, eine Meile breit und etwa 200 Meilen lang. Vom Schiff aus konnten wir das Östliche Meer zwischen Westen und Norden sehen. Es reicht ohne Zweifel bis nach Indien und Kathai. Wir segelten den besagten Isthmus entlang in der stetigen Hoffnung, dort eine Meeresenge oder Landzunge zu finden, wo das Land endete und sich nordwärts durchqueren ließe, um an die gesegneten Küsten Kathais zu gelangen.»

Heute wird vermutet, dass das, was Verrazano für den Pazifik hielt, der Pimlico Sound und der Albemarle Sound war. Davor liegt eine Inselkette vor der Küste North Carolinas, die Outer Banks.

Auf einer der Inseln der Outer Banks wollte England unter Führung Sir Walter Raleighs zwischen 1585 und 1587 seine erste Kolonie in der Neuen Welt errichten. Fort Raleigh soll auch der Geburtsort des ersten englischstämmigen Kindes in der Neuen Welt, Virginia Dare, gewesen sein. Die Besiedlung endete in einem Desaster. Alle 116 Männer, Frauen und Kinder, die in der Siedlung lebten, verschwanden spurlos. Das Rätsel um die „verlorene Kolonie" auf Roanoke Island wurde nie gelöst.

Als Verrazano nach Frankreich zurückkehrte, wurde seine „Entdeckung" in zwei Karten aufgenommen: In der Karte von Vesconte Maggiolo aus dem Jahr 1527 wurde das neue „Meer" als *mare indicum* bezeichnet. Die zweite, 1529 von Giovanni da Verrazanos Bruder Girolamo gezeichnet, weist die folgende Beschriftung auf: «Von diesem östlichen Meer aus kann man das westliche Meer sehen. Dazwischen liegen sechs Meilen [zehn Kilometer] Land.» Beide Karten zeigten Nordamerika mit einer tiefen Ausbuchtung im Osten, im Süden und Westen war nur ein schmaler Landstreifen zu erkennen. Diese Ausbuchtung wurde als Verrazano-Meer bezeichnet.

Verrazano segelte noch zwei weitere Male in die Neue Welt, zuerst an die Küste Brasiliens, dann nach Florida und in die Karibik. Die zweite Reise überlebte er nicht. Es gibt verschiedene Theorien über seinen frühen Tod im Alter von nur 43 Jahren. Uneinigkeit herrscht darüber, ob er von Indianern oder, wie einige behaupten, von Kannibalen getötet wurde. Auch sein Todesort ist umstritten. Der Tod könnte ihn an jedem der Orte, die er auf seiner Reise 1528 erkundete, ereilt haben – von den Kleinen Antillen über die Bahamas bis nach Florida. Sein Bruder soll auf dem vor Anker liegenden Schiff Zeuge des schrecklichen Mordes gewesen sein, konnte ihm aber nicht mehr rechtzeitig zu Hilfe eilen.

Verrazano kam zwar ums Leben, sein falsches Meer aber entwickelte ein beachtliches Eigenleben. Es blieb noch bis lange nach seinem Tod in den Karten verzeichnet. Die berühmteste davon ist sicher die Karte „Novae Insulae, XXVII Nova Tabula" (Neue Inseln) des deutschen Kartographen Sebastian Münster von 1540. Sie ist die erste gedruckte Karte, die ausschließlich die Neue Welt abbildet. Das Verrazano-Meer ist auch in Münsters Ausgabe von Ptolemäus' „Geographia" aus dem Jahr 1540 und später in seinem Meisterwerk „Cosmographia" (Kosmographie) aus dem Jahr 1544 zu erkennen.

Auch wenn Münsters Karte von 1540 einige wesentliche Fehler enthält, so ist sie doch die erste, die Nord- und Südamerika als Doppelkontinent darstellt. Nordamerika ist auf ihr zum ersten Mal nicht mehr nur ein Anhängsel Asiens.

Giovanni Caboto und die Entdeckungen im Norden

Giovanni Caboto wurde um 1450 in der Nähe von Neapel geboren. Sein Vater war Gewürzhändler. In seiner Jugend verbrachte Giovanni viel Zeit im Hafen von Genua. Ab 1461 lebte er in Venedig, dem Zentrum des Handels zwischen Byzanz und Italien. Italien war im 15. Jahrhundert zu einer bedeutenden Seefahrernation und Supermacht aufgestiegen. Es kontrollierte den gesamten Adriaraum und wurde durch den seit Jahrhunderten blühenden Handel, insbesondere den Gewürzhandel, wohlhabend.

In der Zeit, als Giovanni Caboto nach Venedig kam, nannte man den Staat auch *Serenissima Repubblica* (Erlauchteste Republik). Für einen Seefahrer und Gewürzhändler gab es damals in Europa wohl kaum einen geeigneteren Wohnsitz. Caboto heiratete eine Venezianerin, mit der er drei Söhne hatte. Alle drei fuhren mit ihm zur See.

Doch mit dem Aufstieg der Seefahrernationen Spanien und Portugal verlagerte sich auch das Zentrum von Macht und Wohlstand dorthin. Beide Staaten versuchten, das italienische Gewürzhan-

„Giovanni Caboto und seine drei Söhne" von G. Ramusio und F. Grisellini, 1762.

delsmonopol zu umgehen, indem sie neue Seewege nach Indien und Ostasien suchten. Portugal erzielte erste Erfolge, als es Bartolomeu Diaz gelang, das Kap der Guten Hoffnung zu umsegeln, und Vasco da Gama später einen Seeweg um Afrika herum nach Indien fand. Kolumbus sicherte Spanien mit der Entdeckung der Karibischen Inseln einen ähnlich großen wirtschaftlichen Erfolg, auch wenn der Seeweg nach Kathai über den Atlantik nicht gefunden wurde.

Für einen erfahrenen Seemann waren die Entdeckungsreisen der Portugiesen und Spanier eine unwiderstehliche Verlockung. Caboto zog mit seiner Familie ins spanische Valencia. Er war der festen Überzeugung, das zu erreichen, was Kolumbus nicht gelungen war. Er wollte auf einer nördlicher gelegenen Route nach China segeln. Doch weder Portugal noch Spanien hatten an seinen Diensten Interesse.

Auch von Bristol, dem zweitgrößten Hafen Englands, aus wurden regelmäßig Entdeckungsfahrten organisiert, um den Handel auszubauen. Im Gegensatz zu Portugal und Spanien hatten die Kaufleute dort ein offenes Ohr für Cabotos Pläne. Englische Händler hatten bereits mehrere Expeditionen finanziert, um die legendäre Brasilinsel zu finden. In jener Zeit war England eine „schlafende" Großmacht, die nach Jahrhunderten innerer Konflikte erst zu erwachen begann, während sich ihre Konkurrenten auf der Iberischen Halbinsel bereits mitten im wirtschaftlichen und imperialistischen Aufstieg befanden. Heinrich VIII. wurde ein Jahr vor Kolumbus' erster Amerikareise geboren und dessen Tochter Elisabeth I. 1559 zur Königin gekrönt. Erst unter ihrer geschickten Regentschaft konnte sich England als eine der großen Seemächte etablieren.

Zu Cabotos Zeit waren es eher Privatunternehmer, Händler, Seeleute und Fischer, die von Bristol aus Entdeckungsfahrten finanzierten. Sie hatten höchstwahrscheinlich bereits Neufundland und Labrador erreicht, bevor Caboto dort landete. Es gibt Hinweise darauf, dass sie dort erste Manufakturen für die Verarbeitung von Kabeljau errichtet hatten. Auf der Suche nach neuen Handelspartnern erkundeten sie auf ihren inoffiziellen Reisen den Nordatlantik.

Erst 1496 beauftragte König Heinrich VII. Caboto und seine Söhne mit einer offiziellen Reise:

«... mit der vollen und freien Vollmacht, Erlaubnis und Befugnis, im Osten, im Westen und im Norden in alle Länder und Meere zu segeln, unter unserer Flagge, mit unseren Insignien und mit fünf Schiffen ... um Inseln, Länder, Regionen oder Provinzen von Heiden oder Ungläubigen, oder was auch immer sie sein mögen, zu suchen und zu entdecken, die bisher noch allen Christen unbekannt sind.»

Darüber, ob dem König neben finanziellen Beweggründen auch die Bekehrung der Bewohner der neu entdeckten Länder zum Christentum am Herzen lag, ist es müßig zu spekulieren. Der höchst einträgliche Sklavenhandel in der Karibik hatte jedoch bereits begonnen, und vielleicht hatte der König auch den päpstlichen Erlass im Hinterkopf, dass Christen nicht zu Sklaven gemacht werden durften. Das war beispielsweise auch den spanischen Konquistadoren nicht entgangen, weshalb sie oft nicht gewillt waren, die Bewohner der neu entdeckten Länder zu bekehren.

Cabotos erste Expedition 1496 war ein Misserfolg. Dies können wir zumindest einem Brief entnehmen, den der britische Händler und Spitzel der spanischen Inquisitionsbehörde John Day 1497 an Kolumbus sandte. Er berichtet darin über Probleme an Bord von Cabotos Schiff. Der Proviant sei knapp geworden und es habe schwere Unwetter gegeben. Nachdem er Grönland erreicht habe, habe Caboto schließlich umkehren müssen.

Cabotos nächste Reise im Mai 1497 führte ihn nach Neufundland, wo er glaubte, Asien erreicht zu haben. Er ging vermutlich am Cape Bonavista an Land. Da Kolumbus erst 1498 nordamerikanisches Festland erreichte, gilt Caboto als erster Europäer, der nach den Wikingern Nordamerika betrat. 1498 segelte Caboto ein weiteres Mal in die Neue Welt, doch das Unglück seiner ersten Reise verfolgte ihn auch bei dieser Fahrt. Vier seiner fünf Schiffe verlor er in einem schrecklichen Unwetter vor der irischen Küste. Es ist anzunehmen, dass sie mitsamt Besatzung untergingen. Das fünfte Schiff schaffte es zurück nach Irland. Zu den Vermissten gehörte auch Caboto selbst.

Sebastian Caboto, einer von Giovanni Cabotos drei Söhnen, trat in die Fußstapfen seines Vaters und suchte 1508 im Auftrag Spaniens die Nordwestpassage. Nach mehreren abgebrochenen Nordamerikafahrten packte ihn wie so viele andere in der Neuen Welt 1525 das Goldfieber. Als er bei einer Reise auf den Spuren von Magellan den Rio de la Plata in Argentinien erreichte, hörte er von einem Silberberg, konnte dieser Versuchung nicht widerstehen und begab sich auf die Suche nach dessen Reichtümern.

Die Expedition endete in einer Katastrophe. Als Sebastian Caboto mit leeren Händen an den spanischen Königshof zurückkehrte, wurde er nach Afrika ins Exil geschickt. Drei Jahre später ernannte man ihn in Spanien zum Oberaufseher des Seewesens. Sehr zum Ärger des spanischen Königs ging er in der gleichen Position 1547 nach England. Im Gegensatz zu vielen anderen Abenteurern erreichte er ein gesegnetes Alter. Er starb mit 82 Jahren.

Jacques Cartiers Suche nach der Nordwestpassage

Wie Giovanni Caboto war auch Jacques Cartier der Überzeugung, China und die großen Reichtümer Asiens lägen irgendwo westlich von Neufundland. Auch er war davon überzeugt, endlich die Nordwestpassage zu finden. Cartier war ein angesehener Seefahrer aus Saint-Malo, der alten befestigten Hafenstadt an der Küste der Bretagne. Er hatte seine Fähigkeiten bereits auf Reisen nach Brasilien und Neufundland unter Beweis gestellt. Im Jahr 1532, dem Jahr der offiziellen staatlichen Angliederung der Bretagne an Frankreich, wurde König Franz I. auf Cartier aufmerksam. Franz I. hatte bereits Verrazanos Entdeckungsfahrt an die Ostküste Nordamerikas finanziert (siehe S. 192). Bei einem Treffen im Schloss von Brion erhielt Cartier den Auftrag, «gewisse Inseln und Länder zu entdecken, von denen es heißt, dort seien große Mengen an Gold und anderen wertvollen Dingen zu finden.»

Cartier stach im Mai 1534 in See und erkundete Neufundland, die Küste der heutigen kanadischen Atlantikprovinzen und den Sankt-Lorenz-Golf, wo er die Mündung des Sankt-Lorenz-Stroms entdeckte. Auf den Magdalenen-Inseln töteten Cartiers Männer 1000 Riesenalke, eine heute ausgestorbene Seevogelart. Der Riesenalk war ein stattlicher, flugunfähiger Vogel und mit einer Größe von etwa 90

Zentimetern größer als eine Gans. Er hatte kurze Flügel, ein schwarzes Gefieder, rot umrandete Augen, einen langen, spitzen Schnabel und einen großen weißen Fleck zwischen Schnabel und Augen. Riesenalkweibchen legten im Jahr nur ein einziges, etwa 15 Zentimeter großes Ei. Aufgrund dieser niedrigen Fortpflanzungsrate war die Art besonders gefährdet. Sie lebten an abgelegenen Orten wie etwa auf Inseln, wo ihre Flugunfähigkeit für sie kein Nachteil war – zumindest bis zu ihrer Begegnung mit dem Menschen. Falls es tatsächlich Inseln gegeben hat, die dem Vogelparadies in der Legende von Sankt Brendan (siehe S. 129) gleichen, dann waren es diese Vogelinseln vor Neufundland mit ihren eindrucksvollen Riesenalkkolonien.

Cartiers Bericht über seine Reise 1534 fand das Wohlwollen des französischen Königs, und er stattete den Seefahrer mit weiteren Vollmachten aus, um eine zweite Expedition auszurüsten und anzuführen. Die zweite Reise startete im Mai 1535, drei Tage nach Pfingsten. Cartier besuchte mit seiner Mannschaft erneut die Magdalenen-Inseln und berichtete: «Dort gab es so viele Vögel, dass alle Schiffe Frankreichs damit beladen werden könnten, ohne dass man danach ihr Fehlen bemerken würde.» In Anbetracht der späteren Ausrottung der Riesenalke eine traurige Fehleinschätzung.

Cartiers zweite Reise verlief nicht ganz so reibungslos wie die erste. Ein schweres Unwetter im Atlantik führte dazu, dass sein Schiff von den anderen beiden seiner Expedition getrennt wurde. Cartier und seine Männer irrten orientierungslos in dichten Nebelbänken umher. Cartier hatte allerdings für diese Situation vorsorglich einen Treffpunkt in Blanc Sablon vereinbart, wo die drei Schiffe wieder zusammentrafen. Trotz dieser widrigen Umstände segelte Cartier danach den Sankt-Lorenz-Strom hinauf bis zu der großen Irokesensiedlung Hochelaga, dem heutigen Montreal. Vom Gipfel des Mount Royal überblickte er das weite und wunderbare Panorama von Wäldern und Bergen bis weit ins Landesinnere, über den Zusammenfluss des Sankt-Lorenz-Stroms mit dem Ottawa River hinaus. Seine indianischen Führer erzählten ihm von großen Seen noch weiter im Landesinneren (der Ontario- und der Huronsee). Anfangs hoffte Cartier, der Sankt-Lorenz-Strom sei die lang ersehnte Nordwestpassage. Ein Suchtrupp mit Booten, den er ausschickte, um den Fluss weiter zu erkunden, meldete ihm, dass der große Fluss etwa fünf Kilometer von der Küste entfernt in einem Süßwassersee endet.

Cartier und seine Mannschaft blieben zu lang, Mitte Oktober wurden sie vom Wintereinbruch überrascht. Sie beschlossen deshalb, vorerst nicht nach Frankreich zurückzukehren. Auf der Suche nach einer Überwinterungsmöglichkeit für seine Leute und Schiffe segelte Cartier den Sankt-Lorenz-Strom aufwärts. In seinem Bericht findet sich die Schilderung, wie sie während ihrer Weiterfahrt von einer großen Gruppe weißer Wale umringt wurden. Die Wale beschreibt er als «weiß wie Schnee, wie sie noch nie zuvor ein Mensch gesehen oder gekannt hat.» Er berichtet auch, dass der folgende Winter so kalt wurde, dass das Wasser bis zu einer Tiefe von 1,80 Metern gefror und der Schnee sich 1,20 Meter hoch auftürmte. Cartiers Männer gingen auf die

FOLGENDE SEITEN: Jacques Cartier auf seiner dritten Reise nach Kanada mit Siedlern, aus Nicolas Vallards Portolanatlas von 1542. Die mit Norden nach unten ausgerichtete Karte zeigt das östliche Nordamerika.

Rio do canada

Jagd und konservierten das erbeutete Fleisch durch Einsalzen. Das größte Problem seiner Männer war Skorbut, eine Krankheit, die auf Vitamin-C-Mangel zurückzuführen war. Cartier berichtet in seinem Tagebuch, dass kaum zehn seiner Männer gesund genug waren, um sich um die restlichen 100 Erkrankten zu kümmern. Domagaya, der Sohn eines Irokesen-Häuptlings, den sie auf ihrer letzten Reise mit nach Frankreich genommen hatten, rettete den Kranken schließlich das Leben. Er zeigte ihnen, wie man mithilfe von Thujarinde und -blättern (*Thuja occidentalis*) ein Heilmittel gegen Skorbut herstellen konnte. Obwohl 40 der 85 Überlebenden lebensbedrohlich erkrankt waren, erholten sich alle Männer und überstanden den harten Winter. Cartier schreibt: «Alle europäischen Ärzte zusammen hätten in einem Jahr nicht so viel erreichen können wie die Thujapflanze in einer Woche.» Auf der Heimreise nahm er ein paar Pflanzen mit nach Frankreich, wo sie den Namen „Lebensbaum“ erhielten. Thuja war eine der ersten in Europa angepflanzten nordamerikanischen Baumarten.

Das Königreich Saguenay

Im Anschluss an Cartiers zweite Entdeckungsreise nach Nordkanada im Jahr 1535 tauchte in den Karten Nordamerikas ein neuer fantastischer Ort auf. Die Irokesen – oder Haudenosaunee, wie sie sich selbst nannten, – erzählten Cartier vom geheimnisvolllen Königreich Saguenay weiter im Norden des Landes. Dort gebe es Gold, Juwelen und andere Schätze im Überfluss. Cartier entschloss sich, den Irokesenhäuptling Donnacona mit nach Frankreich zu nehmen, um seinen Berichten über dieses mysteriöse Königreich mehr Gewicht zu verleihen.

Cartier kehrte mit detaillierten Kenntnissen der Geographie Nordostkanadas, mit einem positiven Urteil über eine Besiedlung und den zukünftigen Wohlstand der dortigen Kolonien nach Frankreich zurück. Sein Verhalten gegenüber den indianischen Ureinwohnern war sicher nicht untadelig, doch muss man ihm zugute halten, dass er bei den Indianern Kanadas keine solch erbitterte Feindschaft entfachte wie die Spanier weiter südlich. Doch Könige fordern handfestere Erträge für ihre Investitionen. Cartier wusste, dass Frankreich nach mehreren Kriegen gegen den Kaiser des Heiligen Römischen Reichs, Karl V., stark ausgeblutet war. Er war sich daher durchaus bewusst, dass Franz I. am Ende der zweiten Entdeckungsfahrt, die immerhin 14 Monate gedauert hatte, nur die Aussicht auf Reichtümer gewogen machen würde.

Der französische König war tatsächlich von Donnaconas Bericht über das Königreich Saguenay beeindruckt und ließ eine dritte Expedition ausrüsten. Diesmal war Cartier als Kommandant der Flotte aber nur zweiter in der Hierarchie. Oberbefehlshaber und Leiter der Expedition war der Hugenotte Jean-François de la Rocque de Roberval. Er erlaubte Cartier großzügig, vor ihm in See zu stechen. Cartier lief im Mai 1541 mit fünf Schiffen aus dem Hafen von Saint-Malo aus. Zum ersten Mal ging es bei der Reise nicht um die lang gesuchte Nordwestpassage. Diesmal lockten konkretere Reichtümer. Der Plan war, eine französische Siedlung am Sankt-Lorenz-Strom zu errichten und das Königreich Saguenay zu finden. Cartiers Schiffe erreichten im August die Indianersiedlung Stadecona am Sankt-Lorenz-Strom. Sie wurden dort jedoch nicht sonderlich herzlich empfangen, also fuhren sie weiter flussaufwärts bis nach Cap Rouge (heute Teil der Stadt Québec), um dort ihre Siedlung zu gründen. Die Siedler legten lebenswichtige Gemüsegärten an und bauten Festungen sowie ein zusätzliches Fort oberhalb der Siedlung, das den Namen Charlesbourg-Royal erhielt. Sie fanden „Gold" und „Diamanten" und luden sie in großen Mengen auf zwei Schiffe, die zurück nach Frankreich geschickt wurden.

Kurz vor Wintereinbruch, am 7. September 1541, fuhr Cartier auf der Suche nach Saguenay mit großen Beibooten weiter flussaufwärts. Doch die Stromschnellen des Ottawa River verhinderten die Weiterfahrt, und so kehrte er um. Seine Siedlung fand er in desolatem Zustand wieder. Das freundschaftliche Verhältnis zu den Irokesen hatte sich ins Gegenteil gekehrt. 35 Siedler waren massakriert worden, bevor sie die rettende Befestigungsanlage erreichen konnten. Die Siedlung trotzte dennoch dem langen, harten Winter. Aber die schwindenden Kräfte und die verstärkten Schutzmaßnahmen erschwerten Cartiers Vorhaben sehr.

Es war unmöglich, gleichzeitig nach Saguenay zu suchen und die Siedlung zu verteidigen. Anfang Juni 1542 verließ Cartier die Siedlung mit einem Schiff, beladen mit „Edelsteinen". An der Küste Neufundlands traf er auf Roberval, der mit einer Ladung Waffen und Proviant für die Siedlung aus Frankreich gekommen war. Es kam zwischen Cartier und Roberval zu einer Auseinandersetzung, als dieser darauf bestand, Cartier solle zurückkehren und weiter nach Saguenay suchen. Im Schutz der Dunkelheit segelte Cartier zurück nach Frankreich und überließ Roberval seinem Schicksal.

Zurück in Frankreich stellte sich das „Gold" leider als Katzengold (Pyrit) und die „Diamanten" als Quarzkristalle heraus. Cartier kehrte daraufhin nach Saint-Malo zurück, wo er 1557 im Alter von 65 Jahren einer Pestepidemie zum Opfer fiel. Eine Insel, ein Fluss, eine Brücke, ein Park und mindestens eine wichtige Straße (in Montreal) wurden in Kanada nach dem großen Entdecker benannt, ein Tribut an seine herausragenden Leistungen. Roberval dagegen hatte in Charlesbourg-Royal weniger Glück. Krankheiten, Indianerübergriffe und extreme Wetterbedingungen forderten ihre Opfer, bis die Siedlung ein Jahr nach der Abreise Cartiers aufgegeben werden musste. Bis zur Gründung von Québec 1608 gab es keine weiteren französischen Siedlungen mehr in Neu-Frankreich.

Das Rätsel um das mysteriöse Königreich Saguenay wurde nie gelöst. Die Geschichte hatte ihren Ursprung in einer Legende der Algonquin-Indianer, die in der Gegend der heutigen Provinzen Québec und Ontario lebten. Diese handelte von einem Volk großer, blonder und weißhäutiger Menschen, die in einem Land lebten, wo es Gold und Pelze im Überfluss gab.

War dies alles nur ein Missverständnis? Oder könnte es sich hierbei um eine präkolumbianische Siedlung der Wikinger in Kanada gehandelt haben? Häuptling Donnacona glaubte jedenfalls an die Geschichte. Von dem legendären Königreich fehlt zwar bis heute jede Spur, aber tatsächlich liegt der Reichtum der Region in der Pelztierzucht begründet. Die französische Krone jedenfalls konnte durch den Pelzhandel zumindest teilweise ihre Investitionen wieder amortisieren. Später kontrollierte die Hudson Bay Company den Pelzhandel. Sie wurde 1670 gegründet und ist somit die älteste Handelsgesellschaft Nordamerikas.

Pepys Island

Im Jahr 1699 erschien in London ein Buch mit dem Titel „Collection of Original Voyages“. Das Werk von William Hacke beschreibt unter anderem eine Reise des englischen Freibeuters William Cowley im Jahr 1684 und es ist der Ursprung einer Legende, der sogar James Cook auf den Leim ging.

Cowleys Reise führte nach Süden entlang der Küste Brasiliens. Dort will er bei etwa 40 Grad südlicher Breite ein blutrotes Meer entdeckt haben (vermutlich bedingt durch riesige Garnelenschwärme). Cowley schildert außerdem eine gewaltige Kolonie von Robben, die wie Hunde bellten, und riesige Gruppen von Walen mit hundertmal mehr Tieren als auf der Nordhalbkugel. Bei 47 Grad südlicher Breite stieß Cowley auf eine Insel, der er den Namen Pepys Island gab. Im Buch wird die Insel zwar Peypses Island genannt, aber zu jener Zeit gab es noch keine verbindliche Rechtschreibung. Das Eiland wurde nach Samuel Pepys, einem berühmten Chronisten und Tagebuchschreiber sowie Mitglied des englischen Parlaments und Staatssekretär im englischen Marineamt, benannt. Cowley berichtet, auf der Insel gebe es eine weite Bucht, in der etwa 1000 Schiffe ankern könnten, außerdem Bauholz und Süßwasser im Überfluss sowie reichlich Federvieh und Fisch.

Zwischen 1764 und 1766 umsegelten die Kapitäne Patrick Mouat und John Byron auf der „Tama" und der „Dolphin" die Erdkugel. Sie erhielten unter anderem den geheimen Auftrag, die Region um die damals noch unbenannten Falklandinseln zu erforschen und zu kartieren. Als sie von Rio de Janeiro aus in See stachen, entschlossen sie sich, Cowleys Insel zu suchen, und segelten auf parallelen Kursen in Richtung des 47. südlichen Breitengrads, so weit voneinander entfernt, dass sie die Insel nicht verfehlen konnten. Aber sie stießen nicht auf die Insel. Die beiden Schiffe fuhren weiter nach Süden, umrundeten das „Kap der Jungfrauen" (Cabo Virgenes) und kamen schließlich in die Magellanstraße. Von dort aus segelten sie zu einer Inselgruppe, die der englische Seefahrer Captain John Davis bereits 1592 entdeckt hatte. Byron nahm 1765 die Inseln offiziell im Namen von König Georg III. für England in Besitz und nannte sie Falklandinseln. Auf Ostfalkland gab es zwei große Buchten, Port Egmont und Berkeley Sound. Die Insel lag zwar drei Grad weiter südlich als das beschriebene Pepys Island, die beiden Kapitäne hielten es jedoch für möglich, dass Ostfalkland mit jener Insel identisch sein könnte. Wahrscheinlich sind auch die Sanson-Inseln, die 1522 in spanischen Weltkarten und fast zeitgleich auf den Karten des berühmten türkischen Admirals Piri Reis auftauchten, mit den Falklandinseln identisch.

Die strategische Bedeutung der Falklandinseln war sofort nach ihrer Entdeckung 1592 offensichtlich. Zwischen Spanien, Frankreich und England entbrannte daher ein Wettlauf um ihren Besitz. Nach Byrons Annektierung der Inseln errichtete Captain John McBride 1766 in Port Egmont eine Garnison. Was die Briten wahrscheinlich nicht wussten: 1764 hatte der französische Seefahrer Louis Antoine de Bougainville bereits eine Siedlung in Port Louis auf Ostfalkland gegründet. Die Spanier wiederum wollten keine französischen Siedlungen in ihrem „Einflussgebiet" dulden. Deshalb boten sie den Franzosen im selben Jahr an, ihnen die Insel abzukaufen. Frankreich willigte ein und trat sie 1766 offiziell an Spanien ab. Bougainville wurde entschädigt und verzichtete dafür 1767 auf jegliches Siedlungsrecht. Inzwischen hatten die Briten jedoch die französische Kolonie entdeckt und verlangten deren unverzügliche Räumung. 1769 kam es zur Konfrontation, als spanische und britische Schiffe bei den Falklandinseln aufeinandertrafen und beide Nationen ihre Gebietsansprüche geltend machten. In der Folge vertrieben die Spanier die Briten 1770 aus Port Egmont. Unter Androhung eines Krieges zogen sich die Spanier allerdings zurück, Port Egmont fiel 1771 wieder an die Briten. Die spanische Präsenz auf den Falklandinseln wurde endgültig 1811 aufgegeben.

Es ist sehr wahrscheinlich, dass Mouat und Byron mit ihrer Vermutung recht hatten und dass das legendäre Pepys Island eine der Falklandinseln war. Cowley hatte vielleicht nur seine Position falsch berechnet. Scheinbar hatte dieser Breitengrad auf Seefahrer eine sonderbare Wirkung. 1762 berichtete die Besatzung eines spanischen Schiffs von einer Gruppe von drei Inseln im Osten von Kap Hoorn, zwischen den Falklandinseln und Südgeorgien. Sie nannten die Inselgruppe Aurora-Inseln. Das nächste Mal wurden die Aurora-Inseln 1794 von einem Schiff gesichtet, dann zum letzten Mal 1856. Sie tauchten jedoch bis in die 1870er-Jahre immer wieder auf den Landkarten auf.

Zwischen 1768 und 1771 suchte auch die „Endeavour“ unter Führung von Kapitän James Cook auf ihrer Reise nach Tahiti das mysteriöse Pepys Island. Sir Joseph Banks, der Botaniker der Expedition, berichtet, dass ein Fähnrich auf dem Ausguck in der Gegend des 47. Breitengrads etwas erblickte, das wie eine Insel aussah. Doch als sie sich näherten, wurde die „Insel“ nicht größer. Banks kam zu folgendem Schluss: «Wir waren auf der Jagd nach einer Fata Morgana, wie die Seeleute sagen.» James Cook blieb nicht der Einzige, der die geheimnisvolle Insel niemals erreichen sollte.

Herman Molls Südamerikakarte, veröffentlicht 1836, zeigt Pepys Island auf einer Nebenkarte. Obwohl die Insel nie existiert hat, sind darauf Buchten und Berge namentlich benannt.

Terra Australis, die grosse Theorie

Genau wie Kalifornien war auch *Terra Australis incognita*, das „Unbekannte Land im Süden", als Idee bereits vorhanden, lange bevor es Realität wurde. Bereits der antike griechische Philosoph Aristoteles vermutete ein Land auf der Unterseite der Weltkugel als Gegengewicht zu den Kontinenten der Nordhalbkugel. Ptolemäus nahm seine Theorie auf und behauptete, das große Land im Süden grenze südlich an den Indischen Ozean. Viele Kartographen zeichneten einen riesigen antarktischen Kontinent, der sich im Norden bis nach Neuguinea ausdehnte. Wieder andere verkleinerten den imaginären Südkontinent und lagen damit etwas näher an der Realität. Er blieb trotz allem ein großes Fragezeichen. Lange Zeit kannte man auf der Südhalbkugel nur wenige Inseln und einzelne, vergleichsweise kurze Küstenabschnitte.

Getrieben von der Gier nach Gold und Gewürzen, machten sich zahlreiche Abenteurer auf die Suche nach neuen und schnelleren Wegen zu den Gewürzinseln (den Molukken) oder sie hofften auf die unermesslichen Reichtümer in dem großen Land im Süden. Dabei stießen spanische und portugiesische Expeditionen immerhin bis in die Nähe Australiens vor. Spanien nutzte seit 1404 seine durch den Vertrag von Tordesillas päpstlich sanktionierte Vormachtstellung in der Neuen Welt. Um Kap Hoorn im Süden des amerikanischen Kontinents herum führte sie ihr Weg zu den Philippinen, die sie ab 1565 kolonisierten. Dabei entdeckten sie im Lauf des 16. Jahrhunderts die Marquesas-Inseln, die Salomonen und einige Inseln der Karolinen. Portugal nutzte sein Anrecht auf die andere Hälfte der Welt, um weiter in Richtung Osten vorzudringen. Vom Kap der Guten Hoffnung an der Spitze Südafrikas aus erkundete man im frühen 16. Jahrhundert die ostindischen Inseln und entdeckte Neuguinea. Im 17. Jahrhundert traten die Niederländer die Nachfolge der Portugiesen auf den Molukken an. Ab 1605 erforschten niederländische Schiffe die Nordküste des Südlands.

Holländische Entdeckungsfahrten

Die erste offiziell verbürgte und geplante Reise nach Neuguinea und Australien unternahm Willem Jansz im Jahr 1606 in einem kleinen Schiff namens „Duyfken“ (Täubchen). Sein Ziel war die Suche nach Gold in den „Ländern im Süden und Osten“.

Bedeutender war allerdings die Reise des niederländischen Kapitäns Hendrik Brouwer im Jahr

RECHTS: 1570 wurde der erste Atlas der Neuzeit veröffentlicht, „Theatrum Orbis Terrarum“ von Abraham Ortelius. Er enthält neben 52 Regional- und Länderkarten auch eine Weltkarte. Einen Großteil der bis dahin unkartierten Südhalbkugel nimmt darauf ein gigantischer Kontinent ein.

ORBIS TERRARVM
SEPTENTRIO.
EVROPA
AFRICA
ASIA
Tartaria
India orientalis
China
Arabia
Aegyptus
OCEANVS AETHIOPICVS
MAR DI INDIA
MAR DEL NORT
TROPICVS CANCRI
Psitacorum regio, sic à Lusitanis appellata ob incredibilé earum auium ibidem magnitudinem.
Vastissimas hic esse regiones ex M. Pauli Ven: et Lud. Vartomanni scriptis peregrinationibus constat.
Terra del Fuego
VSTRALIS NONDVM COGNITA.
MERIDIES.
RI MAGNVM IN REBVS HVMANIS, CVI AETERNITAS
E MVNDI NOTA SIT MAGNITVDO. CICERO.

1611. Er verließ Europa, umrundete die Südspitze Afrikas und segelte von dort aus direkt nach Osten in den Indischen Ozean – eine navigatorische Meisterleistung, vergleichbar mit der Reise des Kolumbus. Genau wie jener machte er sich die jeweils vorherrschenden Winde und Strömungen zunutze. Erst nach über 7000 Kilometern änderte er seinen Kurs und segelte Richtung Norden nach Batavia, dem heutigen Jakarta. Mit diesem draufgängerischen Manöver verkürzte er im Vergleich zur althergebrachten Route die Reisezeit um zwölf Monate.

1616 führte Dirk Hartog auf seinem Schiff „Eendracht", einem 200-Tonner der niederländischen Ostindienkompanie, mit 200 Mann Besatzung eine zweite Expedition an, die sogar Australien erreichte. Er folgte der von Brouwer erkundeten Route, segelte dann aber weiter nach Osten und entdeckte eine Inselgruppe vor der Westküste Australiens, deren größte Insel er Dirk Hartog Island nannte. Als Beweis für seine Entdeckung hinterließ er eine an einem Baum befestigte Plakette aus Zinn. Diese Plakette wurde 81 Jahre später von Willem de Vlamingh, ebenfalls Kapitän der niederländischen Ostindienkompanie, gefunden und durch eine neue ersetzt. Die Original-Plakette befindet sich heute im Rijksmuseum in Amsterdam.

Von 1642 bis 1643 unternahm der niederländische Seefahrer Abel Tasman eine weitere außergewöhnliche Entdeckungsreise. Er segelte in den Süden des Kontinents und entdeckte Tasmanien und Neuseeland.

Das große Glück, in der richtigen Gegend vom Kurs abzukommen und dadurch neue Entdeckungen zu machen, war zu dieser Zeit durchaus nicht so selten. Handelsschiffe auf ihrem Weg zu den Gewürzinseln trafen so rein zufällig auf Teile der australischen Westküste und kartierten sie. Manche dieser Zwischenfälle endeten jedoch auch tragisch wie im Fall des Schiffbruchs des holländischen Schiffs „Batavia", das nach Indonesien unterwegs war. Unter den Überlebenden der Besatzung kam es in den Jahren 1629 bis 1630 zur Meuterei und zu entsetzlichen Massakern auf den Inseln des Houtman-Abrolhos-Archipels vor Westaustralien.

Britische und französische Entdeckungsfahrten

1688 erkundete William Dampier, ein britischer Freibeuter, Schiffskapitän und naturwissenschaftlicher Forscher (eine außergewöhnliche, aber zutreffende Mischung von Begabungen), Teile von Nordwestaustralien um den King Sound sowie Südostasien und den Bismarck-Archipel vor der Nordostküste Neuguineas. Dampier gilt als der erste Mensch, der den Globus dreimal umrundet hat.

Im 18. Jahrhundert verschob sich das internationale Kräfteverhältnis zugunsten von Frankreich und England. Die Erkundung der Pazifikregion erfolgte zunehmend durch die neuen Großmächte. Französische Entdecker wie Louis Antoine de Bougainville, der Marineoffizier Jean-François de Galaup de La Pérouse und Joseph-Antoine-Raymond Bruny d'Entrecasteaux erlangten durch ihre Entdeckungsfahrten Weltruhm. Zu Ehren der beiden Letzteren sind Orte im australischen Bundesstaat New South Wales und auf Tasmanien benannt.

La Pérouse landete im australischen Botany Bay – genau fünf Tage nachdem Kapitän Arthur Phillip mit seiner „First Fleet" angekommen war und an der australischen Küste die britische Flagge gehisst hatte. La Pérouse steuerte danach die Salomonen an. Seine Schiffe „L'Astrolabe" und „La Boussole" gerieten vor dem Archipel in einen Sturm und sanken mit nahezu der gesamten Besatzung. Nur wenige Überlebende konnten sich auf die Inseln retten. Bruny d'Entrecasteaux wurde 1791 auf die Suche nach La Pérouse geschickt. Er erreichte die Salomonen, doch La Pérouse und seine Männer waren dort ums Leben gekommen.

Neuseeland wurde zunächst für einen Teil von *Terra Australis* gehalten. Erst Captain James Cook umrundete Neuseeland, nachdem er den Venustransit auf Tahiti im Juni 1769 beobachtet hatte. Noch im selben Jahr kartierte er dabei genau die Küstenlinie und bewies, dass es sich hierbei um eine Doppelinsel handelt. Auf seiner zweiter Südseereise 1772 bis 1775 umrundete Cook die Erdhalbkugel so weit in Richtung des südlichen Polarkreises, dass damit ein für alle Mal der Beweis erbracht war, dass es auf der Südhalbkugel keinen zusammenhängenden gigantischen Kontinent als Gegengewicht zu den Landmassen der Nordhalbkugel gab. Wahrscheinlich hat Cook sogar die Antarktis gesichtet.

Umseglung Australiens

Erst nachdem Matthew Flinders zwischen 1801 und 1803 das „Große Land im Süden" umrundet hatte, kannte man die Form Australiens. Flinders bewies außerdem, dass die bereits bekannten Teile der nordwestlichen Küstenlinie und der Ostküste alle zu einer zusammenhängenden Landmasse gehören, allerdings nicht Neuguinea und Neuseeland.

Flinders war ein Kommandant der Royal Navy und Forschungsreisender. Schon mit 15 war er der Marine beigetreten, inspiriert durch die Lektüre von Daniel Defoes Roman „Robinson Crusoe". Als Seekadett segelte er an Bord der „HMS Bellerophon", danach transportierte er unter dem berüchtigten Kapitän William Bligh auf der „HMS Providence" Brotfruchtbäume von Tahiti nach Jamaika. Zusammen mit seinem Freund, dem Schiffsarzt George Bass, erkundete er 1795 die australische Küste südlich von Sydney in einem winzigen offenen Boot. Es trug nicht zu Unrecht den Namen „Tom Thumb" (Kleiner Däumling). Auf seiner nächsten Reise im Jahr 1798 umrundete er Tasmanien auf der „Norfolk", wieder in Begleitung von George Bass. Die Bass-Straße, eine Meerenge zwischen dem australischen Festland und Tasmanien, ist nach Flinders' Freund benannt. Sie steht in dem Ruf, eine der gefährlichsten Wasserstraßen der Welt zu sein, vor allem für kleine Schiffe. Auf seiner nächsten Fahrt 1799 segelte er erneut auf der „Norfolk", diesmal allerdings ohne Bass. Flinders kartierte die Gewässer vor Queensland im Süden, erkundete dabei die Moreton Bay und gab Redcliff, heute ein Küstenvorort von Brisbane, seinen Namen.

Nach seinen ersten kurzen Forschungsfahrten kehrte Flinders 1801 nach England zurück, um Geld für seinen großen Traum zu beschaffen – die gesamte australische Küste zu umrunden und zu kartieren. Sir Joseph Banks, der James Cook bereits auf seiner ersten Pazifikreise begleitet hatte, unterstützte Flinders' Anliegen. So konnte sich Flinders auf große Fahrt begeben wie einst Cook, mit einem ehemaligen Kohletransporter namens „Investigator", einem Schiffstyp, der für seine Seetauglichkeit und Leistungsfähigkeit bekannt war. Rückhalt fand er auch in seiner großen Liebe Ann Chapelle, die er vor seiner Abfahrt nach Australien zur Frau nahm.

Timor Island
Arnhems Landt
Coccodrils Eylandt
Limmensbogt
C. Maria
Abel Tasmans Riu.
Riuier Van Alphen
C. Van Diemen
Rivier Vanspeult
Riu. Batavia
Water plaets
Riuier Coen
PEN
Verenegde Riuier
Water plaets
Riuier Nassau
TARIA
Staten Riuier
Van Diemens Riu.
Riuier Coron
G. F. de Wit landt detecta 1628.
Willems Riuiere
Jacob Remens Riuiere
HOLLANDIA
TROPIC
OF
NOVA
Landt
Dirc. K. Hartogs Ree
d Eendragt
Houtmans Abrolhos
Here Captn. Pelsart was wrecked
I. de Edels landt beseylt Anno 1619
Turtel duijf
Discovered 1644.
Land of Peter Nuyts Discovered 16. Jan.y 1627.
NB. This is the Country seated according to Coll: Purry in the best Climate, in the World.
I. S.t Pierre
I. S.t Francois
Landt van de Leeuwin anno 1622 aangedaan
It is
Scituation, than this of
demonstrates, but the
in the richest Climates of
abound in Precious
in Spices; New Guinea
be as plentifully endowed
and plentiful a Country
modities are common
to the Cape of Good
itudes in Carpentaria,
flows with Silver; if all
this precious Metal,
zil this Continent
whoever perfectly
sed of Territories as
any that have been
West.
A COMPLETE MAP OF THE SOUTHERN CONTINENT.
Survey'd by Capt. Abel Tasman & depicted by ORDER of the East India Company in Holland IN THE Stadt House at Amsterdam
Van Diemens Land Discovred 24 Nov.r 1642
Land first seen
Wits Eylanden
Pedra blanca
Marias Eylandt
Boreels Eylanden

Flinders erkundete zuerst die Südküste des australischen Festlands. Dann umrundete er den Kontinent entgegen dem Uhrzeigersinn und kartierte dabei die gesamte Küste. Es gelang ihm dabei, das Great Barrier Reef sicher zu passieren. (Auf dem Riff war Cook damals mit seiner „Endeavour" aufgelaufen und musste sie in Nordqueensland reparieren lassen.) Seine Route durch das Riff heißt heute noch Flinders-Passage.

Flinders Reise wurde allerdings von mehreren Zwischenfällen überschattet: Am Cape Catastrophe kenterte das Beiboot und ging mit acht Mann unter, darunter auch Flinders Freund John Thistle. Weitere Mitglieder seiner Besatzung verlor er vor der Insel Timor durch die Ruhr. Am Ende schaffte es die „Investigator" 1803, am Rumpf beschädigt, gerade noch zurück nach Sydney.

Nach seiner Ankunft in Sydney wollte Flinders als Passagier auf der „Porpoise" nach England zurückkehren. Doch vor der Küste von Queensland lief das Schiff auf ein Riff. In einer nautischen Meisterleistung gelang Flinders die Rettung der überlebenden Schiffbrüchigen. Mit dem Beiboot der „Porpoise" erreichte er Sydney – eine grandiose und gefährliche Seereise von 1130 Kilometern.

Abermals trat er voller Hoffnung, seine Frau endlich wiederzusehen, die Rückreise nach London an, diesmal auf dem Schoner „Cumberland". Doch Flinders war vom Pech verfolgt: Die „Cumberland" befand sich in einem so desolaten Zustand, dass sie

LINKS: Die Karte von John Harris aus dem Jahr 1744 basiert auf den Erkenntnissen von Abel Tasman. Die australische Westküste ist fast lückenlos kartiert, Ost-, Nord- und Südküste sowie ein Großteil Neuseelands sind jedoch noch unerforscht.

auf Mauritius, damals unter französischer Kolonialherrschaft, repariert werden musste. Flinders wurde dort unter Spionageverdacht gefangen genommen und verbrachte sieben Jahre in Haft. Als er 1810 endlich England erreichte, war er gesundheitlich schwer angeschlagen.

Die Marine beförderte Flinders zwar nach seiner Ankunft, die Anerkennung seiner Leistungen blieb jedoch aus. Er starb verarmt im Alter von 40 Jahren nach langer Krankheit, am selben Tag, als sein bedeutendes Werk „A Voyage to Terra Australis“ veröffentlicht wurde. Flinders Frau Ann und seine Tochter musste er unter ärmlichen Bedingungen zurücklassen. Erst Jahrzehnte später, nachdem Ann schon gestorben war, erhielt seine Tochter die beiden Kolonien Victoria und New South Wales als Entschädigung. Matthew Flinders' Enkel, Professor Sir William Matthew Flinders Petrie, war ein bedeutender Ägyptologe und mit systematischen Ausgrabungen Vorreiter der modernen Archäologie.

Matthew Flinders gab dem neuen Kontinent den Namen „Australien“. Die Bezeichnung wurde 1824 offiziell eingeführt. Flinders' Karten der australischen Küstenlinie erwiesen sich als so genau, dass man sie noch lange nach seinem Tod verwendete. Sein Freund und Begleiter auf seinen ersten Reisen George Bass starb ebenfalls jung. Er verschwand unter ungeklärten Umständen im Pazifik.

Eine osmanische Antarktiskarte?

Aber Australien war nicht das einzige „Gegengewicht“ zur nördlichen Hemisphäre. Am Südpol befindet sich noch der antarktische Kontinent. Er wurde erst im 20. Jahrhundert vollständig kartiert. Doch auch seine Erforschung birgt ein großes kartographisches Geheimnis.

Im Jahr 1929 wurde eine auf Kamelhaut gezeichnete Karte gefunden und auf das Jahr 1513 datiert. Zugeschrieben wird sie dem berühmten Admiral der türkischen Flotte Piri Reis. Experten gelang es, ihre Echtheit nachzuweisen. Es ist bekannt, dass Piri Reis zahlreiche Karten aus der kaiserlichen Bibliothek in Konstantinopel kopieren ließ. Er machte keinen Hehl daraus, dass es sich dabei um Kopien handelte, und versah diese auch mit entsprechenden Anmerkungen. So schrieb er in einer Randnotiz seiner Karte, das Original stamme aus der Zeit um 330 v. Chr., der Zeit Alexanders des Großen. Ferner fügte er noch weitere Informationen aus anderen Karten hinzu. Die meisten seiner Quellen stammten aus dem 4. Jahrhundert v. Chr. Manche davon waren vermutlich sogar ihrerseits Kopien noch älterer Karten.

Die Karte des Piri Reis ist eine der umstrittensten Weltkarten. Sie zeigt die Westküste Afrikas, die Ostküste Südamerikas und im Süden die Küste des antarktischen Kontinents, und zwar mit einer erstaunlichen Genauigkeit in der Breitendarstellung und im Maßstab. Dies ist zum einen für das Jahr 1513 völlig einmalig, und zum anderen – was noch viel erstaunlicher ist – zeichnet er die Küste der Antarktis so, als wäre sie frei von Eis. Einen derartigen Anblick hätte die Küste letztmals vor über 6000 Jahren geboten ...

RECHTS: Die Karte des Piri Reis von 1513 basiert auf antiken Quellen. Sie ist eine der genauesten Karten des 16. Jahrhunderts, was den Atlantik und die östlich und westlich angrenzenden Länder betrifft. Die Küstenlinie erstreckt sich bis unterhalb von Südamerika und ist mit dem Kontinent Antarktika verbunden. Somit gibt sie den Küstenverlauf in der Zeit um 4000 v. Chr. wieder.

Die Mondberge

Von allen Orten, die Ptolemäus in seiner „Geographia" (um 150 n. Chr.) erwähnt, haben wohl keine mehr Faszination ausgeübt und Spekulationen ausgelöst als die Quellen des Nils und die Mondberge, in denen er angeblich entspringen solle. Im 5. Jahrhundert v. Chr. hatte bereits der griechische Schriftsteller und Historiker Herodot von seinem Aufenthalt in Ägypten berichtet, wo er nilaufwärts bis nach Elephantine gereist sei. Dort habe er einen Priester getroffen, der davon überzeugt war, die geheime Quelle des Nils zu kennen. Dieser berichtete von zwei Bergen namens Crophi und Mophi, denen jeweils eine nie versiegende Quelle entspringe, deren Wasser sich zum Ursprung des Nils vereinen. Herodot, der sich von niemandem etwas vormachen ließ, äußerte seine durchaus berechtigten Zweifel an der Geschichte des ägyptischen Priesters.

Nichtsdestotrotz zitierte Ptolemäus sechs Jahrhunderte später die Schilderung des Priesters in seiner „Geographia". Teilweise berief er sich dabei auf die recht überzeugend klingenden Berichte eines Kaufmanns namens Diogenes, der die Darstellung bestätigte. Diogenes beschrieb, wie er von Rhapta aus weiter ins Inland gereist sei. Rhapta, ein inzwischen versunkener antiker Handelshafen an der Küste Ostafrikas, galt damals als Ende der bekannten Welt. Weiter südlich lagen die Kalmen, eine windstille Region am Äquator, in der Monsunwinde aus dem Norden und Passatwinde aus dem Süden aufeinandertreffen und sich neutralisieren. Diese Breiten waren unter den Seeleuten gefürchtet, ein Segelschiff konnte in dieser Flaute für Wochen hoffnungslos gefangen sein.

Diogenes berichtet, er sei 25 Tage lang ins Landesinnere marschiert und bis an die Nilquelle gekommen. Der Nil entspringe aus einem sehr hohen Gebirge mit schneebedeckten Gipfeln und bilde zwei große Seen. Welchen Ort Diogenes beschrieben hat, ist umstritten. Eine Vermutung ist, dass es sich um den Kilimandscharo handeln könnte. Möglicherweise ist die Geschichte aber auch erfunden. Genauso denkbar ist, dass Diogenes als erster Europäer die Quelle des Weißen Nils tatsächlich gesehen hat und sein Bericht zutrifft.

Ptolemäus schreibt in seiner „Geographia“: «In dieser Bucht leben die äthiopischen Anthropophagen. Weiter im Westen liegen die Mondberge, aus denen die Nilseen mit Schneewasser gespeist werden.» Ptolemäus konnte der Versuchung nicht widerstehen, seine Beschreibung mit afrikanischen Menschenfressern (Anthropophagen) auszuschmücken und dadurch interessanter zu machen. Auf den folgenden Seiten beschreibt er zudem höchst merkwürdige Tiere, die in den Ländern um Libyen leben sollten, unter anderem weiße Elefanten.

Sowohl Alexander der Große als auch Julius Cäsar waren später von den Geschichten rund um die sagenhaften Mondberge fasziniert und erwägten Expeditionen dorthin. Erst der römische Kaiser Nero sandte tatsächlich einen Erkundungstrupp aus, doch es gelang seinen Männern nicht, den Sudd zu passieren. Dieses riesige Sumpfgebiet im Südsudan besteht aus einem unübersehbaren Gewirr von Wasserläufen, undurchdringlichem Papyrus- und Schilfdickicht sowie schwimmenden Inseln aus Sumpfpflanzen. In feuchten Jahreszeiten kann sich der Sudd über 130 000 Quadratkilometer erstrecken.

Die ältesten bekannten kartographischen Darstellungen, die den gesamten afrikanischen Kontinent zeigen – wenngleich sehr verzerrt –, erschienen in Sebastian Münsters Werken „Geographia“ (1540) und „Cosmographia“ (1544). Münster war der bedeutendste Kartograph seiner Zeit. In seinen Afrikakarten sind auch die beiden von Ptolemäus genannten Seen, die von den *montes lunae* (den Mondbergen) gespeist werden zu erkennen (siehe S. 218 f.).

1570 zeichnete Ortelius eine Afrikakarte, deren Proportionen weit realitätsnäher waren als bei Sebastian Münster. Ptolemäus' Seen waren immer noch enthalten und lagen südlich des Äquators. 1630 erschien eine noch genauere und wunderschön illustrierte Karte des niederländischen Seefahrers und Kartographen Willem Jansz. Auch diese Karte zeigte noch die beiden Seen des Ptolemäus als Nilquelle.

Im späten 18. Jahrhundert kamen erste Zweifel an Ptolemäus' Mondbergen auf. Dennoch zeigte die Karte von Abbé Clouet, die nach ihrem Erscheinen 1787 für alle französischen Schulkinder zum Unterrichtsstoff gehörte, die Mondberge als Nilquelle. Auch in John Carys Karte von 1805 waren die Mondberge immer noch als Ursprungsort des Blauen und Weißen Nils eingezeichnet. Die Berge wurden allerdings als Ausläufer der Kong-Berge, eines fiktiven Gebirges, dargestellt, das sich auf der Karte durch ganz Westafrika zog. Zum Glück für die künftigen Entdecker und Kaufleute existierte diese durchgehende Landbarriere nicht wirklich.

Die Suche nach dem Weissen Nil

Die Mondberge verbargen sich viele Jahrhunderte hinweg unter dem Mantel des Geheimnisvollen. Und mit der Zeit wurden sie zu einer Legende. Im 19. Jahrhundert, dem Zeitalter der großen, viktorianischen Erkundungs- und Forschungsreisen, entdeckte der britische Afrikaforscher John Speke den Victoriasee und damit die vermeintliche Nilquelle.

John Hanning Speke diente in der britischen Armee in Indien und nahm dort an zahlreichen Gefechten teil. Seine Freizeit verbrachte er damit, den Himalaja zu erkunden und dort auf die Jagd zu gehen. Dabei erreichte er auch das abgeschiedene Königreich Tibet. Nach zehnjährigem Dienst in der Armee ließ er sich 1854 vom 46. Regiment der Bengal Native Infantry beurlauben. Er beschloss, sich der Erforschung und der Jagd in Afrika zu widmen. In Aden lernte er den Abenteurer, Sprachforscher und Schriftsteller Richard Francis Burton kennen, der kurz zuvor als erster Europäer der Moderne Mekka, die heilige Stadt des Islam, betreten hatte. Burton plante die Erkundung von Ostafrika in Kombination mit einer Jagdexpedition, um dort die Mondberge des Ptolemäus und vielleicht auch die Quelle des Weißen Nils zu finden. Als ein Mitglied

LINKS: Auf der ältesten heute bekannten Karte des afrikanischen Kontinents von Sebastian Münster aus dem Jahr 1540 sind die Mondberge in Südafrika als Nilquelle eingezeichnet.

der Expedition unerwartet verstarb, durfte Speke teilnehmen. Sie begannen die Erkundung getrennt. Burton bereiste wie bereits einmal zuvor das heutige Äthiopien und besuchte den von einer Festungsmauer umgebenen islamischen Stadtstaat Harar. Als erster Europäer gelang es ihm, den Ort auch wieder lebend zu verlassen. Speke erkundete inzwischen das Wadi Nogal. Die beiden trafen sich in Somalia wieder. Doch dann wurde ihr Lager in der Nähe von Berbera von somalischen Stammesangehörigen angegriffen. Die Expedition endete in einer Katastrophe. Ein Mitglied der Expedition wurde getötet, Speke wurde durch mehrere Speerstiche verwundet, konnte aber noch fliehen. Burton wurde von einem Speer getroffen, der sich durch beide Wangen bohrte. Über seine schrecklichen Erlebnisse berichtet Burton in seinem 1856 veröffentlichten Buch „First Footsteps in East Africa". Er ging anschließend in den nicht-kämpfenden Dienst in der britischen Armee, während sich Speke aktiv am Krimkrieg beteiligte.

Das afrikanische Abenteuer lockte beide bald darauf erneut: Burton sollte im Auftrag der britischen Royal Geographical Society die Nilquelle finden. Er lud Speke ein, ihn auf der Suche nach dem großen Tanganjikasee zu begleiten, von dem man vermutete, er liege im Herzen des Kontinents und könne vielleicht die Quelle des Weißen Nils sein. Die Reise begann 1857, dauerte bis zum Frühjahr 1859 und wurde zur reinsten Qual. Speke und Burton versuchten, von Sansibar aus nach Zentralafrika zu gelangen. Beide Männer litten unter tropischen Krankheiten und Parasiten. Speke verlor zwischenzeitlich sein Gehör und wäre fast erblindet. Das Unternehmen hatte nicht ausreichend finanzielle Mittel, ein Helfer nach dem anderen lief davon. Trotz dieser Schwierigkeiten gelangten sie als erste Europäer bis an den Tanganjikasee, den zweittiefsten Süßwassersee der Welt. Die beiden Afrikaforscher erkundeten einen Teil der Ufergebiete. Auf der Nordseite umgaben den See hohe Berge, und Speke trug diese hoffnungsfroh als Mondberge in seine Karte ein, obwohl ihnen klar war, dass Burtons Theorie nicht zutraf und der Tanganjikasee nicht die Quelle des Nils ist.

Speke und Burton marschierten zurück in Richtung Küste. Bei ihrem Aufenthalt in Tabora im heutigen Tansania hörten sie von einem großen See im Norden. Burton war bereits zu schwach, um weiterzureisen. So setzte Speke die Expedition allein fort und entdeckte nach nur «kurzer Reise» den Victoriasee, den er nach der englischen Königin Victoria benannte. Aufgrund der Größe des Sees war er davon überzeugt, dass er die Quelle des Nils gefunden habe. Burton hatte daran Zweifel. In seinem Tagebuch schreibt er: «Wir hatten kaum gefrühstückt, schon verkündete er mir die überraschende Neuigkeit, er habe die Nilquelle entdeckt ... Plötzlich war er sich ganz sicher, dass ‹der See zu seinen Füßen den Nil speist, den faszinierenden Fluss, der Anlass so vieler Spekulationen und Ziel so vieler Entdecker war›.»

Speke kehrte noch vor Burton nach England zurück, und es kam zum öffentlichen Zerwürfnis zwischen den beiden ehemaligen Reisepartnern. In jener Zeit konnte man mit erfolgreichen Entdeckungen hohes gesellschaftliches Prestige erreichen. Die 1830 gegründete Royal Geographical Society war dafür die entscheidende Bühne. Obwohl die beiden Afrikaforscher vereinbart hatten, ihre Ergebnisse gemeinsam zu präsentieren, veröffentlichte Speke seine Abhandlung am 8. Mai 1859 im Alleingang. Darin beansprucht er wahrheitsgemäß die Entdeckung des Victoriasees für sich und bringt zum Ausdruck, es handle sich hierbei um die Quelle des Nils. Genau 13 Tage später erreichte Burton England, um erfahren zu müssen, dass Speke seine These bereits veröffentlicht hatte. Im Juni präsentierten Burton und Speke nochmals eine gemeinsame Abhandlung zu ihren Forschungsergebnissen.

Speke hatte noch vor Burtons Ankunft den Präsidenten der Royal Geographical Society, Sir Roderick Murchison, davon überzeugt, eine weitere Expedition zu bewilligen, damit er seine Theorie, der Victoriasees sei die Nilquelle, bestätigen könne. Statt seines früheren Begleiters Burton nahm Speke den unerfahrenen Captain James Augustus Grant, den er in Indien kennengelernt hatte, auf die Expediton mit. Diese Reise im Jahr 1860 sollte seine dritte und letzte Afrikareise werden. Die Männer starteten wieder in Sansibar und erreichten 1861 den Victoriasee. Speke und Grant kartierten Teile des Ufers, dann ging Speke allein auf die Suche nach der Nilquelle und vereinbarte mit Grant einen Treffpunkt weiter flussabwärts.

Erst 1862 erreichte Speke das Nordufer des Victoriasees, nachdem er monatelang durch Unruhen im Königreich Buganda aufgehalten worden war. Den internen Machtkampf in Buganda konnte der neu eingesetzte junge Herrscher Muteesa für sich entscheiden. Der neue Kabaka, wie der offizielle Titel lautete, war der letzte in einer weit zurückreichenden Dynastie von über 30 Königen. Buganda am Nordufer des Victoriasees gehört heute zu Uganda. Hier fand Speke endlich die Stelle, an der der Nil aus dem See in einem großen Wasserfall entspringt. Damit war das Rätsel, das die Abenteurer seit Herodot umgetrieben hatte, scheinbar gelöst. Den Wasserfall nannte er Ripon Falls, zu Ehren des britischen Staatsmannes George Robinson, First Marquess of Ripon. 1954 wurden die Fälle durch den Bau des Owen-Falls-Damms überflutet.

Speke und Grant hatten von einem weiteren See (der spätere Albertsee) nordöstlich des Victoriasees gehört und planten, auch diesen zu erkunden. Bugandas Nachbarkönigreich Bunyoro, das beinahe das gesamte Ostufer dieses Sees beherrschte, verweigerte ihnen jedoch den Zugang. So konnten sie auch nicht dem Lauf des Nils folgen, wie eigentlich geplant. Sie hielten sich aber möglichst nahe am Fluss, konnten Bunyoro in nördlicher Richtung durchqueren und reisten weiter nach Gondokoro im Sudan, etwa 1200 Kilometer von Khartum entfernt. In Gondokoro hatte der britische Konsul John Petherick einen Außenhandelsposten errichtet. Völlig abgemagert und am Ende ihrer Kräfte trafen Speke und Grant dort ein.

Petherick war gerade auf der Jagd, ließ die beiden aber von Samuel White Baker und dessen Lebensgefährtin Florence willkommen heißen. Baker war einer jener außergewöhnlichen und abenteuerlustigen Persönlichkeiten, die den Aufstieg Großbritanniens im 19. Jahrhundert verkörperten – ein robuster, wohlhabender und überaus beeindruckender Mann mit scharfem Verstand und voller Kraft und Energie. Wie auch Burton und Speke träumte Baker von der Entdeckung der Nilquelle.

Baker war 1861 von Kairo aus mit einer der wohl luxuriösesten Afrikaexpeditionen aller Zeiten aufgebrochen – der Proviant stammte angeblich vom

THE ILLUSTRATED LONDON NEWS.

No. 1211.—VOL. XLIII. SATURDAY, JULY 4, 1863 WITH A SUPPLEMENT, FIVEPENCE

WAR WITH JAPAN.

If a sarcastic enemy of this country were asked to define what was meant by the advancement of civilisation by England, he would probably reply the opening of new markets for trade at the point of the bayonet. Although, as good patriots, we may reject the sneer, as men of common sense we must accept the fact. Passing by other and less important, though, so far as the theory is concerned, not less significant instances, take that of China. For how many years did we offer civilisation in the shape of bales of goods for sale to a country so benighted as not to understand the symbol; and how long was it that we were kept on the threshold of a land, the exclusiveness of which gave it an air of enchantment to our eyes? But the urgency of our peculiar principle of civilising the barbarian was not to be denied; and, after a protracted series of mistakes in ravaging the coasts and destroying provincial peasants, who were of less account in the estimation of the ruling powers than so many pigs of the Emperor's own breed, in the course of a third or fourth Chinese war we found ourselves in Pekin; and at last we were understood. It was discovered at the fountain head of Chinese policy that the armed Englishman was only the precursor of the enterprising trader; and, so far as things have yet gone, there is every reason to believe that the Celestial Empire is at length opened to the commerce of Europe, with special advantages attaching to that of England. On the abstract question of general policy involved in the system of the invasion by the sword to make way for the invasion of commerce it is useless now to dilate; but, in reference to the conduct of the details of that policy, a useful lesson has been learnt from the course of events in our successive operations in China. It has been clearly demonstrated that little wars, even with Asiatics so unwarlike as the Chinese, are mistakes. When we left off something like buccaneering on the seaboard of China, and waged war as between Queen and Emperor, the difficulties were found to be less, and the results actual. As it has been with China, so it seems that it is likely to be with Japan. The latest accounts inform us that, ere this, war has been distinctly declared against Japan by England, France, and Holland, and the question arises how

RECEPTION OF CAPTAINS SPEKE AND GRANT BY THE ROYAL GEOGRAPHICAL SOCIETY.—SEE PAGE 17.

exquisiten Feinkostlieferanten Fortnum & Mason. Ein Jahr später kam er in Khartum an. Dort erteilte ihm die Royal Geographical Society den Auftrag, die Vermissten Grant und Speke zu suchen. Er erreichte Gondoroko zwei Wochen bevor Speke und Grant dort eintrafen. Ganz nebenbei hatte Baker auch noch einige Nebenflüsse des Nils erkundet.

Als Speke ihm von seinem Erfolg berichtete, war Baker am Boden zerstört. Sein Traum, als Erster die Nilquelle zu entdecken, war geplatzt. Großmütig überließen Speke und Grant Baker ihre Landkarte. Baker berichtet davon: «Mit der ihnen eigenen Liebenswürdigkeit und Großzügigkeit überreichten sie mir die Karte ihrer Route. Sie zeigten mir, dass sie die Erkundung des Nils noch nicht abgeschlossen hatten und noch ein großer Teil fehlte.» Speke und Grant erzählten Baker ebenso freimütig vom Albertsee, den sie so lange und ergebnislos gesucht hatten.

Baker setzte daraufhin seine Expedition fort, erreichte 1864 als Erster den See und nannte ihn Albertsee. Er beschreibt diese Situation folgendermaßen: «Ich stürmte in den See hinein, durstig und müde von der Hitze. Voll Dankbarkeit trank ich aus der Quelle des Nils.» Bedauerlicherweise war der Albertsee nicht die Nilquelle, aber immerhin entdeckte er die Stelle, an der der Nil wieder aus dem Albertsee heraustritt. Bakers Entdeckungen trugen ihm zahlreiche Ehrungen ein, darunter die Goldmedaille der Royal Geographical Society und kurz darauf die Ernennung zum Ritter. Seine beiden berühmten Reisetagebücher und ein Roman, ebenfalls über seine Reisen, verkauften sich hervorragend. Baker begleitete den Kronprinzen und zukünftigen König Edward VII. auf seiner Reise durch Ägypten. Bei Königin Victoria und in der gehobenen Gesellschaft Londons fand er aufgrund der nicht standesgemäßen Herkunft seiner Frau keine Anerkennung. Er hatte Florence in einem osmanischen Sklavenmarkt freigekauft, und sie begleitete Baker auf seinen Reisen in Afrika, ohne dass er sie geheiratet hatte. Sir Samuel und Lady Baker schlossen erst nach ihrem Afrikaabenteuer diskret den Bund der Ehe.

LINKS: Die Titelseite der „Illustrated London News" vom 4. Juli 1863 zeigt den Empfang von Speke und Grant bei der Royal Geographical Society.

An der Spitze einer 1700 Mann starken ägyptischen Einheit unternahm das Paar später eine militärische Expedition an den oberen Nil, um dort den Sklavenhandel zu unterbinden. Für vier Jahre war Sir Samuel Generalgouverneur der Provinz Äquatoria. Außerdem wurde er zum Pascha und Generalmajor der osmanischen Armee ernannt. Sein Nachfolger wurde der berühmte Charles George Gordon, auch „Gordon von Khartum" genannt. Trotz seines aufregenden und strapaziösen Lebens wurde Baker 72 Jahre alt. Nach weiteren Reisen, unter anderem durch Nordamerika und Japan, und der Veröffentlichung mehrerer Bücher starb er auf seinem Anwesen im Süden Devons. Sein Grab befindet sich auf dem Brompton Cemetery in London.

Speke hingegen schlug einen gänzlich anderen Lebensweg ein. Nachdem er Baker und seine Frau in Gondoroko verabschiedet hatte, reiste er weiter nach Khartum. Von dort aus schickte er sein berühmtes Telegramm an die Royal Geographical Society in London: *«The Nile is settled.» (Der Nil ist erschlossen)*. Dies war zweifellos der Höhepunkt seines

Lebens und leider auch sein letzter wirklicher Glücksmoment. Zurück in London musste er feststellen, dass nach Auffassung von Burton das Geheimnis der Nilquelle noch nicht wirklich gelöst war. Speke war dem Nil nicht weiter flussabwärts gefolgt, was Raum für Zweifel ließ. Außerdem hatte er nicht den gesamten Victoriasee umrundet, um zu beweisen, dass es sich tatsächlich um denselben See handelte, den er 1858 entdeckt hatte. Speke veröffentlichte 1863 das „Journal of the Discovery of the Source of the Nile“ (Die Entdeckung der Nilquellen). Auch in der Royal Geographical Society schieden sich aber die Geister. Einige hielten wie Speke den Victoriasee für die Nilquelle, andere konnte Burton von seinen Zweifeln überzeugen.

1864 veröffentlichte Burton zusammen mit dem Geographen James McQueen das Buch „The Nile Basin“ (Das Nilbecken). Darin widerspricht er Spekes Theorie und behauptet sogar erneut, der Tanganjikasee sei die Quelle des Nils.

Die Royal Geographical Society beraumte eine Anhörung an, bei der beide Afrikaforscher ihre Theorien debattieren sollten. Sie sollte im September 1864 in Bath stattfinden. Am Tag vor der Anhörung starb Speke auf der Fasanenjagd aufgrund einer selbstverschuldeten Schussverletzung. Es ist bis heute nicht geklärt, ob es sich dabei um einen Unfall handelte oder ob er Selbstmord beging. Speke wurde nach seinem Tod im Alter von 37 Jahren in Somerset begraben – ein kurzes Leben für einen außergewöhnlichen Menschen. Mount Speke im ugandischen Ruwenzori-Gebirge ist zu Ehren des großen Afrikaforschers benannt.

Burton wäre selbst im heutigen Boulevard-Journalismus eine schillernde Gestalt, er machte aus seiner Verachtung für die viktorianische Gesellschaft kaum einen Hehl. Nach seinem Tod im Jahr 1890 in Triest verbrannte seine Ehefrau Isabel alle seine Tagebücher – eine ungewöhnliche Tat für jemanden, der ihn auf vielen seiner letzten Reisen begleitet hat. Möglicherweise folgte sie dabei seinem letzten Willen. Isabel Arundell hatte sich mit Burton bereits vor seiner Nilexpedition verlobt, beide heirateten 1861.

Burton besaß eine vielschichtige Persönlichkeit. Er war hochemotional und jähzornig, ein leidenschaftlicher Jäger und brillanter Intellektueller, der der Oxford University verwiesen wurde. Sein Interesse für asiatische Sprachen, Philosophie und Esoterik entsprach nicht dem Lehrplan des Grundstudiums. Er war Dichter und Romancier, Soldat, Entdeckungsreisender, Experte für asiatische Kulturen und Sprachforscher. Er beherrschte zahlreiche Sprachen fließend, darunter Hindi, Swahili, Arabisch, Persisch und Türkisch. Burton verfasste 43 Bücher. Er übersetzte die Geschichtensammlung „Tausendundeine Nacht“ (The Arabian Nights) und das Buch „Der parfümierte Garten“ (The Perfumed Garden) ins Englische. Er verdiente viel Geld mit der Veröffentlichung seiner Übersetzung des Kamasutra von Vatsyayana durch die von ihm gegründete Kama Shastra Society. Hätte er das Buch einem Verlag angeboten, wären sowohl er als auch der Verleger strafrechtlich verfolgt worden und im Gefängnis gelandet.

Burton war begierig nach erotischen Erfahrungen und galt als außerordentlich freigeistig. Wohl aus diesem Grund verweigerte ihm die Church of England ein Begräbnis in der Westminster Abbey.

Der Dichter Wilfrid Scawen Blunt beschreibt Burtons Aussehen wenig schmeichelhaft als «finster, grausam, betrügerisch, mit Augen wie ein wildes Tier». Er war genau das Gegenteil des puritanischen Speke, der mit seiner für diese Zeit nicht ungewöhnlichen Arroganz das absolute Musterbild eines europäischen Kolonialherren im 19. Jahrhundert verkörperte.

Die Enthüllung des „Regenmachers"

Der Streit über die Quelle des Nils zwischen Speke und Burton wurde ein für alle Mal durch den in Wales gebürtigen Henry Morton Stanley entschieden. Drei Jahre nachdem er den lange vermissten Dr. David Livingstone in Tanganjika gefunden hatte, umrundete er 1874 den Victoriasee. Seine Umrundung bewies, dass Speke mit seiner Annahme, der Victoriasee sei die Nilquelle, nicht direkt falsch lag.

Samuel Baker hatte zwar den Albertsee entdeckt, die Mondberge fand er jedoch nicht, und das, obwohl er ihnen so nahe gekommen war. Der große italienische Entdecker Romolo Gessi umrundete als erster Europäer den Albertsee. Doch auch er bekam die Mondberge nicht zu Gesicht. Diesen Triumph konnte schließlich Henry Stanley auf seiner letzten Expedition 1889 für sich verbuchen. Eine Reise von insgesamt mehr als 9650 Kilometern, die zermürbende 987 Tage dauerte.

Während Stanley die Ufer des Albertsees erkundete, wurde er Zeuge eines seltenen Anblicks: Die Wolken teilten sich, und es erschienen die schneebedeckten Gipfel einer Bergkette, die heute den Namen Ruwenzori-Gebirge trägt. Stanley war somit der erste Westeuropäer, der die legendären Mondberge erblickte. Sie liegen nördlich des Äquators zwischen Albert- und Eduardsee. Das Rätsel um den Ursprung des Weißen Nils und die Mondberge war endlich gelöst. Das Zeitalter der großen Abenteuer- und Entdeckungsreisen in Afrika und die 2500 Jahre alte Suche nach der Quelle des Nils waren beendet. Die Angelegenheit ist allerdings nicht so einfach, wie sie scheint.

Der Nil wird aus mehreren Quellflüssen gespeist, die alle in den Victoriasee münden. Am Nordende des Victoriasees fließt das Wasser über die inzwischen überfluteten Ripon Falls hinaus und bildet einen Flussabschnitt, der als Victoria-Nil bezeichnet wird. Dort beginnt der Nil seine Reise durch mehrere Seen einschließlich des Albertsees. Der Albertsee im westlichen Teil des Ostafrikanischen Grabenbruchs wird durch einen weiteren Strom gespeist, den Semliki, der sein Wasser wiederum aus dem Eduardsee erhält. Der Nil fließt nun vom Nordende des Albertsees in Richtung Norden und wird in diesem Abschnitt als Albert-Nil bezeichnet. Danach wird er zum Weißen Nil.

In Khartum vereinigen sich der Weiße Nil und der Blaue Nil und bilden den mächtigen Nilstrom, der ganz Ägypten bewässert und seit Jahrtausenden das Leben des Landes bestimmt. Die Quelle des Blauen Nils entdeckte der spanische Jesuitenmissionar Pater Pedro Páez im Jahr 1618: Der Fluss entspringt im äthiopischen Tanasee.

Bei den beiden großen Seen, denen laut Ptolemäus der Nil entströmte, könnte es sich um den Victoria- und den Albertsee handeln. Die sagenhaften Mondberge, das Ruwenzori-Gebirge, waren zwar nicht die einzigen Quellen des Nils, wie man einst glaubte, aber sie gehören definitiv zu den Flüssen und Seen, die den Nil speisen. Denn das Wasser aus dem Ruwenzori-Gebirge fließt in den Semliki, der anschließend in den Albertsee mündet.

Die Mondberge sind auch heute noch geheimnisumwittert. Das Gebirge an der Grenze zwischen Uganda und dem Kongo ist meist in Wolken gehüllt. Sein Name bedeutet in der Sprache seiner afrikanischen Bewohner höchst treffend „Regenmacher". Wenn die Wolken aufreißen, versteht man sofort auch seinen zweiten Namen Gambaragara – „meine Augen schmerzen" – so hell strahlen die eindrucksvollen schneebedeckten Gipfel und Gletscher. Die 120 Kilometer lange Bergkette besteht aus sechs Bergmassiven: Mount Stanley, Mount Speke, Mount Baker, Mount Emin, Mount Gessi und Mount Luigi di Savoia. Im Mount-Stanley-Massiv liegt auch der höchste Gipfel des Ruwenzori-Gebirges, der Margherita Peak mit einer Höhe von 5109 Metern. Damit ist das Ruwenzori das höchste Gebirge in Afrika. Der Margherita Peak ist der dritthöchste afrikanische Gipfel, nach dem erstmals 1849 von Europäern gesichteten Mount Kenya und dem 1848 entdeckten freistehenden Kilimandscharo. Im Gegensatz zum Mount Kenya und zum Kilimandscharo, die beide vulkanischen Ursprungs sind, sind die großen Gipfel des Ruwenzori durch die Bewegung der Erdkruste entstanden. Dieselben Kräfte sorgten vor drei bis vier Millionen Jahren auch für die Entstehung des Ostafrikanischen Grabenbruchs. In der Gebirgskette gibt es zahlreiche Gletscherseen – könnten sie die unergründlichen Bergquellen sein, von denen ein ägyptischer Priester Herodot erzählt haben soll?

Die üppige Vegetation des Ruwenzori-Gebirges ist außergewöhnlich, es gibt dort wahre Riesenpflanzen, auch bedingt durch den ständigen Niederschlag – es regnet dort an 350 Tagen im Jahr. Auch dies könnte zur Mythenbildung rund um das Gebirge beigetragen haben. Das Gebirge gehört zu den bedeutendsten tropischen Biosphären und ist seit 1994 Weltnaturerbe der Unesco. Dort wachsen moosbedeckte Baumheide-Pflanzen, die eine Höhe von bis zu zwölf Metern erreichen sowie riesige Greiskräuter und Lobelien, die hier bis zu sechs Meter hoch werden können. Die Bergkette ist die Heimat der Berggorillas. Die amerikanische Zoologin Dian Fossey widmete ihr Leben der Erforschung und dem Schutz dieser stark gefährdeten Primatenart. Sie starb bei dem Versuch, die Tiere vor Wilderern zu retten. Im Ruwenzori-Gebirge leben außerdem Elefanten, Schimpansen, Leoparden, Antilopen, Riesenwaldschweine und Ruwenzori-Colobus-Affen. Aufgrund starker Bejagung und Wilderei, vor allem in den 1970er- und 1980er-Jahren, sind die Populationen im Vergleich zum 19. Jahrhundert heute stark ausgedünnt, viele größere Arten sind fast ganz verschwunden. Wie viel weniger glaubwürdig wären die Mondberge des Ptolemäus wohl gewesen, hätte er auch über Riesenpflanzen, Berggorillas, nie endenden Regen und gewaltige Gletscher in den Tropen geschrieben!

RECHTS: Deutsche Ausgabe der Karte von Spekes und Grants Entdeckungsreise durch Zentralafrika zwischen 1860 und 1864 auf der Suche nach dem Victoriasee und der Nilquelle.

KARTE DES
NILQUELLEN-
GEBIETES
nach Speke
VICTORIA NYANSA
ODER
UKEREWE
Die Alpen-See'n im Maasstabe: 8.000.000.
SCHWEIZ
Genfer See
Östl. Länge 34 v. Greenwich
Östl. Länge 31 von Paris
Gondokoro 1911
Ankunft: 15. Febr 1863
UNYORO
KARAGWE
RUANDA
UTAKAMA
UGOGO
USAGARA
USARAMO
TSCHOPI
UVUMA
USCHAKI
Altes Königreich Kittara
Tanganika See
Baringo Salz See
Mondgebirge

Maslens neuer Amazonas

Man sollte annehmen, dass im 19. Jahrhundert die mythischen Orte langsam schwanden. In Australien jedoch entstand erst jetzt die Legende von einem großen Binnenmeer. Das gewaltige Flusssystem im Westen der Gebirgskette Great Dividing Range wurde in jener Zeit erforscht und kartiert. Es bestand aus den Flüssen Darling, Bogan, Murrumbidgee, Murray, Namoi, Gwydir und McIntyre. Ihre Entdecker waren davon überzeugt, dass viele dieser Flüsse in einem großen Binnenmeer zusammenfließen oder dass es die Zuflüsse eines „australischen Amazonas" sind.

Was bei diesen Überlegungen offensichtlich komplett außer Acht gelassen wurde, war die Trockenheit Australiens mit harten Dürreperioden, einer hohen Verdunstungsrate und dem daraus resultierenden Wassermangel. Bei Dürren, die mehrere Jahre lang andauern konnten, verwandelten sich diese Flüsse zu einer Aneinanderreihung von Wasserlöchern. Die fantasievolle Australienkarte von Thomas J. Maslen, einem ehemaligen Offizier der Ostindienkompanie, verstärkte diese Hoffnungen. Die Küstenlinie des Kontinents ist darauf recht realitätsnah abgebildet, aber seine Darstellung der „Großen Australischen Bucht" fußt mehr auf Fantasie als auf Fakten.

Maslen veröffentlichte die Karte 1827 in seinem Buch „The Friend of Australia". Auf der Karte ist ein Flusssystem eingezeichnet, von dem das „Große Land im Süden" nur träumen konnte. Es ist mindestens so groß wie das Amazonassystem. Im Herzen das Landes, zwischen Queensland und dem Northern Territory, liegt ein riesiges Binnenmeer, das von zahlreichen mächtigen Flüssen, die von der Great Dividing Range aus in Richtung Westen fließen, darunter der Macquarie und der Castlereagh River, gespeist werden. Aus dem Binnenmeer fließt in Richtung Nordwesten ein breiter Flusslauf Tausende Kilometer an die Küste Western Australias. Dort mündet er in einem riesigen, von Inseln durchsetzten Delta ins Meer. Der Riesenfluss trennt Nord- von Südaustralien, die Maslen mit „Australindia" respektive „Anglicania" bezeichnet. Ein ebenso fiktives zweites Flusssystem fließt im Binnenland des südlichen Western Australias und South Australias durch die dortigen Wüstengebiete und Graslandschaften, bis es westlich von Adelaide ins Meer mündet.

1844 begab sich Charles Sturt als einer der Letzten auf die Suche, um das erhoffte Binnenmeer zu entdecken. An seiner Stelle fand er die weite, wasserlose Simpsonwüste vor. Damit war klar, dass im Herzen des Kontinents eine über 900 Kilometer lange Wüste lag, die als letzte Region Australiens kartiert werden musste. Über 100 parallele in Nord-Süd-Richtung verlaufende Sanddünen, die bis zu 200 Kilometer lang und bis zu 35 Meter hoch sind, prägen die Landschaft, die scherzhaft als „Frozen Sea" (Gefrorenes Meer) bezeichnet wird.

Von nun an machten sich die Entdecker daran, das „Große Südland", den trockensten Kontinent der Erde, von Süden nach Norden (ungefähr 3700 Kilometer) und von Osten nach Westen (ungefähr 4000 Kilometer) zu durchqueren. Robert O'Hara Burke und William Wills führten eine 19-köpfige Australienexpedition an. Der Gruppe gelang die erste der beiden Strecken, allerdings kostete dies den beiden Expeditionsleitern das Leben. Sie hatten im Jahr 1860 geplant, von Melbourne aus den Kontinent bis zum Golf von Carpentaria zu durchqueren. Als sie nach drei Monaten den Cooper Creek erreichten, teilte sich die Expedition. Acht Männer gingen weiter. Nachdem sie in ihrem Lager an der heutigen Grenze zu Queensland zehn Tage vergeblich auf den Provianttransport gewartet hatten, entschieden sie, sich erneut aufzuteilen. Nur noch vier Männer sollten weiter nach Norden in Richtung Golf ziehen. Zu Beginn, auf der ersten Teilstrecke ihrer Reiseroute, verlief alles relativ problemlos. Fast an jedem Tag fanden sie eine neue Wasserstelle. Doch dann stellten sich die schroffen Berge der Selwyn Range in der Nähe von Cloncurry als ein nur mit letzter Kraft zu überwindendes Hindernis heraus. Weiter im Norden gerieten sie in den Monsunregen und mussten durch scheinbar endlose, überschwemmte Gebiete und tiefen Schlamm waten. Als sie schließlich die Küste erreichten, fanden sie sich in einem undurchdringlichen Mangrovenwald wieder. Die Reise von Coopers Creek an die Küste hatte zwei Monate gedauert, und zwei Drittel des Proviants war schon verbraucht. Die Rückreise stellte sich als noch größere Strapaze heraus. Um zu überleben, mussten die Männer Schlangen, ihre Kamele und selbst ihre Pferde essen. Alle

Maslens neuer Amazonas

Männer der Expedition litten an schweren Ruhrerkrankungen. Als sich die Überlebenden mit letzter Kraft in das Lager am Cooper Creek geschleppt hatten, vier Monate und fünf Tage nachdem sie aufgebrochen waren, fanden sie das Camp verlassen und nahezu ohne Vorräte vor, das Feuer war noch warm. Was ihnen blieb, war eine Kiste mit Proviantresten, vergraben neben einem Baum mit der Markierung „Dig" (Graben). William Brahe, der für das Lager verantwortlich war, und die restlichen zurückgebliebenen Mitglieder waren davon überzeugt, dass die Männer der vorausgeschickten Gruppe in der Zwischenzeit umgekommen waren. Deshalb hatten sie das Camp aufgegeben und waren Richtung Süden an den Darling River aufgebrochen. Sie hatten einen Monat und fünf Tage länger gewartet, als Burke mit ihnen vereinbart hatte, und das auch nur, weil einer der Männer, der Schmied William Patten, so krank war, dass er nicht reisen konnte. Burke, Wills und King hatten sie um nur sieben Stunden verfehlt. Die Zurückgelassenen waren nun auf die Versorgung mit Nahrung durch die dort lebenden Aborigines, des Yandruwandha-Volks, abhängig. Burke und Wills starben in der Nähe des verlassenen Lagers. John King überlebte als Einziger. Er wurde 1861 von Alfred William Howitt, dem Führer einer Rettungsexpedition, gefunden.

Auch wenn er selbst es damals vielleicht nicht so sah, hatte John McDouall Stuart mehr Glück. Er startete ebenfalls 1860, um den Kontinent auf einer Parallelroute von Adelaide aus zu durchqueren. Er kam nur bis zum Red Centre, einer Halbwüste im australischen Outback, und musste umkehren. Aber immerhin überlebte er seine Reise und konnte bei seiner Rückkehr nach South Australia seine Geschichte erzählen.

Der Traum vom großen, amazonasgleichen Flusssystem, das ein fruchtbares Binnenland bewässert, hätte sich für die Abenteurer nicht als unbarmherzigerer Albtraum herausstellen können.

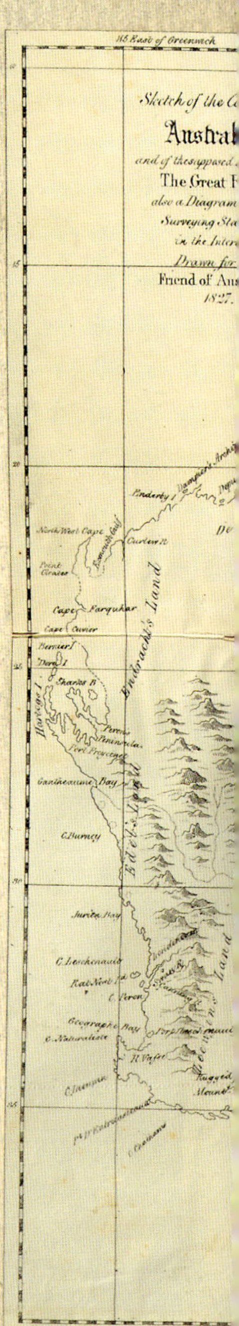

RECHTS: Thomas Maslens fantasievolle Australienkarte von 1827 zeigt ein riesiges Binnenmeer mit vielen Zuflüssen, die aus den umgebenden Bergketten entspringen.

TIMOR
AUSTRALINDIA
Arnhem's Land
CARPENTERS GULF
The Great River or the Desired Blessing
THE DELTA of AUSTRALIA
Lat 23°
Long 132°
THE DEAD LEVEL
Depôt E
Depôt D
Depôt C
Depôt B
EASTERN AUSTRALIA
ANGLICANIA
Commencement of very elevated Land supposed by some
Spencer's Gulf
St Vincent's Gulf
Mount Arden
Mount Brown
Grant's Land
Bass's Land
Port Phillip
Wilson's Promontory
Long Beach
Ram Head
C. Howe
Botany Bay
Port Jackson
Broken Bay
Port Macquarie
Morton Bay
Brisbane R.
C. Byron
Double Id Point
Cape Bedford
Endeavour R.
Trinity Bay
C. Grafton
C. Melville
C. Grenville
C. Arnheim
C. Londonderry
Dampier's
Hammet Island

AMERICA
MERIDIONALIS
BRASILIA
MAR
Guiana Regnum, auri & omnium animantium feracissimum esse testatur Gualterus Raleg cujus impensis lustrari cæpit anno 1595. In eo multas esse civitates affabre constructas.
Ubi Cambales id est ipsorum lingua viri fortes, genus atrox: cysnum antropophagorum inimicos quosunque ceptum comedunt
GUIANA
CARIBANA
L. Trinidad
Tabago
Barbudos
S. Vincente
Granado
P. Gallera
Bernardo
I. de Fonceca
Popayana
Bogota
Andaluzia
Parime lacus
OMAGUA
PAGUANA
PICORA
Moxos provincia
AMAZONES
PARANA
ACUTIA
Camire
Eupana Lacus
OURAM
Tabajares
Magaiates
Ovetacates
Tououpinabauti
Toupin Ikini
Asumption
Paraguate
Cusco
Lima Regum
Potosi Mons
Villa de la Plata
serras de Guaraxos
Guirunates
Morpion
S. Catherina
Rio de la Plata id est argenteus flu.
C. Blanco
S. Apollonia
CHICA
REGIO
vel
Patagones
Lago de los Corodados
Fretum Magellanicu
C. de Virgin Maria
I. de Aceno
C. des Tiago
C. Primiro
C. de 3. montes
C. Talbado
Arequipa
S. Nabor

Teil 6

Land der goldenen Träume

Die Aufteilung der Neuen Welt

Der Traum von El Dorado

Von Schatzinseln, Riesen und einem Silberberg

LINKS: Diese Südamerikakarte von Jodocus Hondius aus dem 17. Jahrhundert zeigt unter anderem die goldene Stadt Manoa in Guyana.

FOLGENDE SEITEN: Die Eingeborenen Südamerikas treiben in Patagonien Handel mit Entdeckern. Druckgraphik von Gallo Gallina (um 1832–1834).

Die Aufteilung der Neuen Welt

Schon bald nach der Entdeckung der Neuen Welt begannen die europäischen Länder, die kaum erforschten Gebiete und ihre Reichtümer aufzuteilen. Der Einfluss der Spanier war in der Karibik und Mittelamerika bereits so groß, dass keine andere Nation ihnen diese Gebiete streitig machen konnte. Portugal konzentrierte seine Anstrengungen stattdessen auf Südamerika. Der Wettstreit zwischen den beiden großen Seefahrernationen war schließlich so erbittert, dass Papst Alexander VI. vermitteln musste. 1493 erließ er eine päpstliche Bulle, in der alle nicht christlichen Länder, darunter auch die Neue Welt, zwischen Portugal und Spanien aufgeteilt wurden. Jedem der beiden katholischen Staaten wurde ein „Einflussbereich" zugewiesen. 1494 unterzeichneten Spanien und Portugal eine entsprechende Vereinbarung, den Vertrag von Tordesillas. Frankreich wurde dabei nicht berücksichtigt, ebensowenig England.

Für uns heute ist schwer nachzuvollziehen, dass Rom so einfach die nicht christliche Welt zwischen zwei europäischen Staaten aufteilen konnte, ohne auch nur einen Gedanken an die Interessen der dort lebenden Völker zu verschwenden. Die päpstliche Bulle legte eine Demarkationslinie fest, die 100 Leguas (480 Kilometer) westlich der Kapverdischen Inseln erdumspannend vom Nord- zum Südpol verlief. Die Spanier sollten die gesamte Neue Welt und die Philippinen erhalten, Portugal wurden Afrika, Indien und die ostindischen Inseln zugesprochen. Im Vertrag von Tordesillas allerdings verlief die Grenzlinie 370 Leguas (1800 Kilometer) westlich der Kapverden, und somit fiel zumindest noch das östliche Brasilien in den Einflussbereich der Portugiesen. 1533 änderte Papst Clemens VII. den Vertrag, so dass Frankreich an der Aufteilung der nicht christlichen Welt teilhaben konnte. Die Stellung des Papstums zur damaligen Zeit war so groß, dass alle europäischen Monarchen an die Beschlüsse aus Rom gebunden waren.

Seit dem Tag, an dem Kolumbus auf seiner zweiten Reise in die Neue Welt im Jahr 1493 die erste dauerhafte spanische Kolonie La Isabela auf Hispaniola gegründet hatte, überschlugen sich die Ereignisse. Schnell wurde bekannt, welche immensen Reichtümer in der Neuen Welt zu erwerben waren. Juan Ponce de León kolonisierte 1508 Puerto Rico, 1509 eroberten die Spanier Jamaika und zwei Jahre später Kuba. Die Bewohner einer Insel nach der anderen wurden versklavt und zu Schwerstarbeit in Minen und in der Landwirtschaft gezwungen, so wie es Ponce de León bereits in Puerto Rico vorgemacht hatte.

Damals erhoben nur wenige ihre Stimme gegen die Sklaverei. Einer war Bartolomé de Las Casas. Er setzte sich leidenschaftlich für die Rechte der Ureinwohner ein. Doch am Ende bewahrte ihn noch nicht einmal sein Priesterstand vor der Bedrohung durch wütende Kolonisten. 1547 musste er aus Angst um sein Leben aufgrund seiner kompromisslosen Haltung im Alter von 72 Jahren die Neue Welt verlassen. Gegen die Zerstörung der indianischen Hochkulturen in der Neuen Welt protestierte danach kaum noch jemand. Die Urbevölkerung wurde durch Misshandlung und durch eingeschleppte Krankheiten förmlich dahingerafft. Neue spanische Siedlungen breiteten sich von den Karibikinseln bis nach Mittel- und Südamerika aus. Gier bestimmte das alltägliche Leben. Eine verklärende Sichtweise der Entdeckung der Neuen Welt beschreibt das Gedicht „Als er zum ersten Mal in Chapmans Homer las“ von John Keats aus dem 19. Jahrhundert:

«Wie ein Sternengucker war ich bewegt
Ließen sich neue Planeten ins Fernglas bannen,
Stark wie Cortez, wenn er mit Adlerblick
Auf den Pazifik starrte – und seine Mannen
Sich stumm ansahn, mit wilden Fantasien
Sehnend nach dem Gipfel in Darién.»

Die wenigsten Dichter schrecken davor zurück, die Tatsachen etwas zu verdrehen, um die gewünschte Wirkung zu erzielen, und Keats war da sicher keine Ausnahme. Doch war die historische Realität des in in diesem Gedicht beschriebenen Ereignisses wirklich so abstoßend? Natürlich war es nicht der «starke Cortez», sondern der spanische Konquistador und Gouverneur von Darién, Vasco Núñez de Balboa, der den Pazifik entdeckt hat. Balboa war höchstwahrscheinlich nicht grausamer als viele andere, die, angetrieben von Gier und Überheblichkeit, die Kolonien ausbeuteten. Darin ist er ein typischer Repräsentant seiner Zeit.

Balboa

Vasco Núñez de Balboa entstammte einem alten spanischen Adelsgeschlecht. Er begleitete Juan de la Cosa 1500 nach Amerika, um dort die Küste von Ostpanama und Kolumbien zu erkunden. Danach ließ er sich – wenig erfolgreich – als Großgrundbesitzer auf Hispaniola nieder. Hoch verschuldet floh er vor seinen Gläubigern. Als blinder Passagier versteckte er sich auf einem Schiff, das nach San Sebastián de Urabá unterwegs war (das spätere Cartagena de Indias in Kolumbien). Balboa wurde entdeckt, aber es gelang ihm, Kapitän und Mannschaft für sich zu gewinnen. Als sie erfuhren, dass

„Núñez de Balboa, entsetzt über die homosexuellen Praktiken unter den Ureinwohnern, wirft diese wilden Hunden zum Fraß vor", Theodor de Bry in „Große Reisen: Die Entdeckung der Neuen Welt", 1599.

San Sebastián von den Ureinwohnern zerstört worden war, schlug Balboa vor, eine Siedlung an einem günstigeren und fruchtbareren Ort aufzubauen, nämlich in Darién (Panama). Auch dort trafen sie auf feindliche Ureinwohner, doch die Spanier behielten die Oberhand. In der Folge setzte Balboa den Kommandeur Fernández de Enciso und den Gouverneur de Nicuesa ab. De Nicuesa wurde mit einigen seiner Getreuen und wenig Proviant gezwungen, mit einem seeuntüchtigen Boot aufzubrechen und wurde nie wieder gesehen. An seiner Stelle wurde Balboa zum Gouverneur ernannt.

Als Balboa offiziell zum Gouverneur von Veragua, den damaligen fünf spanischen Provinzen in Mittelamerika, erklärt wurde, plünderte er die Karibikinseln und versklavte ihre Einwohner. Nach Spanien berichtete er, wie gütig er die Urbevölkerung behandle und wie gewissenhaft er überall dafür Sorge trage, sündiges Treiben zu unterbinden.

Die unglaubliche Brutalität, mit der er Homo- und Transsexuelle behandelte, war für seine Zeit durchaus nicht untypisch. Homosexualität galt in der präkolumbianischen Kultur der Azteken, Mayas, Inkas, Zapoteken, Moche und anderer Stämme als eine normale, gesellschaftlich anerkannte sexuelle Veranlagung und wurde im Gegensatz zum christlichen Europa der frühen Neuzeit keineswegs als Laster verteufelt. Als Balboa am Hof eines eingeborenen Herrschers den Bruder des Häuptlings mit einigen als Frauen verkleideten Höflingen beim Liebesspiel antraf, war er außer sich. Er geriet dermaßen außer Kontrolle, dass er in einem Akt äußerster Grausamkeit befahl, seine Bluthunde auf die Männer zu hetzen. Sie rissen diese daraufhin allesamt in Stücke.

Dass Balboas Benehmen dem der übrigen Konquistadoren in der Neuen Welt in nichts nachstand, belegt das folgende Inquisitionsverfahren gegen einen Ureinwohner. Als dieser bereits zum Tod auf dem Scheiterhaufen verurteilt war, bot man ihm unter Folter an, zum Christentum überzutreten, damit seine Seele gerettet werde. Dieser wollte daraufhin wissen, ob er im Himmel auf weiße Männer treffen würde. Als man ihm sagte, dass dem natürlich so sei, weigerte er sich zu konvertieren, mit der Begründung, er wolle nirgendwo hingehen, wo die Menschen so grausam seien.

Balboa war ein typischer Vertreter seiner Epoche, einer Zeit des neu entstehenden Imperialismus der beiden Großmächte Spanien und Portugal. Er stammte aus einem Land, in dem immer noch die Inquisition herrschte. Als wagemutiger Entdecker beherrschte er dabei perfekt die Kunst der politischen Intrige. Er plünderte und versklavte, war brutal und rücksichtslos, ein geborener Anführer mit Sinn für Selbstdarstellung. Man kann sich kaum einen theatralischeren Moment vorstellen als diesen: Balboa watet in voller Rüstung in den Pazifik, hält in der einen Hand ein Schwert, in der anderen eine Standarte mit dem Bild der Jungfrau Maria. Auf diese Weise beanspruchte er den Pazifischen Ozean und alle angrenzenden Gebiete im Namen der spanischen Krone. Eine Intrige in Panama kostete ihn und vier seiner Anhänger das Leben. Sie wurden vor Gericht gestellt und zum Tode verurteilt, obwohl sie dem spanischen König bis zuletzt die Treue schwörten. Balboas Ende war von derselben Grausamkeit, die so sehr Teil seines Lebens gewesen war. Es heißt, es waren drei Axthiebe notwendig, um ihn zu enthaupten.

Der Traum von El Dorado

Tief empfundene Religiosität und die Suche nach dem Paradies auf Erden inspirierten viele Entdecker des Mittelalters zu ihren Erkundungsfahrten. Im 15. Jahrhundert wurde der Traum von unglaublichen Reichtümern und neuen Territorien zum Hauptmotiv. El Dorado wurde zum Inbegriff dieser Suche nach verborgenen Schätzen, der Name ging unwiderruflich in unseren Sprachschatz ein.

Die Legende von El Dorado nahm ihren Anfang, als der spanische Entdecker Gonzalo Jiménez de Quesada 1537 im heutigen kolumbianischen Hochland auf das Volk der Muisca stieß. Schon bald darauf kursierten im kurz zuvor eroberten Quito, der heutigen ecuadorianischen Hauptstadt, Gerüchte über einen „Goldenen König", den El Rey Dorado. Die Geschichte vermischte sich mit anderen Überlieferungen, so dass schließlich nicht nur von einem „Goldenen König", sondern auch von einer „Goldenen Stadt", El Dorado, die Rede war. Wenn auch die Erzählung von der „Goldenen Stadt" nur eine Legende ist, so hat der „Goldene König" wirklich gelebt. Um 1638, ein Jahrhundert nach der Entdeckung der Muisca, erschien die Chronik „El Carnero“ von Juan Rodriguez Freyle. Detailliert beschreibt der Autor darin eine religiöse Zeremonie, die bei der Einsetzung eines neuen Herrschers der Muisca abgehalten wurde. Der Priesterkönig unterzog sich, ähnlich wie im Schamanismus, einem Initiationsritus, bei dem er sich in eine Höhle zurückziehen, sich von Frauen fernhalten, auf Salz verzichten und in der Dunkelheit leben musste. Nach dieser Zeit der inneren Einkehr begann die Reise des Königs zurück ins Licht am See Guatavita in der Nähe des heutigen Bogotá, um dort den Göttern Opfer darzubringen. Er fuhr auf einem riesigen, prächtig geschmückten Floß auf den See hinaus. Aufs Feinste herausgeputzte Männer und Frauen häuften zu des Königs Füßen Berge von Gold und Edelsteinen an, die ihrem Gott geopfert werden sollten. Der König wurde entkleidet, mit Lehm eingerieben und mit Goldstaub bepudert. Vier ebenfalls nackte Priester begleiteten ihn und brachten ihre Opfergaben dar. Sobald das Floß die Mitte des Sees erreicht hatte, wurde eine Fahne erhoben, die signalisierte, dass absolute Stille herrschen sollte. Die wertvolle Ladung von Juwelen und Gold wurde sodann als Opfergabe über Bord geworfen, um die Harmonie des Universums wiederherzustellen. Danach wurde die Fahne ein weiteres Mal geschwenkt, sofort ertönten Jubel und Flötenmusik. Am Ufer hießen Tänzer und Sänger den neuen Herrscher des Reichs willkommen.

Im Museo del Oro in Bogotá befindet sich die weltweit größte Sammlung von Goldkunstwerken, etwa 35 000 Exponate – nur ein Bruchteil dessen, was die spanischen Eroberer geraubt hatten. Zentrales Ausstellungsstück in der Sala de la Ofrenda ist das wunderschöne und detailgetreu nachgebildete Modell des Floßes der Muisca aus reinem Gold.

Im Jahr 1542 brach der Konquistador Francisco de Orellana gemeinsam mit Gonzalo Pizarro auf, um El Dorado, die „Goldene Stadt“, zu finden. Man erzählte sich, dass selbst die Straßen dort mit dem wertvollen Metall gepflastert seien. Ihre Reiseroute führte sie den Rio Negro entlang. Orellana behauptete später, dass er dort auf ein außergewöhnliches Volk mit einer hoch entwickelten Landwirtschaft und befestigten Städten getroffen sei. In seiner spanischen Heimat war man fasziniert von seinen Berichten. Zahlreiche weitere Entdecker machten sich danach auf die Suche. Allerdings wurde nie auch nur die geringste Spur der verborgenen „Goldenen Stadt“ gefunden.

Die goldene Stadt Manoa

Selten steht die Wahrheit der Verbreitung einer gut erfundenen Geschichte im Weg, und so wurde El Dorado mit den Jahren in ganz verschiedenen Regionen gesucht. Sir Walter Raleigh etwa vermutete die «große, goldene Stadt Manoa, die die Spanier El Dorado nennen» im Hochland des «großen, schönen Königreichs Guiana», am Ufer eines «600 Meilen langen Salzwassersees». Mehrere Expeditionen wurden nach Guiana (das heutige Guyana) ausgesandt, in der Hoffnung, dort Gold zu finden. So endete die Reise von Don Pedro Malaver da Silva im Jahr 1530 mit dem Tod der gesamten Besatzung, die den feindlichen Ureinwohnern, den Kariben, zum Opfer fiel. Es gab nur einen einzigen Überlebenden, Juan Martinez. Seine Erlebnisse schilderte er im Lauf der Jahre in immer neuen Varianten. In einer dieser Versionen seines Reiseberichts lebte Martinez zusammen mit den Kariben in Manoa, einer Stadt am Ufer des Parima-Sees in Rapunini. Die Häuser dieser Stadt sollen aus Gold und Edelsteinen erbaut worden sein. Nach einiger Zeit, die in seinen Erzählungen zwischen wenigen Monaten und zehn Jahren schwankt, wurde Martinez erlaubt, beladen mit wertvollen Geschenken und von ortskundigen Führern begleitet, die Stadt in Richtung des Orinoco zu verlassen. Dort soll er angeblich überfallen und ausgeraubt worden sein. Trotz seiner schweren Verletzungen habe er sich bis zur Isla Margarita vor der Küste Venezuelas durchgeschlagen. Die Mönche, denen er dort von seinen Abenteuern berichtete, glaubten ihm seine Geschichte. Manoa und das sagenhafte El Dorado verschmolzen zu einer Legende, die sich wie ein Lauffeuer verbreitete.

Sir Walter Raleigh war ungefähr sechs Jahre lang Günstling der englischen Königin Elisabeth I., wenn auch nie mit besonderem Geschick im gesellschaftlichen Umgang. Dann jedoch machte ihm der Earl of Essex die Sympathie der Königin streitig, denn Raleigh setzte diese durch seine Affäre mit Elizabeth Throckmorton, einer der Hofdamen der Königin, aufs Spiel. Durch die Hochzeit mit ihr konnte er sein gesellschaftliches Ansehen wiederherstellen. Wie so viele, die Königin Elisabeths Missfallen erregt hatten, wurde er allerdings von der eifersüchtigen Königin in den Londoner Tower gesperrt. Dort war er gezwungen, seine Leidenschaft für einige Zeit etwas abzukühlen. Letztendlich wurde Raleigh wieder freigelassen und auf mehrere Seereisen geschickt. 1595 startete er zu einer Expedition nach Guiana, wo er den Orinoco aufwärts, mitten durch Spaniens neues Reich segeln wollte. Er war überzeugt, dass dort das Gold von El Dorado verborgen lag. Da Raleigh nach seiner Fahrt auch solche Merkwürdigkeiten wie ein Volk von kopflosen Menschen beschreibt, könnte man meinen, seine Glaubwürdigkeit wäre angezweifelt worden, aber nein: Stattdessen trug der berühmte Kartograph Jodocus Hondius El Dorado sogar in seine 1598 in den Niederlanden veröffentlichte Landkarte von Südamerika ein, in der es noch bis Anfang des 19. Jahrhunderts zu finden war.

Dabei geriet ein weiterer spanischer Konquistador, Don Antonio de Berreo, in Konflikt mit Raleighs Suche nach El Dorado. Don Antonio heiratete im Alter von über 50 Jahren die weitaus jüngere Margarita, Tochter und Erbin des wohlhabenden Konquistadors Gonzalo Jiménez de Quesada. Die Heirat machte Don Antonio zu einem sehr reichen Mann. Als Gegenleistung für die Hand seiner Tochter musste Berreo seinem Schwiegervater schwören, dessen jahrelange Suche nach El Dorado fortzuführen. Gonzalo verlangte von ihm, dabei «bis zum Äußersten seiner Kräfte und seines Lebens» zu gehen. Berreo gestand Raleigh später, er habe 300 000 Dukaten ausgegeben, um diesem Wunsch seines Schwiegervaters nachzukommen. Auf der Insel Trinidad gründete Berreo eine Siedlung als Stützpunkt für seine Expeditionen nach Guiana und El Dorado, das er im Landesinneren am Orinoco finden wollte. Dreimal fuhr er den Fluss auf der Suche nach dem verborgenen Gold hinauf. Seine Expeditionen waren mit Hunderten von Soldaten, Trägern und Pferden ausgestattet. Die Reisen forderten jedes Mal unzählige Menschenleben und verschlangen einen Großteil seiner Erbschaft. Berreo ließ sich schließlich in der von seinem Leutnant Do-

Der Herrscher der Muisca wird mit Goldstaub bedeckt. Stich von Theodor de Bry, aus „Die Großen Reisen: Die Suche nach El Dorado", 1599.

mingo de Vera neu gegründeten Stadt St. Joseph auf Trinidad nieder und wurde 1584 der erste Gouverneur der Insel. Gemeinsam planten sie eine erneute Expedition, um El Dorado zu finden.

Auf seiner Fahrt nach Guiana ankerte Walter Raleigh vor Trinidad. Er ließ in St. Joseph Feuer legen und Berreo sowie seinen Stellvertreter, den alten portugiesischen Kapitän Alvaro Jorge, verschleppen. Raleigh rechtfertigte seine Taten damit, dass Berreo die Ureinwohner grausam behandelt und einige Männer aus seiner Mannschaft betrogen hätte. Den Großteil seiner Schiffe ließ Raleigh in Trinidad zurück, er selbst segelte weiter nach Guiana. Seine Geiseln ließ er erst im venezolanischen Cumana frei, nachdem er von ihnen sämtliche Informationen über El Dorado erpresst hatte, die sie kannten. Von dort aus machten sich die bedauernswerten Männer wieder auf den Weg zurück nach Trinidad.

Inzwischen hatte Domingo de Vera für Berreos Suche nach El Dorado 28 Schiffe und etwa 1500 Männer rekrutiert. Berreo stand der Sinn aber nicht mehr nach Abenteuern, so übernahm der fast 80-jährige Alvaro Jorge das Kommando. Diese letzte Entdeckungsfahrt endete in einer Katastrophe. Fast die ganze Zeit über herrschte Hunger, die Expedition war vielen Überfällen ausgesetzt. Berreos Vermögen war aufgezehrt. Spät kam er zur Erkenntnis: «Wenn man zu viel versucht, hat man am Ende gar nichts.»

Auch für Raleigh nahm das Unheil seinen Lauf: Königin Elisabeth starb, und ihr Nachfolger auf dem Thron wurde Jakob I. Gerüchte, er habe sich mit den Spaniern verbündet, führten dazu, dass man Raleigh des Hochverrats bezichtigte. Er wurde zum Tode verurteilt, begnadigt und für zwölf Jahre ins Gefängnis geworfen. In dieser Zeit schrieb er seine „Geschichte der Welt". Als er 1616 freikam, unternahm er sogleich wieder eine Expedition, um El Dorado zu finden. Er gab König Jakob sein Ehrenwort, dort ein Goldbergwerk zu betreiben, ohne dass es dabei zu einem Konflikt mit Spanien käme. Die Expedition erwies sich ebenfalls als Desaster. Raleigh erkrankte an Fieber. Währenddessen brannten seine Männer eine spanische Siedlung am Unterlauf des Orinoco nieder. In den Augen von Jakob I. wog jedoch die Tatsache am schwersten, dass Raleigh ohne das legendäre Gold von El Dorado zurückkehrte. Wenig überraschend ließ der König Raleigh erneut wegen Hochverrats anklagen. Diesmal gab es keine Begnadigung. 1618 wurde Raleigh hingerichtet.

RECHTS: Illustration aus Sir Walter Raleighs Buch „Entdeckung des großen, reichen und schönen Königreichs Guiana mit einem Bericht über die große goldene Stadt Manoa, die die Spanier El Dorado nennen".

MANOA odel DORADO.

Von Schatzinseln, Riesen und einem Silberberg

Gold war zwar meist der Hauptantrieb für die spanischen und portugiesischen Entdecker, aber auch die Suche nach Silber war eine mächtige Verlockung. Die Legende von einem riesigen Silberschatz verbreitete sich 1516 nach einer portugiesischen Erkundungsfahrt. Die Expedition unter der Leitung des Seefahrers Juan Diaz de Solis erlitt in der Nähe der Flussmündungen des Río Uruguay und des Río Paraná Schiffbruch. Von den dortigen Ureinwohnern wurden die Überlebenden bei ihrer Landung mit Silber beschenkt. In kürzester Zeit wurde diese Begebenheit ausgeschmückt und die Legende über eine Gebirgskette aus reinem Silber, die Sierra del Plata, entstand. Diese lag angeblich in einem von einem Weißen regierten Königreich. Im späten 16. Jahrhundert nannten die Portugiesen den Mündungstrichter der beiden Flüsse „Rio de la Plata", in der Annahme, die Flüsse kämen aus dem Silbergebirge. Der Silberberg wurde nie gefunden. Die nächstgelegenen Silbervorkommen liegen über 1600 Kilometer weit entfernt, in

Argentinien (Silberland), wie das Land 1602 getauft wurde.

Ebenso fantasievoll und verlockend war die „Ciudad de los Césares“, die „Stadt der Kaiser“, auch als „Wandernde Stadt“, „Stadt von Patagonien“, Elelin oder Trapananda bezeichnet. Sie soll von der Besatzung einer spanischen Galeone gegründet worden sein, die den Untergang ihres mit Schätzen beladenen Schiffs überlebt hatte. Wie andere geheimnisvolle Orte scheint auch diese rätselhafte Stadt des Öfteren ihren Standort zu wechseln, wurde aber meist in einem patagonischen Andental vermutet. Manche behaupteten, sie liege zwischen zwei Bergen, von denen der eine aus reinem Gold und der andere aus Diamanten bestünde. Andere glaubten, dass sich die Stadt den Menschen nur sporadisch zeige und dass dort Geister oder Riesen wohnten.

Patagonische Riesen

Auch Ferdinand Magellan berichtete nach seiner Weltumsegelung in den 1520er-Jahren von Riesen, die er in Südamerika gesehen haben will. Die friedfertigen Giganten sollen an der Küste Patagoniens gelebt und unwahrscheinliche 4,50 Meter groß gewesen sein. Während des gesamten 16. Jahrhunderts tauchten immer wieder gleichlautende Berichte auf. Eine dieser Erzählungen stammt von Francis Fletcher, dem Schiffskaplan auf Francis Drakes Schiff „Golden Hind“. Drake und seine Mannschaft befanden sich ab 1577 auf einer dreijährigen Weltumsegelung. Als Drake von den Riesen berichtet, führte er gerade ein „Gerichtsverfahren“ auf hoher See durch, das mit der Exekution des Aristokraten Thomas Doughty, einem seiner Kapitäne, endete. Doughty und sein Bruder waren der Hexerei und des Hochverrats angeklagt. Unter solch außergewöhnlichen Umständen ist es vielleicht verständlich, dass die Fantasie mit den Beteiligten durchging und Riesen gesichtet wurden. Später behauptete Anthony Knivet, der unter dem englischen Entdecker Thomas Cavendish an einer Weltumsegelung im Jahr 1591 teilnahm, vier Meter große Riesen gesehen zu haben. Auch südamerikanische Legenden berichten von „Riesenstämmen“ wie etwa den Chanka in Peru, deren Angehörige über zwei Meter große Hünen mit roten Haaren gewesen sein sollen.

Über 250 Jahre nach den ersten Berichten über die patagonischen Riesen tauchte 1766 eine weitere derartige Meldung auf. Nach der schnellsten Weltumsegelung der damaligen Zeit (sie dauerte weniger als zwei Jahre) berichtet die Mannschaft der „HMS Dolphin“ nach ihrer Ankunft in London von einer Begegnung mit einem patagonischen Stamm, dessen Mitglieder im Durchschnitt etwa 2,70 Meter groß gewesen sein sollen. Der offizielle Bericht über die Reise, die unter der Führung von Kommodore John Byron stattgefunden hatte, beschränkte sich allerdings auf die Beschreibung eines Stammes mit einer Durchschnittsgröße von 1,95 Metern. Befürchtete der Kommodore, dass ihm niemand Glauben schenkte? Oder war er besorgt, ein solcher Bericht könne seiner Glaubwürdigkeit schaden? Schließlich war er Kommandant eines Geschwaders seiner Majestät, der schnell Karriere gemacht hatte, der im Ruf stand, einen sachlichen und scharfen Verstand zu besitzen, und der einer baldigen Beförderung entgegensah. Alles in allem scheint aber die Existenz eines Volks sehr großer Ureinwohner in Patagonien wahrscheinlicher als die Legenden über die wandernde „Stadt der Kaiser“.

Tarapaca
Paca
Atacama
Quintero
Patagonum regio ubi incolę sunt Gigantes.
ONA
LIS
CA
CHI
R. de los Rabudos
Lag. de los Coronados
R. de los Palominas
R. de S. Iulian
Costa d. las Arenas
R. del Camaron
P. de las Baxas
G. Pequeno
R. de la Cayana
Las Arenas
I. de

Das Zimtland

Der Handel mit Gewürzen war neben der Suche nach Gold und Silber die treibende Kraft für die Entdeckungsfahrten in die Neue Welt. Marco Polo und andere Asienreisende hatten die Europäer mit ihren Berichten von exotischen Gewürzen dazu veranlasst, neue Wege nach Asien zu erkunden. Bemerkenswert genau beschrieb er 7448 Inseln im Chinesischen Meer und erklärte: «Ich versichere Ihnen, dass es auf all diesen Inseln nicht einen Baum gibt, der keinen kräftigen und köstlichen Duft verströmt ... Außerdem gibt es dort viele Gewürze.» Die von ihm beschriebenen Inseln lagen in der Gegend der Philippinen.

Die Suche nach Gewürzen war das Hauptmotiv für die Expedition des Kolumbus. Obwohl er selbst in den neuen Ländern nur wenige Gewürze entdeckte, waren viele Kaufleute davon überzeugt, dass der amerikanische Kontinent einen großen Reichtum an neuen Gewürzen bieten würde. Die bloße Hoffnung schürte oft entsprechende Fantasien, die Abenteurer zu neuen Reisen verlockten. Auf diese Weise entstand die Legende von „La Canela" (dem „Zimtland"). Ursprung war die Erkundung der Anden durch Gonzalo Díaz de Pineda. Er hatte in den Bergen Bäume entdeckt, die nach Zimt dufteten. Er befragte die Einwohner danach und verstand, dass nicht weit entfernt noch bessere Bäume angebaut würden. Wie es mit Legenden so ist, wurden aus ein paar Bäumen eine ganze Plantage. Die Zimtbäume, bei denen es sich noch nicht einmal um Zimtpflanzen handelte, da diese in Südamerika nicht vorkommen, stießen auf großes Interesse. Gonzalo Pizarro, der Halbbruder des berühmteren Francisco Pizzarro, und sein Stellvertreter Francisco de Orellana konnten der Verlockung nicht widerstehen.

1521 begaben sie sich von Quito in Ecuador aus auf die Suche nach dem legendären „País de la Canela", dem „Zimtland". Trotz (oder gerade wegen) der Größe ihrer Expedition mit mehr als 200 Spaniern und 4000 indianischen Helfern scheiterte die Expedition. Als der Proviant (der unter anderem aus 2000 Schweinen bestand) zur Neige ging, ließen die Konquistadoren ein Boot bauen. Ihre Hoffnung war, Orellana könne mit einigen Männern den Rio Napo hinunterfahren und neuen Proviant besorgen. Orellana gelang eine Entdeckungsfahrt, die in die Geschichte eingehen sollte. Die Nahrungssuche erwies sich als erfolglos, zudem war der Rückweg flussaufwärts nicht möglich. Die kleine Gruppe musste deshalb weiter flussabwärts fahren. Sie erreichten schließlich den Amazonas und waren somit – unfreiwillig – die ersten Europäer, denen es gelang, den großen Fluss bis hinunter zu seinem Delta zu befahren. Unter den Expeditionsteilnehmern war auch Orellas Kaplan, der Dominikanermönch Gaspar de Carvajal. Er schrieb das nervenaufreibende Abenteuer in seiner Chronik nieder. Auf der Fahrt will er unter anderem Amazonen begegnet sein – einem Stamm, der nur aus Frauen und Kindern bestand. Als Orellana nicht zurückkam, musste Pizarro umkehren. Zwei Jahre nachdem er aufgebrochen war, erreichte er Quito. Nur 80 seiner Begleiter hatten überlebt. Der peruanische Historiker Garcilaso de la Vega schilderte 1617 die Geschichte von Pizarros unglückseliger Suche nach dem Zimtland in seinen

LINKS: Ein Ausschnitt aus Willem Janszoon Blaeus Globus von 1621 zeigt die Riesen von Patagonien.

„Comentarios Reales de los Incas“ (Königliche Kommentare der Inkas).

Schatzinseln – Oak Island

Auf Inseln versteckte Schätze haben im Lauf der Jahrhunderte immer wieder Stoff für neue Abenteuer und aufregende Romane wie Robert Louis Stevensons „Schatzinsel“ geliefert. Meist geht es dabei um Piratenschätze, deren Besitzer ein schlechtes Gedächtnis hatten und Karten mit einem großen schwarzen Kreuz darauf sowie der Anweisung „Hier graben“ zeichneten. Einige Inseln scheinen allerdings tatsächlich echte Schätze zu verbergen.

Oak Island, eine winzige, etwa 55 Hektar große, bewaldete und von Sandstränden gesäumte Insel vor der Küste von Nova Scotia, ist eine jener geheimnisvollen Schatzinseln. Hier fand die wahrscheinlich langwierigste und sicher eine der frustrierendsten Schatzsuchen der Welt statt. Oak Island gehört zu einer Gruppe von etwa 350 Inseln in der Mahone Bay. 1795 beschloss ein Teenager namens Daniel McGinnis, die Wälder im Osten der Insel zu erkunden. Er stieß dort auf ein Geheimnis, das bis heute nicht gelüftet ist und dessen Erkundung bisher ein stattliches Vermögen und zahlreiche Menschenleben gekostet hat. McGinnis fand in den Wäldern eine Lichtung mit einer kreisförmigen Vertiefung von vier Metern Durchmesser. An einem alten Pflock darüber hing ein Flaschenzug. Sofort schoss ihm der Gedanke an einen vergrabenen Schatz durch den Kopf – Oak Island lag in dem Gebiet, in dem der Pirat Captain William Kidd sein Unwesen getrieben hatte. Im 17. Jahrhundert kursierte das Gerücht, Captain Kidd hätte eine Schatztruhe auf einer Insel „östlich von Boston“ vergraben.

Daniel McGinnis kehrte mit zwei Freunden, dem 19-jährigen John Smith und dem 16-jährigen Anthony Vaughn, auf die Insel zurück. Sie fällten die Bäume rund um den Platz und begannen zu graben. Nach 60 Zentimetern stießen sie auf eine Schicht sorgsam übereinandergeschichteter Schieferplatten. Beim Weitergraben entdeckten sie, dass sich hier einmal ein Schacht befunden haben musste, der später wieder zugeschüttet worden war. In drei Metern Tiefe stießen sie auf Holz, doch ihre Hoffnungen auf eine vergrabene Schatztruhe wurden enttäuscht. Sie fanden nur Eichenbalken. Nach acht Metern gaben die jungen Männer auf. Sie mussten erkennen, dass die Ausgrabung nur mit einer besseren Ausrüstung fortgesetzt werden konnte, und schütteten den Schacht wieder zu.

Im Sommer 1803 machte sich die Onslow Company von Nova Scotia auf den Weg nach Oak Island, um die Ausgrabungen wieder aufzunehmen. In neun Metern Tiefe stießen sie erneut auf Eichenbalken. Sie gruben weiter und legten nach 38 Metern eine große, flache Steinplatte frei, die später aufs Festland transportiert wurde. Etwa seit 1900 ist sie verschollen. Die Steinplatte war angeblich 60 Zentimeter lang, 40 Zentimeter breit und wog 80 Kilogramm. Die eingeritzten Symbole darauf wurden während einer weiteren Schatzsuche unter der Leitung der Oak Island Association in den 1860er-Jahren von einem Universitätsprofessor „entziffert“. Der Übersetzungsversuch des Professors war allerdings höchst zweifelhaft, zumal er selbst an dem Unternehmen finanziell beteiligt war. Der Text lautete angeblich: «40 Fuß tiefer liegen zwei Millionen Pfund begraben.» Die Schatzsuche wurde 1864 abgebrochen, da die Oak Island Association nach einem tragischen Unfall, bei dem ein Mitarbeiter zu Tode kam, pleiteging. In 30 Metern Tiefe war man bei der Ausgrabung auf eine Steinschicht gestoßen. Am nächsten Tag war der Schacht neun Meter hoch mit Meerwasser zugelaufen. Bei dem Versuch, tiefer zu bohren, fand man weitere Schichten aus Metallteilen, Holz und Lehm.

Seitdem gab es noch einige Versuche, den „Schatz" zu heben, beispielsweise 1909 durch die Old Gold Salvage Group unter Beteiligung von Franklin D. Roosevelt. Bei einem weiteren Versuch 1960 starben vier Männer den Erstickungstod.

Dass es sich bei dem Loch nur um eine Doline (eine natürlich auftretende Senke) handelte, ist eher unwahrscheinlich. An den Seiten des ausgehobenen Schachts fand man Spuren, die wahrscheinlich von einer Spitzhacke stammen, und die Erde innerhalb des Schachts war um einiges lockerer als außerhalb. Zudem wurden Entwässerungsschächte aus Stein gefunden. Vielleicht handelt es sich bei dem ausgehobenen Schacht aber auch einfach nur um einen Brunnen, den ein Siedler auf seiner Suche nach Wasser gegraben hat. Als er in etwa 30 Metern Tiefe auf salzhaltiges Grundwasser gestoßen ist, könnte er das Loch wieder zugeschüttet haben. Dies würde die Materialien erklären, die in der Tiefe gefunden wurden. Vielleicht hat aber auch jemand den Schacht gegraben und wieder zugeschüttet, nachdem er eine dieser geheimnisvollen Schatzkarten mit einem großen schwarzen Kreuz darauf gefunden hatte ...

Weitere Schatzinseln

Im September 2005 berichteten der englische *Guardian* und das Magazin *New Scientist* über einen märchenhaften Schatz mit einem geschätzten Wert von etwa 10 Milliarden US-Dollar (etwa 7,5 Milliarden Euro). Er soll sich auf der Insel befinden, auf der der schottische Seefahrer Alexander Selkirk vom Jahr 1704 an vier Jahre lang gelebt hatte, bevor er schließlich gerettet wurde. Seine Geschichte diente Daniel Defoe als Vorlage für seinen 1719 veröffentlichten Roman „Robinson Crusoe".

Die zu den Juán-Fernandez-Inseln gehörende Isla Robinsón Crusoe liegt etwa 600 Kilometer vor der chilenischen Küste. Der angebliche Schatz soll 20 Meter tief im Sand vergraben sein. Geortet wurde er von einem Miniroboter namens „Arturio", der zuvor zum Aufspüren von Minen und Bomben eingesetzt worden war. Allerdings haben sogar Spezialisten bei einer solchen Tiefe Schwierigkeiten damit, die Ergebnisse des Roboters eindeutig zu interpretieren. Chilenische Zeitungen spekulierten bereits über den Inhalt des Schatzes. Bis zu 800 Fässer voll mit Inkajuwelen und Goldmünzen sollten dort vergraben sein. Nach einem solchen Schatz suchte man schon seit der spanischen Kolonialzeit. Denn eine Legende besagt, dass der spanische Seefahrer Juan Esteban de Ubilla y Echeverria 1715 auf einer Insel einen Schatz vergraben hat. Der britische Seemann Cornelius Webb soll ihn einige Jahre später entdeckt und an einer anderen Stelle auf der Insel erneut versteckt haben.

Ein weiterer spanischer Schatz wird auf den Kokosinseln vermutet. Darüber hinaus erzählt man sich die Legende der Lost Dutchman's Mine, einer „verlorenen Mine" in den USA.

Alle großen Schatzsuchen haben eines gemeinsam: Sie haben Unsummen von Geld verschlungen und viele Menschen das Leben gekostet – waren bisher aber nichts weiter als trügerische Hirngespinste.

Lasseters verlorene Goldader

Das Rätsel um Lasseters verlorene Goldader ist die Geschichte einer Schatzsuche, die noch heute immer wieder Goldsucher anzieht. Bei dieser legendären Goldader handelt es sich angeblich um ein rund 20 Kilometer langes und 6,5 Kilometer breites Vorkommen von goldhaltigem Quarz. Es soll sich irgendwo in Zentralaustralien nahe der Grenze zwischen dem Northern Territory und Western Australia befinden. Im Lauf der Zeit verklärte sich seine Entdeckung zu einer Ader aus massivem Gold.

Im 19. Jahrhundert gab es zahlreiche bedeutende Goldfunde in Australien. Zu den ersten Goldsuchern gehörte Edward Hargraves, der nach dem kalifornischen Goldrausch 1849 nach Australien gekommen war. Er stieß im Jahr 1851 bei Ophir, in der Nähe von Bathurst in New South Wales, auf Gold. In dieser Gegend wurden immer wieder riesige Goldnuggets entdeckt. Das größte war das Holtermann-Nugget, ein Brocken aus Gold und Stein mit einem Gewicht von etwa 286 Kilogramm.

Kurz darauf stieß man in Victoria auf Gold, das berühmt für Goldnuggets mit hohem Reinheitsgrad wurde, darunter der berühmte „Welcome Stranger" mit einem Gewicht von 71,6 Kilogramm. Sein Wert wird derzeit auf etwa 2 Millionen Euro geschätzt. Man entdeckte ihn 1869 nur fünf Zentimeter tief unter der Erde in Moliagul nordwestlich von Melbourne. Ein handförmiger Nugget, die 28 Kilogramm schwere „Hand of Faith", wurde 1980 in Kingower gefunden. Er lag nur 15 Zentimeter tief. Beide Nuggets stammen aus dem „Goldenen Dreieck", einem Gebiet zwischen Avoca, Castlemaine und Wedderburn. Vor allem auch Western Australia ist bekannt für seinen Mineralienreichtum. Der erste australische Goldrausch begann in den 1850er-Jahren. Die Goldsuche erreichte ihren Höhepunkt mit der Öffnung der Minen und Goldbergwerke in Kalgoorlie und Coolgardie in den 1890er-Jahren. Das Goldfieber ergriff in der zweiten Hälfte des 19. Jahrhunderts das ganze Land. Nahezu jeder hatte den Traum, bei der Goldsuche über den nächsten „Welcome Stranger" zu stolpern.

Harold Bell Lasseter machte sich 1897 im Alter von 17 Jahren auf den Weg von Alice Springs zur florierenden Goldgräberstadt Kalgoorlie. Er verirrte sich jedoch in der sengenden Hitze der Gibsonwüste. Halb verrückt vor Durst und dem Tod nahe, wurde er im allerletzten Moment von einem afghanischen Kameltreiber gerettet. Dieser brachte ihn in das Lager des Landvermessers Harding. Lasseter war seit diesem Erlebnis von dem Gedanken besessen, er habe während seines Herumirrens in der Wüste eine riesige Ader von golddurchzogenem Quarz entdeckt.

Im Jahr 1900 kehrte Lasseter zusammen mit Harding in diese Gegend zurück, um nach der Goldader zu suchen. Anhand von markanten Punkten in der Landschaft, an die er sich noch erinnern konnte, behauptete er anschließend, die verlorene Ader wiederentdeckt zu haben. Doch da die Messinstrumente versagten, konnte keiner der beiden Männer die genaue geographische Position angeben. Während der Weltwirtschaftskrise in den 1930er-Jahren organisierte Lasseter eine erneute Expedition. Finanziert und ausgerüstet wurde das Unternehmen von wohlhabenden Investoren aus Sydney, die sich in der „Central Australian Gold Exploration Company Limited (CAGE)“ zusammengeschlossen hatten.

Eine Reihe von Unglücksfällen begleitete die Suche, darunter der Absturz eines ihrer Flugzeuge. Als man kein Anzeichen für eine Goldader fand, gab die Expedition auf und kehrte nach Hause zurück. Lasseter wurde für verrückt erklärt, doch er wollte nicht aufgeben und blieb zurück, fest entschlossen, allen das Gegenteil zu beweisen. Danach wurde er nicht mehr lebend gesehen. Ein Farmer aus dem Northern Territory namens Bob Buck entdeckte Jahre später Lasseters sterbliche Überreste in einer Höhle und daneben auch sein Tagebuch. Darin schrieb Lasseter, er habe die verlorene Ader gefunden und seinen Claim abgesteckt. Neun Tage nachdem die letzten Mitglieder des Suchtrupps gegangen waren, seien seine Kamele davongelaufen. Er selbst sei fast ohne Wasser und Nahrung zurückgeblieben. Seine Ehefrau möge sich so an ihn erinnern, wie sie ihn das letzte Mal gesehen habe, denn jetzt hätten ihm die Fliegen und Ameisen fast das Gesicht weggefressen.

Lasseter wurde am Shaw Creek in den Bergen der Petermann Range beigesetzt. Das Tagebuch wurde seiner Familie ausgehändigt. In der Sterbeurkunde, die in Ali-

Lasseters verlorene Goldader

ce Springs ausgestellt wurde, datierte man den Tod Lasseters auf das Jahr 1931. Der *Daily Mirror* berichtete im selben Jahr in einem Artikel darüber mit der Überschrift „Die grauenvolle Verlockung des Goldes – tragische Entdeckung in den Bergen". Lasseters Tod war ein gefundenes Fressen für Spekulationen. Viele hielten ihn für einen Scharlatan. Aber warum blieb er dann von seinem 17. Lebensjahr bis zu seinem einsamen Tod im Alter von 51 Jahren so besessen von seiner Idee? Warum arbeitete er so unermüdlich daran, Investoren zu überzeugen, seine letzte Expedition zu finanzieren? Warum blieb er nach der Abreise des CAGE-Teams allein in einer Gegend zurück, in der er zuvor fast gestorben wäre? Erlag Lasseter einer Wahnvorstellung, die er als 17-Jähriger in der Wüste hatte, als er dem Tod ins Auge blickte? Oder hatte er tatsächlich eine Goldader entdeckt, die vom Wüstenwind freigelegt worden war? Jedenfalls besteht kaum ein Zweifel, dass er selbst von der Existenz der Ader überzeugt war. Die CAGE-Gesellschaft schickte 1931 eine weitere Expedition auf

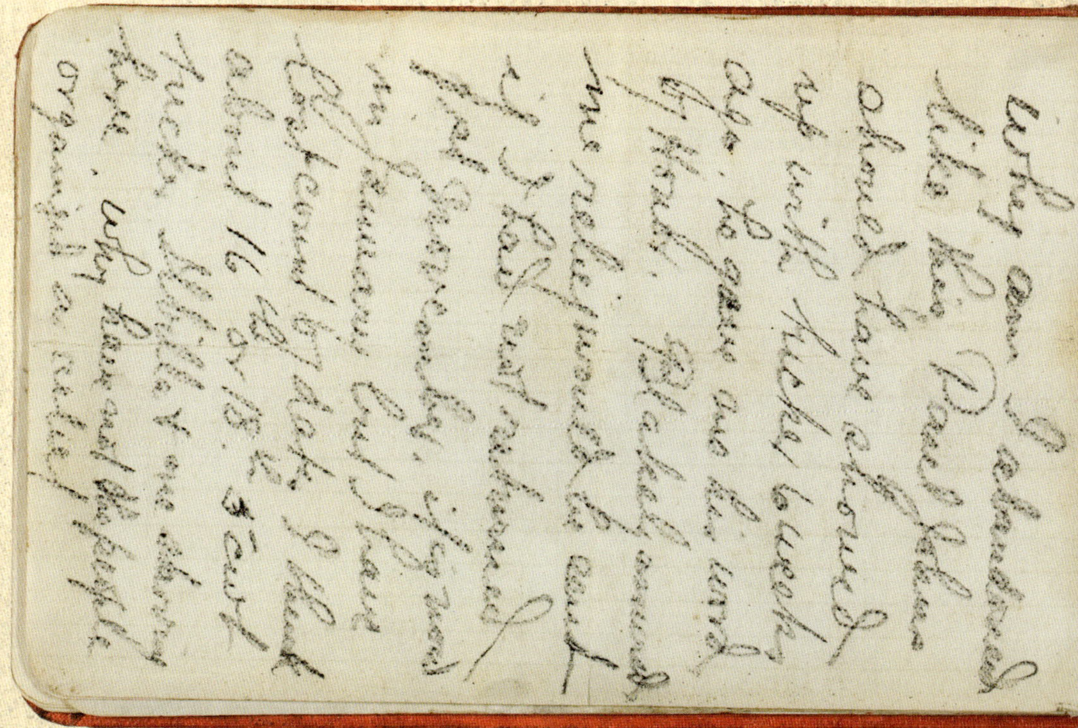

die Suche nach dem von Lasseter abgesteckten Claim. Die beteiligten Bergbauexperten behaupteten danach, es gäbe in der Region kein Gold. Trotzdem gab es seither noch viele weitere Expeditionen, die sich auf die Suche nach Lasseters Goldader begaben, doch keine davon war erfolgreich. In diesem Gebiet verändert der Wüstenwind ständig die Landschaft. Es ist also durchaus möglich, dass eine solche Ader nur von Zeit zu Zeit frei liegt. 1979 folgte unter der Führung von Gerry Nolan eine weitere Expedition den Spuren von Lasseter. Der einstige Bürgermeister von North Sydney fand tatsächlich eine große Quarzader. Sie ist mit Mineralien durchzogen, was aber nicht zwangsläufig bedeutet, dass sie auch Gold enthält.

Lasseters Tagebuch, das neben seiner Leiche gefunden wurde, enthüllt die Details seiner zum Scheitern verurteilten Suche nach einer Goldader. Darin behauptet er, die Ader wiedergefunden zu haben. Er beschreibt auch die letzten Tage bis zu seinem Tod, nachdem die restlichen Expeditionsteilnehmer ihn verlassen und seine Kamele sich losgerissen hatten.

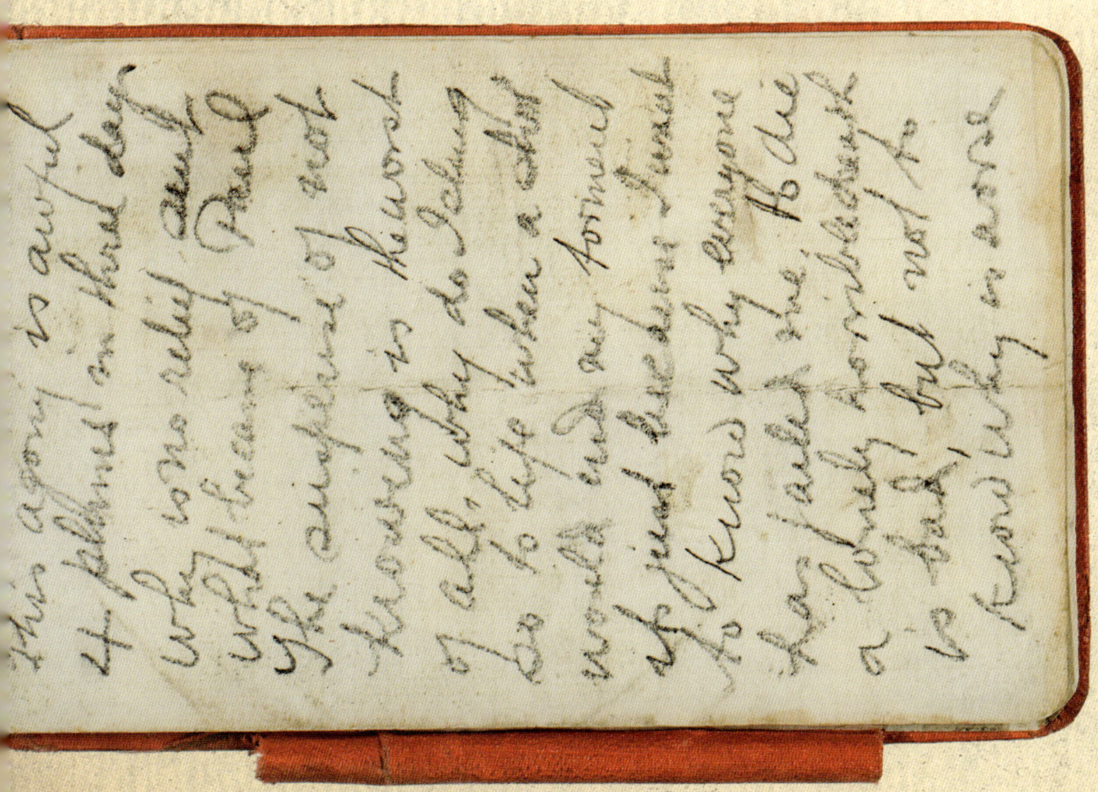

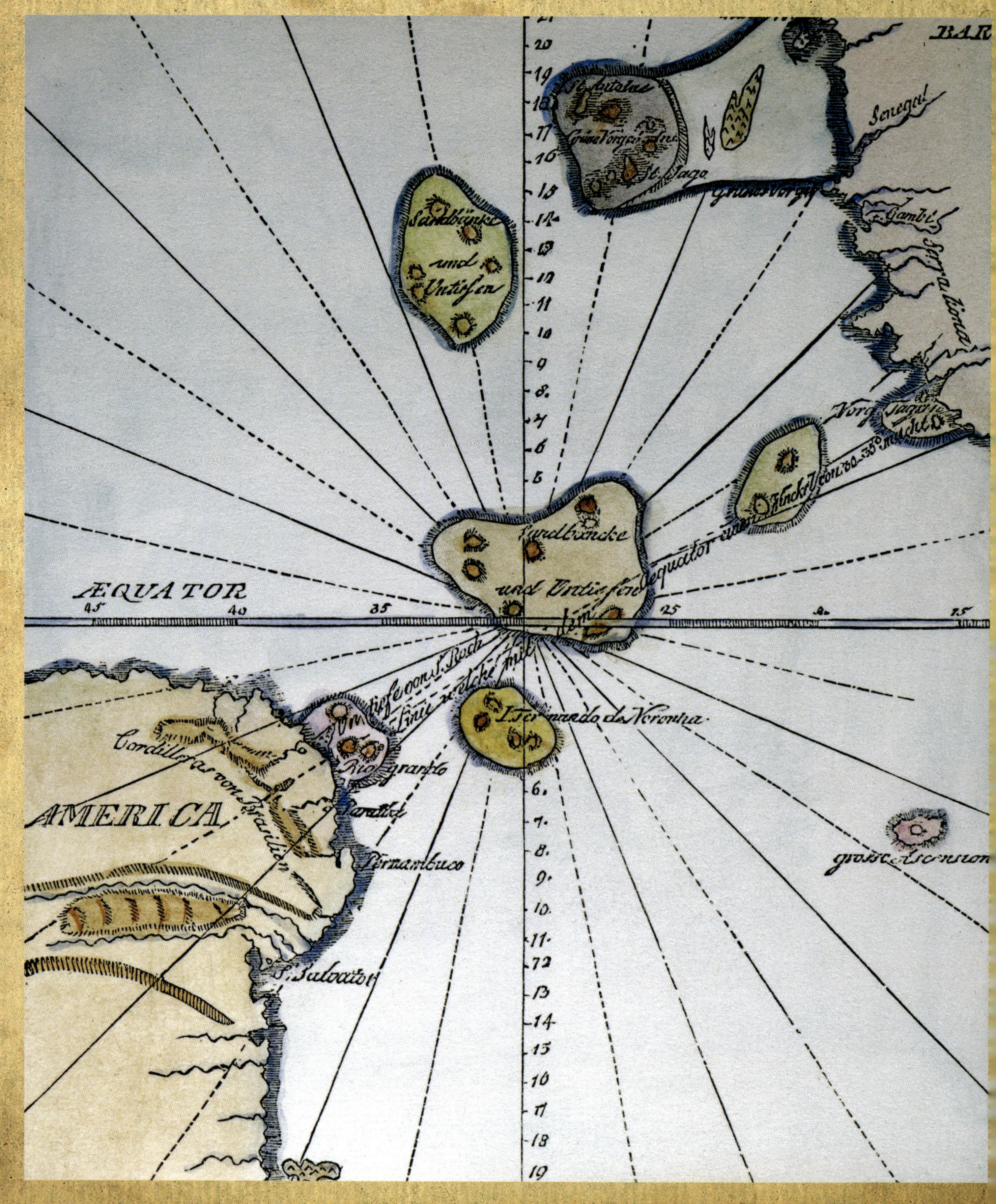

Senegal
Sandbänke und Untiefen
Sandbäncke und Untiefen
ÆQUATOR
45
40
35
25
15
I. Fernando de Noronha
AMERICA
Cordilleras von Brasilien
Pernambuco
S. Salvator
grosse Ascension

Teil 7

Untergegangene Kontinente

Ideale Gesellschaften

Hyperborea, ein griechisches Shangri-La

Lemuria, das versunkene Land

Atlantis

Die Theorie der hohlen Erde

Hawaiki, das Heimatland der Polynesier

In einer weit, weit entfernten Galaxie

LINKS: Eine deutsche Karte aus dem Jahr 1785 mit dem legendären Kontinent Atlantis in der Mitte zwischen Amerika und Afrika.

FOLGENDE SEITEN: Künstlerische Darstellung von Atlantis.

Ideale Gesellschaften

Unser Planet ist nicht der beständige Ort, als den wir ihn uns so gerne vorstellen. Seit ewigen Zeiten sind Welten entstanden und wieder vergangen. Durchaus möglich, dass sich Gaia, die Erde und Urmutter in der griechischen Mythologie und das hier herrschende Leben, als relativ langlebig erweisen. Zumindest solange, bis sie vielleicht mit einem Gesteinsbrocken aus einem Asteroidengürtel unseres Sonnensystems zusammenstößt. Gaia verhält sich wie ein Lebewesen, das ständigen Wandlungen unterworfen ist. Sie ist ein wunderbar komplexes, interaktives System, das als ein Organismus agiert. Ständig passt sie sich an, um neue Lebensformen zu beherbergen – egal ob Dinosaurier oder Menschen. Dabei ist Gaia vollkommen unparteiisch. Sie nährt das Leben an sich und nicht eine bestimmte Spezies.

Die Erde unter unseren Füßen ist eine verletzliche Kruste. Unter den Meeren ist sie höchstens fünf bis zwölf Kilometer, an Land durchschnittlich 40 Kilometer dick. Das Alter der Erde wird auf

4,54 Milliarden Jahre geschätzt. Die Erdkruste, die auf dem darunterliegenden Erdmantel schwimmt, besteht aus riesigen Fragmenten, den sogenannten tektonischen Platten, in die einst der gigantische Urkontinent Pangäa zerbrach. Diese Platten befinden sich in ständiger Bewegung. Wenn sie kollidieren, werden unglaubliche Kräfte freigesetzt. Auf der dünnen Kruste, auf der wir wohnen, nehmen wir diese Kräfte als Erdbeben wahr. In geologisch aktiven Gegenden mit Vulkanen, Vulkanschloten und heißen Thermalquellen wird man sich der Gefahr bewusst, die unter unseren Füßen schlummert.

Auch die seit Millionen von Jahren immer wiederkehrenden Eiszeiten führten zu massiven Veränderungen der Erdoberfläche. Während einer Eiszeit wird das Wasser in riesigen Eismassen gebunden. Dadurch sinkt der Meeresspiegel, und weite Landstriche, die einst unter dem Meer lagen, werden freigelegt. Das Ende der letzten Eiszeit war vor etwa 10 000 Jahren, liegt also noch im Bereich der mündlich überlieferten Geschichte.

Erzählungen von untergegangenen Ländern und von Kontinenten, die in den Wellen des Ozeans versanken, sind auf der ganzen Welt bekannt. Berichtet wird von Ländern, die infolge schwerer Erdbeben und vulkanischer Aktivitäten wie über Nacht vom Erdboden verschwanden, oder von Katastrophen kosmischen Ausmaßes wie etwa Asteroideneinschlägen. Oft existiert nur noch eine schwache Erinnerung an diese verlorenen Orte. Bei dem Versuch, das Unerklärliche zu erklären, gleiten die Berichte häufig ins Reich der Mythologie ab. Untergegangene Länder nehmen aufgrund des zeitlichen Abstands meist eine Art Glanz als „Goldenes Zeitalter" an. Sie wurden von phantastischen und manchmal auch sehr fortschrittlichen Kulturen bewohnt, die eher unsere eigenen Wunschvorstellungen widerspiegeln. Dennoch scheint hierbei auch immer die Vorstellung mitzuschwingen, dass die Menschheit bereits mehrere dieser Zyklen durchlaufen hat. Manche vermuten, dass es vor uns Zivilisationen gab, die höhere Entwicklungsstufen als wir erreichten, Zivilisationen, die weniger materialistische Wege einschlugen, die aber durch Katastrophen vernichtet wurden. All ihre historischen und wissenschaftlichen Kenntnisse seien dabei verloren gegangen. Ganze Völker sollen so auf wenige Überlebende reduziert worden sein, dass die Menschheit kaum überleben konnte. Katastrophen, zumindest auf lokaler Ebene, sind eine nicht zu leugnende Konstante unserer Welt. Die Vorstellung von untergegangenen Zivilisationen, die aufblühten und dann – manchmal an einem einzigen Tag – ausgelöscht wurden, ist wohl nicht nur eine Theorie, sondern vielmehr Realität. Für jedes Atlantis gibt es belegbare Beweise, sei es Santorin oder Troja. Die Menschheit entwickelt sich weiter, doch die nächste Katastrophe kommt mit Sicherheit.

Der Wunschtraum

Der Traum von einer perfekten Welt ist allen Menschen gemein. Die Literatur schuf viele dieser Welten, in denen soziale Gerechtigkeit herrscht und jeder ein friedliches und erfülltes Leben führt. Erinnerungen aus einem „Goldenen Zeitalter", das nie wirklich existierte oder binnen Kurzem scheiterte.

Die erste Utopie haben wir dem griechischen Philosophen Platon zu verdanken, der vor ungefähr 2500 Jahren in seinem Werk „Politeia" eine perfekte Gesellschaft beschrieb. In dieser sind alle Menschen gleich, Krieg dient nur als Mittel der Verteidigung. Hier herrscht religiöse Toleranz und es gibt weder Armut noch Elend. Thomas Morus, Rechtsgelehrter, Kanzler von England, Berater König Heinrichs VIII. und Verfasser zahlreicher Bücher, schrieb unter anderem ein Werk mit dem bezeichnenden Titel „Utopia" und prägte damit diesen Begriff. Er entwickelte darin Platons Theorie einer Gesellschaft, die nur dem Allgemeinwohl diene, weiter. Als „Belohnung" für seine kühnen Vorstellungen ließ ihn Heinrich VIII. enthaupten. Tatsächlich verwirkte er sein Leben vor allem wegen seiner religiös begründeten Opposition gegen König Heinrich. Morus widersprach dem Herrscher in der Frage der Erleichterung von Ehescheidungen und setzte sich für die Aufrechterhaltung des päpstlichen Supremats und der Häretikergesetze ein. Aber auch mit seinem Roman machte sich Morus bei seinem König sicher nicht beliebt. Darin lässt er Erzengel Raphael über eine ideale Gesellschaft berichten, die den Gegenentwurf zu den in kriegerische Auseinandersetzungen verstrickten Königreichen Europas verkörpert.

Das 19. Jahrhundert war für viele Menschen eine Zeit großer Drangsal und Entbehrungen, kein Wunder, dass damals allerlei Ansätze zu neuartigen wirtschaftlichen Utopien entstanden: Um den Armen in der Zeit der beginnenden Industrialisierung Hoffnung zu geben, sollte der Wohlstand neu verteilt werden. Frühe Vertreter dieser Tendenz setzten sich für die Abschaffung des Geldes und die gleichmäßige Verteilung aller Besitztümer ein. Sie schlugen vor, dass jeder einen bestimmten Teil des Tages für das Allgemeinwohl arbeiten solle. Gegen Ende des Jahrhunderts traten diese Träume zugunsten radikalerer Ideen zur Schaffung einer gerechteren Welt in den Hintergrund. Karl Marx war einer der glühendsten Verfechter dieser neuen Positionen.

Einen der letzten größeren Versuche zur praktischen Umsetzung einer echten Utopie hat William Lane unternommen. Ende des 19. Jahrhunderts verzweifelte der Anführer der australischen Arbeiterbewegung an der sozialen Ungerechtigkeit, die in der damaligen Kolonie des britischen Empire herrschte. Er gründete, gemeinsam mit anderen, zwei Kolonien in Paraguay, die auf seinen Vorstellungen von einer brüderlichen Gesellschaft beruhten: 1893 wurde zuerst die Colonia Nueva Australia gegründet und 1894 die Colonia Cosme. Aus damaligen Zeitungsberichten lässt sich ablesen, dass die Utopisten von der Presse eher als Unzufriedene denn als Idealisten gesehen wurden. Die Colonia Cosme bestand immerhin bis 1909. Zu dieser Zeit spielte die Brüderlichkeit keine große Rolle mehr.

Die wirkungsvollsten Utopien scheinen in der magischen Welt der Träume und Legenden angesiedelt zu sein. Die meisten sind ausgesprochen moralisch. Eine dieser utopischen Welten ist wegen ihrer fröhlichen Unzüchtigkeit besonders erwähnenswert: das mittelalterliche Schlaraffenland. Diese Version einer Utopie ist eine Traumwelt für hart arbeitende Kleinbauern und Mönche. Das Schlaraffenland symbolisiert die auf den Kopf gestellte mittelalterliche Gesellschaftsordnung, in der Bauern und niedrige Mönche ihr entbehrungsreiches Leben mit ihren reichen Lehnsherren tauschen. Niemand hungert, weil es Käse vom Himmel regnet, und auch Sex ist überall zu haben. Diese Vorstellung ermöglichte, zumindest gedanklich aus einem Dasein zu flüchten, das unzähligen Einschränkungen unterworfen war.

„Die Insel Utopia", Titelseite von Thomas Morus' „Utopia" aus dem Jahr 1516.

Hyperborea, ein griechisches Shangri-La

Hyperborea war ein utopisches Land, das angeblich weit im Norden Thrakiens und jenseits der Gebiete der Skythen lag. Angeblich ging die Sonne dort niemals unter. Nach Plinius dem Älteren war Hyperborea voll Wärme und Leichtigkeit. Er schildert, dass es bei „den Angeln, um die sich die Welt dreht," sowie an der äußersten Grenze des Himmelsgewölbes liege. Plinius berichtet von hohen, wie Frauen geformten Felsen, die nachts zum Leben erwachen und alle Schiffe zerstören, die sich in die Wasserstraße nach Hyperborea wagen. Besucher sollten diese Meerenge nur bei Tageslicht passieren. Das war in dieser Gegend an sechs aufeinanderfolgenden Monaten im Jahr durchgehend der Fall. Von den Einwohnern Hyperboreas hieß es, sie würden morgens die Felder säen, mittags ernten und sich abends an den saftigen Früchten ergötzen, bevor sie sich in ihren Höhlen schlafen legten. Die ersten Früchte der Erntezeit gehörten als Opfergaben dem Sonnengott Apollo, der bei den Hyperboreern den Winter verbringt.

Sorgen und Streitigkeiten waren dort unbekannt. Das Leben der Hyperboreer war von biblischer Länge. Wenn sie schließlich des Lebens müde wurden, wählten sie selbst den Augenblick ihres Todes. Sie deckten erst eine große Tafel für einen Festschmaus, um ihr Leben zu feiern, und stürzten sich dann von einer hohen Klippe ins Meer. Von einigen hieß es auch, dass sie als weiße Schwäne wieder erscheinen und Apollo lobpreisen würden. Plinius zufolge war es eine sehr heitere Art der Totenfeier.

Hyperborea war eine Theokratie unter der friedfertigen Regentschaft der Boreaden. Diese drei Priesterkönige des Gottes Apollo waren die Söhne des Boreas, des Gottes des Nordwinds. Im Apollotempel wurde dem Gott geopfert, während zu seinem Lobpreis Musik ertönte und ihm mit Tänzen und Gesängen gehuldigt wurde. Weiße Schwäne umkreisten den Tempel und stimmten mit ihrem süßen Klang in die Hymnen ein.

Für die Schriftsteller der Antike war Hyperborea Realität. Auf der einen Seite wurde es vom großen Süßwasser Okeanos begrenzt, das die Erde umfloss. Nach Süden waren die hohen, eisigen Gipfel der riphäischen Berge eine nahezu unüberwindbare Grenze. Der größte Fluss des Landes, der Eridanos, zählte zu den wenigen Gewässern, die direkt aus dem Okeanos entsprangen. Seine Ufer waren von Pappeln gesäumt, die goldfarbenen Bernstein produzieren. Den Fluss selbst bevölkerten milchweiße Schwäne. Die üppigen Wälder, die einen Großteil des Landes bedeckten, wurden als „Garten Apollos" bezeichnet. Die Riphäen waren die Heimat des Boreas, den man in der Antike für die rauen Winde aus dem hohen Norden verantwortlich machte. Auf den hohen Gipfeln thronten fürchterliche Greife, halb Adler, halb Löwe, die einen Goldschatz hüteten. In den weiter unten liegenden Tälern lebte ein Stamm Einäugiger, die Arimaspen.

In vielen Epochen und Kulturen taucht ein ähnliches Traumland mit nahezu gleichen Eigenschaften auf. Hyperborea war in vieler Hinsicht Vorläufer von Shangri-La, das James Hilton im 20. Jahrhundert in seinem Roman „Der verlorene Horizont" erfand. Hilton beschreibt darin einen Ort, fernab der Welt und umgeben von bitterkalten und unüberwindbaren Bergketten. Die wunderschönen fruchtbaren Täler durchzog ein Fluss und es herrschte das milde Klima eines immerwährenden Frühlings. Seinen Bewohnern war eine friedliche und unglaublich lange Lebenszeit in einem Zustand immerwährender Jugend und Freude vergönnt.

Zahlreiche griechische Mythen handeln von Hyperborea. Phaeton, Sohn des Sonnengotts Helios, wurde angeblich von einem Blitz aus der Hand des Zeus in die Brust getroffen, als er den Sonnenwagen seines Vaters lenken wollte. Sowohl Phaeton als auch der goldene Wagen waren fast schon von den Flammen verzehrt, als sie in den Fluss Eridanos stürzten. Phaetons Schwestern, die Heliaden, weinten bitterlich vor nicht endenwollendem Kummer. Aus Mitleid wurden sie in große Pappeln entlang des Flussufers verwandelt. Ihre Tränen versiegten dennoch niemals, und jeder Tropfen, der herabfiel, verwandelte sich in Bernstein.

Bei ihren Fahrten besuchten auch die Argonauten angeblich das Land Hyperborea, als sie vom Schwarzen Meer nach Griechenland zurückkehrten. Das im 3. Jahrhundert v. Chr. von Apollonios

Die Karte von Abraham Ortelius aus dem Jahr 1595 basiert auf alten Karten des Römischen Reichs unter Verwendung klassischer Quellen wie Sallust, Plinius, Herodot, Strabon und Dionysius. Hyperborea ist im Norden eingezeichnet.

von Rhodos in Alexandria verfasste Epos „Argonautika" beschreibt ihre Reise auf dem Fluss Eridanos, in den der sterbende Phaeton und sein goldener Wagen gestürzt waren. Die Argonauten betraten eine unendlich traurige Welt. Das Wasser stieß übel riechende Dämpfe aus, die von Phaethons schrecklicher Verletzung herrührten, und sie litten unter dem Gestank des vermodernden Körpers. Die Argonauten wurden ebenfalls von Traurigkeit ergriffen und wollten weder essen noch trinken, als sie diese Gegend passierten. Sie hörten die Wehklagen der Heliaden, die in ihrer Pappelgestalt gefangen waren. Vielleicht beschreibt das Epos einen tatsächlich existierenden Fluss in einer geologisch aktiven Region. Somit ließen sich der Dampf und mit den Schwefelgasen auch der üble Geruch erklären. Herodot dagegen wollte, wie es für ihn typisch war, nichts vom Rätsel um den Eridanos wissen und hielt den Namen für die Erfindung eines Dichters aus längst vergangenen Zeiten. Da mit diesem Fluss von der Donau bis zum Po nahezu jeder europäische Strom gemeint seint könnte, hat er wahrscheinlich sogar recht. Oder ist Hyperborea die verkannte Beschreibung Islands mit seinen endlos langen Sommer- und Wintertagen und den aktiven heißen Quellen?

Die Kykladeninsel Delos, die etwa 21 Kilometer von Mykonos entfernt liegt, hat zahlreiche mythologische Bezüge zu Hyperborea. Die hyperboreische Göttin Leto, Göttin der Mutterschaft und eine Geliebte des Zeus, brachte auf Delos Apollo und seine Schwester Artemis zur Welt. Leto hatte Hyperborea verlassen und war nach Süden gereist. Seither wurde sie unerbittlich von Hera, der eifersüchtigen Gemahlin des Zeus, verfolgt. Diese gönnte ihr keinen Zufluchtsort, obwohl sie hochschwanger war. Delos war als heilige Stätte in der gesamten antiken Welt als Heimat eines berühmten Apollotempels bekannt.

Plinius erzählt eine weitere Legende über Delos. Er beschreibt es als eine schwimmende Insel, die viele Jahre lang umhertrieb, bevor sie schließlich an ihrer jetzigen Position zur Ruhe kam. Lange vor Plinius hatte Aristoteles geschrieben, Delos sei mit einem Mal im Meer erschienen. Sowohl Herodot als auch Plinius der Ältere berichten, dass die Hyperboreer lange Zeit die ersten Früchte der jährlichen Ernte als Gaben an den Apollontempel auf Delos sandten. Diese Gaben wurden anfänglich von Jungfrauen gebracht, denen die Einheimischen viele Jahre Schutz und Gastfreundschaft boten. Da diese nicht zurückkehrten, schickten die Hyperboreer aufgrund des Vertrauensbruchs keine Jungfrauen mehr nach Delos. Stattdessen übergaben sie ihre Erntegaben an Nachbarvölker, die sie ihrerseits an ihre Nachbarn weiterreichten, bis die Opfergaben über viele Hände schließlich den Tempel in Delos erreichten.

Wie in den hoffnungslos chaotischen, aber gleichzeitig auch sehr aufschlussreichen griechischen Göttersagen nicht unüblich, war Hera sowohl die Ehefrau als auch die Zwillingsschwester des Zeus. Sie gilt jedoch auch als Tochter des Kronos, der durch Kastration seines Vaters Uranos auf den Thron gelangte. Gaia und Uranos hatten Kronos gewarnt, ihm sei vom Schicksal vorbestimmt, von einem seiner Nachkommen vom Thron gestürzt zu werden. Kronos hatte eine außerordentlich effiziente Art, mit dieser Situation umzugehen: Er verschlang seine Nachkommen – die Götter Hestia, Demeter, Hera, Hades und Poseidon – gleich nach ihrer Geburt. Schließlich gab ihm seine verzweifelte Frau Rhea anstelle des neugeborenen Zeus einen großen Stein zu essen. Als Zeus herangewachsen war, verabreichte er Kronos einen Trank, der ihn die verschluckten Kinder wieder ausspeien ließ.

Hera hat eine ganz spezielle Verbindung zu Hyperborea. Nach ihrer Heirat mit Zeus erhielt sie von anderen Göttern viele Geschenke, unter anderem einen Baum mit goldenen Äpfeln. Dieser wurde von den Hesperiden, den Nachtnymphen, im Garten der Hera bewacht. Der Garten lag am Fuße des mächtigen Atlasgebirges, wo der gleichnamige Gott das Himmelsgewölbe über Hyperborea stützte. Im Mythos über die „Zwölf Arbeiten" des Herkules muss der Held drei goldene Äpfel aus dem Garten der Hesperiden rauben. Er befolgt den Rat des Prometheus und überlistet Atlas, die Äpfel zu pflücken, während er statt seiner den Himmel an seiner Nordachse in Hyperborea stützt – ein Plan, der perfekt aufging.

Lemuria, das versunkene Land

Auf gewisse Weise hat Lemuria eine ebensolche Berühmtheit erlangt wie Atlantis. Beide Länder werden mit einem „Goldenen Zeitalter" verbunden. Dennoch wurde Lemuria erst im 19. Jahrhundert bekannt. Als sich immer mehr Wissenschaftler mit den Theorien Darwins auseinandersetzten, wuchs auch das Interesse an der Entstehung der Arten. Dabei standen die Wissenschaftler vor einem großen Rätsel. Wie war es möglich, dass die Populationen eng verwandter Spezies oder ihre Fossilien auf beiden Seiten der großen Ozeane zu finden waren? Verschiedene Theorien wurden entwickelt, um die Ausbreitung der Arten zu erklären. Hatten die Tiere lange Seereisen auf treibenden Baumstämmen überlebt? Das wäre vielleicht einigen Insekten oder eventuell Reptilien möglich, aber wie hätten Säugetiere eine solche Reise bewältigen können? Wurden sie von Tornados erfasst und weit weg von ihrem ursprünglichen Lebensraum abgesetzt? Fanden diese Wanderungen in Schritten statt? Breiteten sich sich die

Spezies – womöglich über ungezählte Jahrtausende hinweg – von Insel zu Insel aus, bis sie einen anderen Kontinent erreichten? Erst in den 1960er-Jahren löste die Theorie der Kontinentalverschiebung dieses Rätsel. Sie besagt, dass sich einst riesige tektonische Platten mitsamt ihrer Flora und Fauna von den Megakontinenten Laurasia und Gondwana abtrennten.

Eine im 19. Jahrhundert verbreitete Theorie ging dagegen von Kontinenten aus, die sich jeweils in der Mitte der größeren Ozeane befanden. Diese dienten bei der Migration von Pflanzen und Tieren quasi als riesige Trittsteine. Es wurde behauptet, dass diese Landmassen später in den Ozeanen versanken, sobald sie ihren Zweck erfüllt hatten.

Einer dieser „Trittsteinkontinente" wurde Lemuria getauft und mal im Indischen Ozean, mal im Pazifik angesiedelt. Kontinente unter Wasser existieren zwar tatsächlich wie beispielsweise das Kerguelen-Plateau im südlichen Indischen Ozean und Zealandia im Pazifik, aber es konnte nie ein Kontinent gefunden werden, der Lemuria entsprach.

Der Name dieses geheimnisvollen Kontinents entstand anlässlich eines Disputs über Darwins Theorien. Die Zoologen hatten Schwierigkeiten damit, die Verbreitung der Lemuren, einer kleinen Primatenart, zu erklären. Es gab eine rätselhafte Verbreitungslücke zwischen den Lemurenpopulationen in Madagaskar und Afrika sowie Indien und Südostasien. Um erklären zu können, wie die Lemuren von einem Gebiet zum anderen gelangt waren, erfand man buchstäblich einen riesigen versunkenen Kontinent, den sie Lemuria nannten. Der habe den Lemuren als Landbrücke gedient.

Lemuria wäre längst als wissenschaftliche Episode und Sackgasse vergessen, wären da nicht die Theosophen und insbesondere Madame Blavatsky gewesen. Im Fin de Siècle waren okkulte Phänomene in Mode und Gegenstand vieler ernsthafter Studien. Es gab ein reges Interesse an Hypnose, Séancen, Kartenlesen, Spiritualismus, Elfen und vielen anderen esoterischen Themen. Madame Blavatsky (geborene Helena von Hahn), Mitbegründerin der theosophischen Bewegung, behauptete in ihrem 1888 erschienenen Buch „Die Geheimlehre", sieben Jahre in Tibet verbracht zu haben. Dort habe sie bei „Meistern der Weisheit" esoterisches Wissen studiert und von den verlorenen Zivilisationen Atlantis und Lemuria erfahren. Sie beschreibt darin eine Reihe von „Wurzelrassen". Jede steht dabei für eine Epoche der Entwicklung der Menscheit. Das Volk der Lemurier, dem reptilienartige Eigenschaften zugeschrieben wurden, galt als dritte Wurzelrasse. Madame Blavatsky beschrieb die Lemurier als sehr große, eierlegende Hermaphroditen mit einem Reptiliengehirn, die sich mit der Zeit in Bestien verwandelten. Als Folge versank das Land Lemuria in den Wellen und wurde durch Atlantis ersetzt. Mit der Zeit wurde die Geschichte immer weiter ausgeschmückt, dazu trug besonders Frederick Spencer Oliver bei. Er behauptete in seinem Buch „A Dweller on Two Planets", Überlebende des versunkenen Lemuria lebten immer noch in Tunneln unterhalb von Mount Shasta in Nordkalifornien.

Eine beachtliche Zahl literarischer Werke beschäftigte sich mit dem Konzept menschlicher Reptilienwesen. Viele davon scheinen Madame Blavatskys „Echsenwesen" entlehnt, die angeblich über ein umfangreiches okkultes Wissen verfügten. Noch heute ist der Glaube an die Existenz von Lemuria durchaus lebendig, wenngleich der Kontinent und seine Zivilisation meist Gegenstand von Science-Fiction-Romanen sind.

Versunkene Städte und der verlorene Kontinent Mu

Der verlorene Kontinent Mu wird manchmal mit Lemuria gleichgesetzt. Wie Lemuria soll er vor Atlantis existiert haben. Augustus le Plongeon, ein Antiquar und Reisender des 19. Jahrhunderts, war von der Mayazivilisation der Yucatán-Halbinsel in Mexiko fasziniert und erforschte die dortigen Mayaruinen. Er übersetzte alte Mayaschriften, die nach seiner Auslegung die Geschichte eines alten Kontinents erzählen, der nach einer schrecklichen Katastrophe im Meer versunken sei. Einige der Überlebenden begründeten die Mayakultur, während andere Überlebende nach Ägypten übersiedelten, wo die altägyptische Zivilisation auf sie zurückgeht.

Ohne Oberst James Churchward, einen Schriftsteller des 19. Jahrhunderts, wäre diese Theorie nur eine interessante Fußnote der Archäologiegeschichte. Churchward war ein leidenschaftlicher Verfechter der Existenz von Mu. Seiner Meinung nach gab es über die ganze Pazifikregion verteilt Spuren einer hoch entwickelten Zivilisation. Die Mitglieder dieser Kultur bezeichnete er als Naacal. Als Beispiele für Werke der Naacalzivilisation verwies er auf die riesigen Steinfiguren der Osterinsel. Die Osterinsel ist, geologisch betrachtet, allerdings eine relativ junge Insel vulkanischen Ursprungs, die sich in großer Entfernung von anderen Landmassen aus den Tiefen des Meeres erhebt. Der Meeresboden fällt 32 Kilometer vor der Küste der Osterinsel steil auf eine Tiefe von 3237 Metern ab. Dies lässt darauf schließen, dass die Insel nicht zu einem versunkenen Kontinent gehört hat. Churchward veröffentlichte zwischen 1926 und 1933 mehrere erfolgreiche Bücher über den Kontinent Mu. Damit verankerte er die Legende über diese alte verlorene Zivilisation tief im öffentlichen Bewusstsein. Der Autor Peter Tompkins knüpft an die Vorstellung Churchwards vom Kontinent Mu als einem der Ursprünge der menschlichen Zivilisation an. In seinem Buch „Die Geheimnisse der mexikanischen Pyramiden“ aus dem Jahr 1976 behauptet er, dass sich «eine Kolonialisierungslinie von Mu bis nach Mittelamerika erstrecke, das heißt bis nach Atlantis».

Das neueste Kapitel in der Geschichte von Mu ist eine außergewöhnliche Entdeckung, die 1988 vor der Küste von Yonaguni gemacht wurde, einer Insel südwestlich von Okinawa im japanischen Archipel. Ein Team von Sporttauchern fand rätselhafte Überreste, die scheinbar von Menschenhand gefertigt wurden. Die Einheimischen hatten sie für eine natürliche Gesteinsformation gehalten, da sie 23 Meter unter der Meeresoberfläche liegt und von einer Korallenschicht bedeckt ist. Die gesamte rechteckige Plattform misst 183 Meter in der Länge, 137 Meter in der Breite und 27,5 Meter in der Höhe und lässt daneben jeden Taucher wie einen Zwerg erscheinen. Die Formation gleicht mit ihren präzisen Ecken und Kanten einer Zikkurat, einem babylonischen Stufentempel. Die einzelnen Stufen sind einen Meter hoch. Zur Hauptpyramide gehören ein bogenförmiger Durchgang und mehrere Monolithen. Um die Hauptzikkurat herum sind mehrere kleinere Zikkurate angeordnet. Es wird geschätzt, dass das Land,

Der untergegangene Kontinent Lemuria, der im heutigen Pazifik vermutet wird, könnte eine hoch entwickelte Zivilisation mit einer fortschrittlichen Technologie und eine aufgeklärten Gesellschaft beheimatet haben.

auf dem dieser Tempelkomplex erbaut ist, seit mindestens 8000 Jahren unter Wasser liegt. Handelt es sich hierbei vielleicht um den versunkenen Kontinent Mu?

Seit der Entdeckung 1988 haben weitere Unterwasserexpeditionen die Reste einer scheinbar umfangreichen Stätte mit vielen weiteren Bauten entdeckt, mit Steinmetzarbeiten, Wegen und Treppen, die aus exakt eingepassten Steinen gefertigt wurden. Japanische Geologen sind davon überzeugt, dass die Formation von Menschen gefertigt und nicht natürlichen Ursprungs sind. Einige amerikanische Geologen bezweifeln dies weiterhin und sind davon überzeugt, dass es sich um natürliche Gesteinsformationen handelt. Wenn die Struktur jedoch nicht natürlich sein sollte, hieße das, dass es im Osten eine fortschrittliche Kultur gegeben haben muss, die bereits vor der altägyptischen Zivilisation existierte.

Durch die Unterwasserarchäologie mit ihrer modernen Technologie muss die Geschichte einiger früher Zivilisationen möglicherweise komplett umgeschrieben werden. Die Überreste einer riesigen Stadt von acht Kilometern Länge und mehr als drei Kilometern Breite wurden 2002 in 36 Metern Tiefe im Golf von Khambhat an der Westküste Indiens entdeckt. Mithilfe der Radiokarbonmethode wurde das Alter dieser archäologischen Stätte auf etwa 9500 Jahre datiert. Damit wäre die dortige Zivilisation 4000 Jahre älter als die Harappa-Kultur des Indus-Tals. Die Formationen wurden von Meeresforschern entdeckt, die die Wasserverschmutzung in der Bucht messen wollten. Zu den bisher gefundenen Materialien zählen Mauerreste, Töpferarbeiten, Perlen und menschliche Knochen. Man geht davon aus, dass der Ort durch das ansteigende Meer am Ende der letzten Eiszeit vor etwa 10 000 Jahren überflutet wurde.

Kontinente einer versunkenen Welt

Dieses Kapitel beschäftigt sich hauptsächlich mit Orten aus dem „unsichtbaren" Atlas. Dennoch sollen an dieser Stelle auch einige in jüngster Zeit entdeckte, tatsächlich versunkene Länder erwähnt werden. Einige von ihnen sind möglicherweise in alte Erinnerungen und Legenden mit eingeflossen.

Am bekanntesten davon ist wohl das Doggerland, das sich einst zwischen Großbritannien und dem europäischen Festland erstreckte. Während der letzten Eiszeit befand sich dieses Gebiet über dem Meer. In dieser Zeit lag der Meeresspiegel etwa 120 Meter unter der aktuellen Höhe. Die Doggerbank, in der es heutzutage reiche Fischgründe gibt, war einst Teil des Hochlands von Doggerland. Schleppnetzfischer haben immer wieder Überreste von Mammuts als Überbleibsel dieses einst fruchtbaren Landes nach oben befördert.

Das Kerguelen-Plateau liegt etwa 3000 Kilometer südwestlich von Australien im Indischen Ozean. Es ist ein lang gestrecktes Plateau, das ungefähr zeitgleich mit dem Auseinanderdriften Gondwanas vor etwa 110 Millionen Jahren entstand. Man geht davon aus, dass hier vor circa 50 Millionen Jahren tropische Pflanzen und Tiere beheimatet waren. Der Kontinent versank vor etwa 20 Millionen Jahren und liegt heute ungefähr ein bis zwei Kilometer unter dem Meeresspiegel. Durch den Zentralindischen Rücken wurde er in zwei Teile geteilt. Einziges Überbleibsel oberhalb des Meeresspiegels ist der Kerguelen-Archipel. Dazu gehören die Heard- und McDonald-Inseln, die sich auf etwa zwei Drittel der Strecke zwischen Madagaskar und der Antarktis befinden und nach wie vor von Vulkanaktivität erschüttert werden.

Beringia war eine einst trockengefallene Landbrücke zwischen Sibirien und Alaska. Sie maß an ihrer breitesten Stelle etwa 1600 Kilometer und war

LINKS: Der Untergang von Mu. Der große Pazifikkontinent wird von Überschwemmungen und Vulkanausbrüchen heimgesucht.

eisfrei. Der Meeresboden war an den Stellen, an denen Beringia während der letzten Eiszeit über dem Meer lag, recht flach. Die Landbrücke ermöglichte vor etwa 25 000 Jahren die Wanderungen der Menschen von Asien nach Nordamerika. Auch frühere Wanderungen sind denkbar, ebenso eine Migration von Tieren und Pflanzen in beide Richtungen.

Alte Karten der *Terra Australis* zeigen an der Ostküste Australiens eine durchgehende Landmasse von Neuguinea bis nach Tasmanien. In gewisser Hinsicht traf diese Darstellung vor Jahrtausenden zu, zumindest auf den Küstenverlauf vor 14 000 Jahren. Damals waren sowohl Neuguinea als auch Tasmanien mit dem australischen Festland verbunden.

Neuseeland besteht heutzutage zwar hauptsächlich aus zwei großen Inseln, einst war es jedoch ein ganzer Kontinent, der vor 60 bis 80 Millionen Jahren von der australischen Landmasse und noch viel früher, vielleicht vor 85 bis 130 Millionen Jahren, von der Antarktis wegdriftete. Das heutige Neuseeland ist der noch sichtbare Teil (weniger als zehn Prozent) eines fast komplett versunkenen Kontinents namens Zealandia. Dieser war etwa halb so groß wie das heutige Australien und erstreckte sich nordwärts bis nach Neukaledonien. Zealandias Geschichte war schon damals von Vulkanismus geprägt, und Neuseeland ist noch heute eine der weltweit aktivsten Vulkangegenden.

Die biologisch vielfältige Region des Indonesischen Archipels war einst eine zusammenhängende Landmasse namens Sundaland. Durch den ansteigenden Meeresspiegel nach der letzten Eiszeit wurden viele der tiefer liegenden Gebiete überflutet. Auf diese Weise entstanden die heutigen Küstenverläufe. Das gesamte Gebiet ist vulkanisch aktiv und vielleicht der größte Hotspot der Welt. Das Erdbeben und der Tsunami von 2004 waren eine Folge dieser stetigen Vulkanaktivitäten.

Auch die vier Hawaiiinseln unmittelbar nordwestlich der Hauptinsel Hawaii waren einst miteinander verbunden und bildeten eine weit größere Insel. Diese wird als Maui Nui (Großes Maui) bezeichnet und entstand aus sieben Vulkanen. Durch Absenkungen und Überschwemmungen infolge des ansteigenden Meeresspiegels nach der letzten Eiszeit wurde Maui Nui auf eine Gruppe kleinerer Inseln reduziert, die durch flaches Meer voneinander getrennt ist: Maui, Lanai, Molokai und Kahoolawe, die kleinste der Inseln. Kahoolawe ist heute relativ trocken, da die Insel in den 1000 Jahren seit ihrer Erstbesiedlung überweidet wurde. Daher ist sie trotz einst exstierender Süßwasserquelle für die Landwirtschaft nicht mehr geeignet. Grund dafür ist ein hier 1965 von der US-Marine durchgeführtes Experiment. Im Rahmen der sogenannten Operation Sailor Hat wollte man herausfinden, ob die Insel und ein dort ankerndes Zielschiff, die „USS Atlanta“, drei heftige TNT-Explosionen überstehen würde. Der TNT-Test hinterließ einen Krater und vernichtete die wertvolle Süßwasserquelle. Glücklicherweise kam es trotz der untereinander verbundenen Vulkanschlote nicht zu Vulkanausbrüchen auf anderen Inseln. Mittlerweile wird der Versuch unternommen, Kahoolawe zu erhalten, aber viele archäologisch wertvolle Stätten sind für immer verloren.

Atlantis

Von allen Orten in diesem Buch ist keiner umstrittener und wurde mehr diskutiert als die Insel Atlantis. Atlantis beschäftigt die Menschen, als wäre es auf irgendeine Weise im kollektiven Bewusstsein der Menschheit verankert. Es wird meist als utopischer Staat mit einer extrem fortschrittlichen Zivilisation beschrieben, eine Gesellschaft, die allem Anschein nach einen weniger materialistischen Weg als unsere eigene eingeschlagen hatte. Es war ein paradiesähnliches Land mit perfektem Klima, fruchtbaren Böden und reichen Ernten, in dem soziale Werte und Gerechtigkeit hochgehalten wurden. Es wird vermutet, dass es sich dabei um denselben Ort handelt, den die Menschen der Antike als Elysion, den Garten Eden, Asgard oder den Olymp beschrieben haben.

Platons Atlantis

Die Legende von Atlantis basiert auf einer Reihe von Dialogen, die Platon Sokrates mit verschiedenen Gesprächspartnern führen lässt. Die Dialoge waren zur Unterhaltung von Theaterzuschauern anlässlich einer Festveranstaltung zu Ehren der Göttin Athene bestimmt. Die ersten beiden Dialoge, in denen Atlantis beschrieben wird, mit „Kritias“ und „Timaios“ als Sprechern, wurden 360 v. Chr. verfasst. Zum Bedauern der Forscher ist der „Kritias“ nur noch in Teilen erhalten. Der „Timaios“ liegt vollständig vor, während der „Hermokrates“, ein Dialog mit einem dritten Sprecher, verloren ging.

Der Hauptperson Sokrates zufolge waren die Gesprächspartner in besonderer Weise für die Teilnahme an der Diskussion geeignet. Timaios von Lokroi stammte aus einer italienischen Stadt mit einer großen Rechtstradition. Er hatte hoch geachtete Ämter im Staat bekleidet und alle philosophischen Höhen erklommen. Timaios hält eine Rede über den Ursprung der Menschheit und die Natur des Universums. Auch Kritias von Athen war in Politik und Philosophie kein Neuling.

Auf die Dialoge „Kritias“ und „Timaios“ wird häufig verwiesen, um die These von der tatsächlichen Existenz der untergegangenen Welt Atlantis zu stützen. Bei sorgfältigem Lesen der Dialoge zeigt sich, dass sie weit mehr als ein simpler Bericht über Atlantis sind. Die Beschreibung ist teilweise so detailliert, dass Skeptiker zumindest vorübergehend verstummen. Zweifellos hatte Platon für seine Dialoge viel Material aus verschiedenen alten Quellen zusammengetragen und zu einer meisterhaften Erzählung verwoben. Doch die Frage bleibt, inwieweit die in den Dialogen erwähnten Vorgänge auf realen Ereignissen basieren.

Kritias erzählt eine Geschichte, die er im Alter von zehn Jahren von seinem 90-jährigen Großvater gehört hatte. Der hat die Geschichte wiederum von seinem Vater, Dropides. Dieser war ein enger Freund Solons, «des weisesten aller Gelehrten». Solon war ein athenischer Staatsmann und Verfasser von Liedern und Gedichten. Die im Folgenden zusammengefasste Geschichte schildert Solon dem Dropides etwa um 600 v. Chr. Später wurde sie innerhalb der Familie weiter überliefert:

Solon reiste in die Stadt Sais in Ägypten, wo er mit gelehrten Priestern zusammentraf. Schon bald gelangte er zu der Einsicht, dass im Vergleich zu den Ägyptern weder er noch sonst ein Grieche über Ereignisse in der fernen Vergangenheit besser Bescheid wussten. Ein Priester erklärte ihm, dass die Ägypter ausführliche Aufzeichnungen über historische Ereignisse aller Zeiten führten. Er verglich dies mit den Chroniken der Griechen und meinte, dass deren Wissen und Zivilisation in regelmäßigen Abständen durch eine «wie eine Krankheit hereinbrechende Regenflut des Himmels» zerstört worden seien. Ohne Bildung und geschichtliche Aufzeichnungen seien die Überlebenden wie unwissende Kinder. Sie müssten erst wieder Wissen anhäufen, bevor sie ihre Zivilisation neu aufbauen könnten. Dem Priester zufolge hatten es viele Generationen von Griechen unmittelbar nach der letzten Flut versäumt, historische Aufzeichnungen zu hinterlassen, so dass die Mythologie an die Stelle des Wissens getreten war.

Als Beispiel für verlorenes griechisches Wissen nannte der Priester die Tatsache, dass nur ein griechischer Bericht über eine Sintflut existiere, obwohl es viele Fluten gegeben habe. Die Griechen wüssten nichts über Attika, den am besten regierten und schönsten Stadtstaat aller Zeiten. Dieser Staat sei erfolgreich gegen ein mächtiges Reich verteidigt worden: die Atlanter, die bereits den Rest der Mittelmeerregion erobert hatten. Solon wurde berichtet, dass dieser attische Stadtstaat vor 9000 Jahren gegründet worden war und dass er und die anderen Athener von einer kleinen Gruppe Überlebender abstammten. Der alte Priester sagte Solon, dass viele ruhmreiche Taten und Errungenschaften dieses Ur-Athens in ägyptischen Büchern niedergeschrieben seien, jedoch ein Ereignis besonders hervorsteche: die Eroberung von Atlantis.

Der Priester berichtete weiter, Mittelmeer und Ägais seien nicht mehr als ein Hafen mit einer engen Einfahrt, verglichen mit dem großen Meer, das jenseits davon liege und das der Priester als Atlantischen Ozean bezeichnete. Er schilderte, wie ein mächtiges Volk aus Atlantis gekommen sei. Atlantis beschrieb er als eine große Insel jenseits der Säulen des Herakles (Gibraltar), so groß wie Nordafrika (das er als Libyen bezeichnete) und Asien (womit in der damaligen Zeit für gewöhnlich die Türkei gemeint war) zusammen. Die Insel liege auf dem Weg zu anderen Inseln, «von denen man auf das gegenüberliegende Festland übersetzen konnte, welches jenes Meer umschließt.» Aus dieser Aussage lässt sich fast zwingend folgern, dass Nordamerika entweder bereits als Vorstellung existierte oder tatsächlich bekannt war.

Dem Priester zufolge bestand auf der Insel Atlantis «eine bewundernswerte Königsherrschaft, die nicht bloß die ganze Insel, sondern auch viele andere Inseln und Teile des Festlands [Europa] unter ihrer Gewalt hatte.» Atlantis war in zehn Gebiete aufge-

Ausschnitt aus einer Karte der antiken Welt zu Zeiten Aristoteles' und Alexanders des Großen. Atlantis ist in dieser Karte südwestlich von Britannien eingezeichnet.

Die legendäre Stadt Atlantis vor ihrer Zerstörung.

teilt. Der Gott Poseidon hatte fünf männliche Zwillingspaare gezeugt. Dem erstgeborenen Sohn schenkte er «den Wohnsitz seiner Mutter und das umliegende Gebiet ... und bestellte ihn auch zum König über die anderen Söhne». Dieser älteste Sohn trug den Namen Atlas, «von welchem auch die ganze Insel und das Meer, welches ja das Atlantische heißt, ihre Namen empfingen.» Die restlichen Gebiete des Landes wurden zwischen den übrigen neun Brüdern aufgeteilt.

In der Mitte von Atlantis lag eine große, flache Ebene von etwa 555 Kilometern Länge und 370 Kilometern Breite. Diese Ebene war sehr fruchtbar und auf der Nordseite der Insel von wunderschönen Bergen geschützt, die auf ihrer Seeseite steil abfielen. Scheinbar gab es auf Atlantis auch eine geologisch aktive Region, da warme und kalte Quellen erwähnt werden. Dem „Kritias" zufolge lagen in den Bergen «viele Flecken mit einer reichen Zahl von Bewohnern, ferner Flüsse, Seen und Auen, die zahmen und wilden Tieren hinreichend Futter darboten, sowie unendliche Waldungen (...), die in großer Mannigfaltigkeit ausreichend Material für allerlei Arbeiten lieferten.»

Der Erzählung des Priesters zufolge ging das griechische Heer siegreich aus seinem Kampf mit den Atlantern hervor und «gab uns, die wir innerhalb der herakleischen Grenzen wohnen, die Freiheit zurück. (...) Später aber entstanden gewaltige Erdbeben und Überschwemmungen, und da versank während eines einzigen Tages und einer unglückseligen Nacht das gesamte streitbare Geschlecht scharenweise unter die Erde, und ebenso verschwand die Insel Atlantis, indem sie im Meere unterging.»

Wie ging Atlantis unter?

Gab es Atlantis wirklich? Und wie verschwand diese Insel so plötzlich? Lag sie tatsächlich irgendwo vor der Küste des europäischen Festlands jenseits der Säulen des Herakles? Glaubte Platon selbst an diese Geschichte oder sind wir einem wunderbaren Märchen auf den Leim gegangen? Im „Timaios" sagt Sokrates, der Stoff habe «den großen Vorzug, dass er kein bloß erdichtetes Märchen, sondern eine wahre Geschichte enthält.» Kritias nennt sie «eine seltsame, aber durchaus wahre Geschichte», über die Solon «Beglaubigtes gehört und danach berichtet hat.»

Viele Deutungen der Geschichte von Atlantis konzentrieren sich auf die heftigen Erdbeben, die die Insel erschütterten und im Meer versinken ließen. Nach der Beschreibung Solons handelte es sich um ein gewaltiges Erdbeben, das die gesamte Region von den Gebieten jenseits der Säulen des Herakles bis hin nach Griechenland erschütterte und die Krieger «an einem einzigen Tag» verschlang. Offenbar war es ein Ereignis von ungeheurem Ausmaß. Wahrscheinlich handelte es sich um ein starkes Erdbeben, hervorgerufen durch Spannungen der nordwärts driftenden Afrikanischen Platte und der Eurasischen Platte.

Die Region um die „Säulen des Herakles" ist zweifellos für einige heftige Erdbeben bekannt. Das große Erdbeben von Lissabon des Jahres 1755 gilt als eines der verheerendsten der Geschichte. Das Epizentrum befand sich im Atlantik, etwa 200 Kilometer südwestlich des Cabo de São Vicente. Das Erdbeben erreichte eine geschätzte Stärke von 8,7 auf der Richterskala. Den Einwohnern von Lissabon bot sich ein gespenstischer Anblick, als sich das Meer entlang der Mündung des Flusses Tejo immer weiter von der Küste zurückzog und den schlammigen Seeboden mit dem Müll vieler Jahrzehnte freilegte, darunter alte Schiffswracks und verlorene Ladungen. Wenige Minuten später bäumte sich das Wasser zu einer riesigen Wand auf und schoss auf das Land zu. Ein ungeheurer Tsunami überschwemmte die Küste und brandete weit ins Landesinnere, wobei ein Großteil der Stadt überflutet wurde. Die Küste bot danach einen einem Schlachtfeld vergleichbaren Anblick.

Auf gewisse Weise hört sich die Schilderung des Erdbebens von Lissabon wie eine Wiederholung des von Solon beschriebenen Erdbebens an, das Atlantis zerstörte. Hat sich in Griechenland in der Vergangenheit ein großes Erdbeben ereignet, das mit Solons Beschreibung übereinstimmt? Möglich wäre es. Der Mittelmeerraum – insbesondere von Sizilien bis zur Ägäis, einschließlich Griechenland – erlebte einige der gewaltigsten Erdbeben der Geschichte.

Auch wenn der Kontinent Atlantis nur fiktiv sein mag, kann die Legende doch auf wahren Begebenheiten beruhen. Der Priester in Platons Erzählung berichtet von mehreren Fluten, die ganze Zivilisationen zerstörten und die in den Annalen der menschlichen Geschichte verloren gingen. Vielleicht gab es tatsächlich einst einen realen Ort wie Atlantis und die Geschichte seiner Zerstörung wurde als mündliche Erzählung überliefert, bis sie später für die Bewohner Griechenlands zu einem Teil der Mythologie wurde.

Auf der Suche nach Atlantis

Die Erforschung der Legende von Atlantis ist noch nicht abgeschlossen, und fast scheint es, als sei jeder erdenkliche Ort auf diesem Planeten bereits als mögliches Atlantis infrage gekommen. Die Inselgruppe Bimini der Bahamas, die Azoren, die Karibik, Kuba, Bolivien, die Antarktis, Australien, Cornwall, die Scilly-Inseln, Irland, Santorin, Kreta, Troja, das westliche Nordafrika, das Baltikum, das Schwarze Meer und das Rote Meer sind alle schon mit dem rätselhaften Kontinent in Zusammenhang gebracht worden. Zusätzlich zu diesen tatsächlich existierenden Orten haben die Theosophen des 19. Jahrhunderts Atlantis mit einer Reihe anderer untergegangener Inseln und Kontinente gleichgesetzt, darunter Lemuria, Poseidia, Hyperborea, Daitya und Ruta, die Feuerinsel der Draviden.

Solons Bericht zufolge wäre Atlantis vor etwa 10 000 bis 12 000 Jahren zerstört worden. Er siedelte Atlantis nicht nur im Atlantik an, sondern erwähnte auch «den äußersten Teil der Insel, von den Säulen des Herakles bis zu der Gegend, welche jetzt die gadeirische heißt.» Gadeira war der alte Name für Cadiz und das umliegende Gebiet in Südspanien. Dies stellt uns vor ein geographisches Rätsel. Während Eiszeiten verringert sich das Wasservolumen in den Meeren enorm, da das Wasser in dicken Eisschilden gebunden wird, die die Landmassen bedecken. Die letzte Eiszeit endete vor etwa 10 000 bis 12 000 Jahren. Zu den Hochzeiten dieser Eiszeit lag der Meeresspiegel mindestens 100 Meter unter dem heutigen Stand. Am Ende der letzten Eiszeit, also zu der Zeit, in der die Katastrophe passierte, wäre der Meeresspiegel des Atlantiks noch etwa 30 Meter niedriger als heute gewesen. Gab das Meer damals für eine Weile ein Stück Land frei, das später als Atlantis bekannt wurde?

Es gibt noch weitere Hinweise. Laut der Beschreibung war die Stadt Atlantis von einer Art

Wassergraben umgeben. Ein Kanal wurde vom Meer bis zum Stadtgraben gezogen, um den Zugang per Schiff zu ermöglichen. Im „Kritias" heißt es:

«Zuerst nämlich gruben sie einen Kanal von 300 Fuß Breite, 100 Fuß Tiefe und 50 Stadien [250 Metern] Länge vom Meere aus bis zu dem äußersten Ringe hin und machten so eine Einfahrt von der See in denselben wie in einen Hafen möglich, indem sie die Einmündung in ihn weit genug zum Einlaufen für die größten Schiffe brachen.»

Die geographische Beschreibung von Atlantis im „Kritias" schildert ein Land, das sich hoch aus dem Meer erhebt. Im Landesinneren liegt eine weite Ebene, die eine auf einem Hügel erbaute Stadt umgibt. Die Ebene ist wiederum an drei Seiten von Bergen umschlossen, während die vierte Seite nach Süden hin offen ist.

Unter Einbeziehung neuester Erkenntnisse der Geologie, Paläoklimatologie und Archäologie wird Atlantis momentan am Keltischen Schelf vermutet, südlich der Britischen Inseln. Die paläogeographische Erforschung Westeuropas hat dort einen alten Fluss entdeckt, der in dem Bereich seinen Ursprung hatte, in dem heute die Irische See liegt. Der unterseeische Hügel, die Little Sole Bank, liegt am Rand des Keltischen Schelfs, etwa 57 Meter unter dem heutigen Meeresspiegel. Das Schelf liegt heute in einer durchschnittlichen Meerestiefe von etwa 160 bis 170 Metern. Die im „Kritias" beschriebenen Abmessungen der Ebene von Atlantis würden zu der versunkenen Fläche des Keltischen Schelfs passen. Der vor langer Zeit vom Meer überflutete Fluss mündete in der Nähe des Hügels ins Meer. Für eine Seefahrernation wäre dies sicherlich der perfekte Ort für die Gründung einer Stadt gewesen. Ohne eine genauere meeresarchäologische Untersuchung werden wir allerdings niemals erfahren, ob das Keltische Schelf wirklich das versunkene Atlantis war.

Santorin

Viele halten die griechische Insel Santorin für das zerstörte Atlantis. Zumindest touristisch wird es als das untergegangene Atlantis vermarktet. Santorin gehört zu den Kykladeninseln der Ägäis und liegt etwa 117 Kilometer nördlich von Kreta. Die Hauptinsel Thira ist sichelförmig und umschließt zusammen mit zwei weiteren größeren Inseln, Aspronisi und Thirasia, zwei kleinere Inseln, die nahe der Küste Thiras liegen. Thira ist nicht einfach nur eine Insel, sondern es sind die Überreste einer gigantischen Caldera, eines Vulkankraters. Santorin liegt innerhalb eines breiten Vulkangürtels. Dieser zieht sich vom Westen der Iberischen Halbinsel über Italien und Griechenland bis zum Kaukasus. In seinem italienischen Abschnitt wird er als Kalabrischer Bogen bezeichnet. Zu diesem zählen der Ätna, der Stromboli und die Caldera in den Phlegräischen Feldern bei Neapel. Letztere ist ein eingestürzter Krater von fast 14 Kilometern Durchmesser mit einer Vielzahl von Aschekegeln und Eruptionskratern nur 25 Kilometer westlich des Vesuvs. Auch der Vesuv selbst ist Teil des Kalabrischen Bogens. Der griechische Teil des Vulkangürtels, zu dem auch Santorin gehört, wird als Hellenischer Bogen bezeichnet. Diese „Feuerlinie" resultiert aus der Konvergenz zweier

(Fortsetzung S. 286)

FOLGENDE SEITEN: Das große Erdbeben von Lissabon war eine der verheerendsten Naturkatastrophen der Neuzeit.

LISA

NA

Das Atlantis des Edgar Cayce

Die ursprüngliche Beschreibung von Atlantis wurde von Parapsychologen, Theosophen und anderen Spiritualisten immer weiter ausgeschmückt. Hier sei stellvertretend Edgar Cayce (1877-1945), der „schlafende Prophet" Amerikas, genannt. Cayce war ein tief religiöser Mann, der seit seiner Kindheit über außergewöhnliche parapsychologische Fähigkeiten verfügte. Ihm werden einige sehr erstaunliche Prophezeiungen (und Fehlinterpretationen) zugeschrieben. In Trance sprach er häufig von Atlantis. Er beschrieb den Kontinent im Detail und erinnerte sich nicht nur an sein vorheriges Leben dort, sondern identifizierte auch viele andere Menschen als ehemalige Atlanter.

Zahlreiche Details von Cayces Atlantis stimmen nicht mit Platons Beschreibung überein. Cayce beschrieb eine riesige Landmasse im Atlantik, die sich fast von Europa bis hin zum Golf von Mexiko erstrecke und weit älter sei als die in Platons Dialogen beschriebene Welt. Er prophezeite, dass die Tempelruinen von Atlantis in der Nähe von Bimini auf den Bahamas gefunden würden. Cayce schilderte auch eine hoch entwickelte Rasse mit fortschrittlicher Technik, die dem Wissensstand von Cayces Zeit weit voraus sei. Er beschrieb „Feuerkristalle", die stark an Laser erinnern, sowie fliegende Schiffe und elektronische Übermittlungswege. Dies ist nicht Platons Paradies der Schwerter, Speere und Schilde, der Segelboote, der herrlichen Bergdörfer und der üppigen Gärten. Cayce zufolge missbrauchten die Atlanter ihre großartige Technologie und zerstörten ihre wichtigste Energiequelle etwa 50 000 v. Chr. Eine zweite größere Katastrophe ereignete sich 28 500 v. Chr. Damals brach der gigantische Kontinent auseinander und es blieben drei große Inseln zurück: Aryan, Og und Poseidia. Zur endgültigen Vernichtung kam es im Jahr 10 500 v. Chr. Die überlebenden Atlanter flohen in andere Teile der Erde. Kann es sich bei Platons Atlantis um eine der drei Restinseln des ursprünglichen Kontinents gehandelt haben?

RECHTS: „Aronnax blickt auf die untergegangene Stadt Atlantis und den Ausbruch eines unterseeischen Vulkans", Holzschnitt nach einer Zeichnung von A. de Neuville aus Jules Vernes „20 000 Meilen unter dem Meer", Ausgabe von 1870.

riesiger tektonischer Platten: der nordwärts schiebenden Afrikanischen Platte und der Eurasischen Platte. Die Umgebung von Santorin ist, geologisch gesehen, hoch komplex, da sich hier auch viele kleinere Platten befinden.

Auf Santorin ereigneten sich innerhalb der letzten 200 000 Jahren bis zu zwölf heftige Vulkanausbrüche, wobei es in der Zeit dazwischen zu kleineren Eruptionen kam. Der letzte „kleinere" Ausbruch ereignete sich 1956 und forderte zahlreiche Todesop-

Der Ausbruch des Vulkans auf Santorin, Abbildung aus dem Werk „Studien über Vulkane und Erdbeben" von Julius Schmidt, 1881.

fer. Noch immer stehen eingestürzte Häuser als Zeugen der ungeheuren Gewalt des Ausbruchs auf den schwarzen Klippen. Ein Ausbruch von gigantischen Ausmaß ereignete sich etwa 1500 v. Chr. auf dem Eiland.

In der Zeit um 2000 v. Chr. wurde an der Küste von Santorin die Stadt Akrotiri gegründet. Die Stadt entwickelte sich zu einem blühenden Außenhandelsposten der minoischen Zivilisation, deren Zentrum sich auf Kreta befand. Sie stieg schließlich zu einer bedeutenden selbstständigen Hafenstadt auf. Bei der Eruption um 1500 v. Chr. wurde Akrotiri ähnlich wie Pompeji unter einer dicken Ascheschicht begraben. Bei Ausgrabungen legte man die Ruinen einer fortschrittlichen und wohlhabenden Stadt der Bronzezeit mit eindrucksvollen Plätzen und zahlreichen prachtvollen Häusern frei. Die Gebäude waren häufig mehrere Stockwerke hoch und mit außergewöhnlich schönen Fresken verziert. Zu den dargestellten Motiven zählen Safranpflücker, ein Fischer mit seinem Fang, springende Delphine, Antilopen, eine Flottille von Schiffen sowie Frauen beim Müßiggang. Dem Anschein nach unterschied sich diese Kultur von der kretischen. Zumindest zu seiner Blütezeit befand sich Akrotiri nicht unter kretischer Herrschaft, sondern war eine unabhängige Plutokratie. Trinkwasser wurde in einem Zweikanalsystem durch die Stadt geführt, was vermuten lässt, dass Wasser aus heißen Quellen zusammen mit Frischwasser zu den Häusern geleitet wurde. Die Häuser verfügten sogar über Wasserklosetts, die mit einer Kanalisation verbunden waren. Zwar wurde bisher nur ein Teil des Ortes freigelegt, doch ist es bereits deutlich ersichtlich, dass Akrotiri wohl für seine Zeit eine sehr große und florierende Stadt war. Wie in Pompeji befanden sich viele Häuser offenbar im Besitz einer reichen und gebildeten Oberschicht.

Im Gegensatz zu Pompeji entdeckte man in den Ruinen von Akrotiri keine Leichen. Allerdings wurden genug Artefakte ausgegraben, die auf ein umfassendes Handelsnetz mit so entfernten Ländern wie Ägypten, Libyen, Syrien und Anatolien hindeuten. Die Funde legen den Schluss nahe, dass sich die Katastrophe durch einen kleineren Ausbruch ankündigte und dass mehrere Erdstöße der Katastrophe als „Warnsignale" vorangingen. Scheinbar konnte die gesamte Bevölkerung in einer Evakuierungsaktion mitsamt einem Großteil ihres Hab und Guts fliehen, bevor sich etwa zwei Monate später der zweite katastrophale Ausbruch ereignete. Zu jener Zeit, als diese Eruption stattfand, hatte die Caldera, die in den letzten Hunderttausenden von Jahren viele Male ihre Form änderte, den Hafen fast vollständig ringförmig umschlossen. Es gab nur eine einzige Zufahrt zwischen Thira und Aspronisi.

Das Zentrum der Eruption lag auf einer kleinen Insel in der Mitte der Caldera, in der Nähe der heutigen Insel Nea Kameni. Die Kraft der Eruption riss den Krater buchstäblich auseinander. Der Ausbruch belegt heute den dritten Rang unter den heftigsten Vulkanausbrüchen der letzten 5000 Jahre. Als der gewaltigste Vulkanausbruch unserer Zeitrechnung gilt allgemein der Ausbruch des Taupo auf der Nordinsel Neuseelands im Jahr 186 n. Chr. Dagegen nimmt sich der Ausbruch des Vesuvs im Jahr 79 n. Chr. winzig aus. Auf Platz zwei folgt der Ausbruch des Tambora in Indonesien 1815. Die Wucht dieser Eruption hatte schätzungsweise viermal so viel Energie wie der Ausbruch des Krakatau 1883. Bis in 600 Kilometer Entfernung herrschte zwei

(Fortsetzung S. 290)

Das Bermudadreieck

Durch das rätselhafte Verschwinden der in Fort Lauderdale (Florida) gestarteten Flugzeuge des Flugs Nr. 19 am 5. Dezember 1945 erregte das berüchtigte Bermudadreieck erstmals breite öffentliche Aufmerksamkeit. Fünf US-Bomber vom Typ Avenger hoben unter der Führung von Leutnant Charles Taylor zu einem routinemäßigen Übungsflug ab. Kurz nach dem Start merkte Taylor, dass sein Kompass nicht richtig funktionierte. Da er die Florida Keys gut kannte, entschied er sich dafür, die Route im Sichtflug fortzusetzen. Als sich jedoch ein Sturm zusammenbraute, verlor er vollkommen die Orientierung. Er hatte immer noch Kontakt mit Fort Lauderdale, als der Empfang zunehmend schlechter wurde. Aus unbekannten Gründen schaltete er nicht auf die Notfrequenz um. Taylor war davon überzeugt, entlang der Küste Floridas zu fliegen. Als die Flugzeuge dann nach Osten abdrehten, flogen sie direkt auf das offene Meer hinaus. Man hat nie wieder etwas von ihnen gehört oder gesehen. Es wurde daraufhin ein Suchtrupp in einem Seeflugzeug losgeschickt, der ebenfalls spurlos verschwand.

Für das Verschwinden von Flug 19 gibt es logische Erklärungen. Angeblich fühlte sich Taylor nicht wohl und hatte im Vorfeld versucht, seinen Flugdienst zu tauschen. Aber hatten die Piloten der anderen Flugzeuge so wenig Erfahrung, dass niemand einen Kompass lesen konnte? Oder versagten die Kompasse in allen fünf Maschinen? Gab es überhaupt Kompasse? Selbst in einem Sturm sollte es möglich sein, Meer von Land zu unterscheiden. Vielleicht waren einige der jungen Männer zu eingeschüchtert, um ihre Bedenken vorzubringen, aber sicherlich nicht alle. Das zur Suche losgeschickte Mariner-Flugboot explodierte wahrscheinlich schon bald nach dem Start, was aufgrund eines defekten Benzintanks durchaus öfter vorkam. Was auch immer wirklich geschah, – keines der Flugzeuge wurde je wieder gesehen.

„Der schwerkraftlose Strudel, in dem Schiffe auf mysteriöse Weise im Atlantik verschwinden", von Hyatt Verrill aus dem Magazin Amazing Stories, *Juni 1930.*

JUNE
25 CENTS
IN CANADA 30 CENTS
AMAZING STORIES
Scientifiction
Stories by
A. Hyatt Verrill
John W. Campbell, Jr.
Edmond Hamilton

Tage lang pechschwarze Dunkelheit. Die angebliche Dauer der Dunkelheit bei der Zerstörung von Atlantis betrug sieben Tage.

Der Ausbruch auf Santorin hat nach Schätzungen eine 40 Kilometer hohe Aschesäule ausgestoßen. (Zum Vergleich: Die Aschesäule des Taupo war 51 Kilometer und die des Tambora 43 Kilometer hoch.) Das Auswurfmaterial verteilte sich über die gesamte Ägäis und das östliche Mittelmeer. Meerwasser strömte in den Krater und verdampfte sofort. Man schätzt die Menge des von der Explosion in die Atmosphäre geschleuderten Auswurfmaterials auf 65 Kubikkilometer.

Auf die Eruption folgte ein riesiger Tsunami von einer solchen Wucht, dass die gesamte Region betroffen war. Die nahegelegene Inseln wurden von unvorstellbar hohen Wellen überrollt, die Experten zufolge selbst auf entfernteren Inseln wie Kreta eine geschätzte Höhe von 160 bis 250 Metern erreichten. Die Geschwindigkeit, mit der die Wellen auf die umgebenden Inseln zurasten, wird auf 160 Kilometer pro Stunde geschätzt.

Wie beim Tsunami, der auf das Erdbeben von Lissabon folgte, zog sich das Wasser von der Küste vollkommen zurück, bevor es mit mörderischer Kraft mehrmals wieder zurückkehrte. Es wurden auch Vermutungen angestellt, dass der Vulkanausbruch von Santorin als die Geschichte der Flucht der Israeliten vor dem Pharao in Ägypten in die Bibel eingegangen sein könnte. Der Bericht von der Teilung des Meeres basiert möglicherweise auf einem ähnlichen Ereignis.

Die Katastrophe von Santorin vollzog sich in mehreren Phasen. Tsunamiwellen brachen über die angrenzenden Inseln und umgebenden Küsten herein. Sie waren nicht nur durch die explosive Kraft der Eruption, sondern auch durch den Zusammensturz der Caldera und durch davon hervorgerufene heftige Erdbeben entstanden. Die größte der Wellen, die über Kreta hereinbrach, zerstörte die antiken Städte Mallia, Zakro und Phaistos und vernichtete einen Großteil der bedeutenden minoischen Zivilisation. Der Osten und das Inselinnere wurden von Asche erstickt, Feldanbau war dadurch für Jahrzehnte unmöglich. Auch Kreta wurde von schweren Erdbeben erschüttert; Santorin blieb für 500 Jahre unbewohnbar.

Es gibt viele Parallelen zwischen den Ereignissen auf Santorin und der Geschichte von Atlantis. Auf Santorin gab es eine wohlhabende Stadt namens Akrotiri, die eindeutig ihrer Zeit voraus war. Die Insel unterhielt verzweigte Handelsbeziehungen. Damit einhergehend, hätten ihre Einwohner wohl auch viel an Wissen besessen. Die Architektur der Stadt war sehr fortschrittlich. Es wurden sogar Stützpfeiler verwendet, die seismischen Erschütterungen widerstehen konnten. Die Wasserversorgung erfolgte mithilfe einer hoch entwickelten Technologie. Der Beschreibung zufolge war Atlantis aus schwarzem, rotem und weißem Stein erbaut. Solche Steine gibt es auf Santorin und, was genauso wichtig ist, diese Farben werden mit dem minoischen Palast von Knossos auf Kreta in Zusammenhang gebracht.

Die Einwohner von Akrotiri wurden mitsamt ihrer Habe in relativ kurzer Zeit in Sicherheit gebracht, was sowohl auf Ordnung als auch auf Gemeinschaftssinn hindeutet. Die äußerst fein gearbeiteten Fresken in den Häusern mit ihren fast elysischen Darstellungen weisen auf eine hoch entwickelte Zivilisation hin. Akrotiri kann sicherlich als Utopia seiner Zeit gelten. Auch die Geographie der Insel stimmt mit einigen Aspekten von Platons Atlantis überein. Vor der Explosion bildete die Insel eine Art Außenring, wobei nur ein einziger enger Kanal zwischen den Inseln Thira und Aspronisi in den großen Hafen im Ringinneren führte. Atlantis war der Beschreibung zufolge in konzentrischen Kreisen angelegt, mit einem Kanal, der zu dem großen Hafen der Insel führte. Platon berichtet von einer sehr wasserreichen Insel, was auch auf Santorin einst zutraf (heute ist es dagegen sehr wasserarm). Wie die atlantische wurde auch die minoische Zivilisation zerstört, als sie sich auf dem Höhepunkt ihrer Macht und ihres Einflusses befand. Die Geschichte einer solch heftigen Eruption, die nicht nur auf den griechischen Inseln viele Menschenleben gekostet haben muss, wäre sicherlich in der Erinnerung derjenigen lebendig geblieben, die ein Jahrtausend später in dieser Region lebten. Die große, schöne und moderne Stadt Akrotiri mit ihrer herausragenden Wissenschaft, Architektur, Technik und Kunst, die in der entsetzlichen Explosion unterging, die Santorin entzweiriss, kann durchaus für Platons Geschichte von Atlantis Pate gestanden haben.

Dennoch sprechen einige Fakten auch dagegen, dass es sich bei Akrotiri tatsächlich um Atlantis handelt. Der erste und wichtigste Einwand ist, dass sich Akrotiri nicht jenseits der Säulen des Herakles befand. Seine Einwohner waren zwar reiche Seehändler, dennoch gibt es keinerlei Hinweise darauf, dass sie eine Reihe von Kriegen entlang der Mittelmeerküsten Nordafrikas und Europas austrugen oder diese Länder besetzten. Die Beschreibung der Insel stimmt zwar in mancherlei Hinsicht mit Platons Atlantis überein, aber Akrotiri befand sich auf der meerwärts gewandten Seite der äußeren Insel und konnte nicht über einen Kanal erreicht werden. Auch die riesige zentrale Ebene, die Atlantis zugeschrieben wird, fehlt. Schließlich ist der zeitliche Rahmen vollkommen falsch, da mindestens 8000 Jahre dazwischen liegen. Es ist sehr unwahrscheinlich, dass Platon nicht zumindest den ungefähren Zeitpunkt der Santorin-Eruption kannte.

Atlantis in der Neuen Welt

Auch viele andere Orte wurden schon für Atlantis gehalten. Davon befinden sich zwei in der Neuen Welt und verdienen besondere Erwähnung: Der erste Ort wurde bereits im Zusammenhang mit dem Jungbrunnen (siehe S. *77*) erwähnt. Er liegt im Bereich der Bahamas. Edgar Cayce zufolge befand sich dort ein Teil von Atlantis (siehe S. 284). Der zweite Ort ist das Gebiet zwischen Fort Lauderdale in Florida, Bermuda und Puerto Rico, das ebenfalls die Bahamas umfasst. Diese Gegend ist unter verschiedenen Namen wie Teufelsdreieck und Bermudadreieck bekannt (siehe S. 288). Dort verschwanden über einen längeren Zeitraum hinweg auf rätselhafte Weise immer wieder Schiffe und Flugzeuge.

Christoph Kolumbus war angeblich der Erste, der den rätselhaften Einfluss dieser Gegend zu spüren bekam. Ihm zufolge spielten die Kompasse seiner drei Schiffe Niña, Pinta und Santa Maria 1492 in dieser Region verrückt. Kolumbus führte dieses Phänomen auf die Nähe zum irdischen Paradies zurück. Gleichzeitig sichtete die Mannschaft Lichter am Himmel. Bei den Lichtern, die sie in der ersten Nacht in dieser Gegend sahen, könnte es sich aber auch um Meteoriten gehandelt haben, die ins Meer fielen. Die der zweiten Sichtung waren möglicherweise durch

(Fortsetzung S. 294)

Coral Castle und Atlantis

Florida ist Schauplatz eines weiteren Rätsels, von dem einige glauben, dass es mit atlantischem Wissen in Verbindung steht. Bis heute ist Coral Castle ein Mysterium. Es befindet sich in der Nähe von Homestead, südlich von Miami, und ist dafür bekannt, dass es 1992 direkt in der Zerstörungsschneise des Hurrikans Andrew lag. Der Hurrikan der Kategorie 5 fegte über die Bahamas, traf auf die Südspitze Floridas und machte Homestead nahezu dem Erdboden gleich. Coral Castle blieb jedoch unversehrt, obwohl es sich mitten in Andrews verheerender Bahn befand. Die Burg wurde von Edward Leedskalnin ohne fremde Hilfe erbaut. Edward war ein kleiner Mann, nur 1,50 Meter groß. 1887 in Lettland geboren, wanderte er vor Beginn des Ersten Weltkriegs nach Nordamerika aus. Nachdem er in einem Holzfällercamp in Kanada gearbeitet hatte, erkrankte er an Tuberkulose und zog daraufhin nach Florida. Er hatte die Hoffnung, dass er dort eines Tages mit der Frau wohnen würde, die er liebte und immer nur als seine „Sweet Sixteen" bezeichnete. Es sollte aber nie so kommen. Sie heiratete in Lettland, und er sah sie nie wieder.

Edward verfügte beim Bau seiner Burg nur über einfachste Hilfsmittel: wenige Werkzeuge wie Hammer, Meißel, Keile, Ketten und einen Flaschenzug. Über 20 Jahre lang, bis 1923, arbeitete er nur nachts und heimlich an seinem Werk. Er schnitt riesige Korallenfelsblöcke zurecht, um daraus seine Burg zu errichten. Unerklärlich ist, wie dieser kleine Mann die Korallenblöcke bewegen konnte, von denen die meisten mehr als fünf Tonnen wogen. Das durchschnittliche Gewicht der Steine, die bei der großen Pyramide von Gizeh verwendet wurden, beträgt 2,5 Tonnen. Das gigantische Drehtor in Coral Castle ist aus einem einzigen Block gefertigt, der neun Tonnen wiegt. Es ist so perfekt ausgewuchtet, dass es sich mit einem Finger öffnen lässt. Kein Ingenieur konnte bisher erklären, wie das Bauwerk mit derart primitiven Werkzeugen so präzise errichtet werden konnte. Für den rechteckigen Turm wurden etwa 243 Tonnen riesiger Korallenfelsblöcke verwendet, die perfekt aneinandergefügt sind.

Es gibt Hinweise darauf, dass Edward großes Interesse an esoterischen Themen hatte und viel über kosmische Kräfte gelesen hatte, obwohl er nicht über das vierte

Schuljahr hinaus zur Schule ging. Verschiedene astronomische Symbole finden sich auf dem gesamten Grundstück. Niemand sah ihn je arbeiten. Er unterbrach, wenn jemand vorbeikam und legte dabei stets seine Werkzeuge aus der Hand. Einige Jungen beobachten ihn heimlich und berichteten, wie er riesige Blöcke durch die Luft „schweben" ließ. Als das Grundstück 1936 durch ein Straßenbauprojekt gefährdet war, kaufte er von seinen gesamten Ersparnissen in der Nähe von Homestead vier Hektar Land. Er baute die massive, fast fertiggestellte Burg wieder ab und errichtete sie 16 Kilometer entfernt an ihrem heutigen Standort. Dies war das einzige Mal, dass er Hilfe in Anspruch nahm, um die riesigen Blöcke zu transportieren. Aber er bestand darauf, die Blöcke selbst auf den Lastwagen zu laden, während der Fahrer nicht da war. Als dieser einmal nur 30 Minuten später zurückkam, sah er zu seinem Erstaunen, dass der Anhänger bereits vollständig mit den riesigen Korallenfelsblöcken beladen war. Edward war nirgendwo zu sehen.

Wenn man ihn nach einer Erklärung fragte, sagte Leedskalnin angeblich stets: «Ich habe das Geheimnis der Pyramiden entdeckt. Ich habe herausgefunden, wie die Ägypter und die alten Baumeister in Peru, Yucatán und Asien nur mit primitiven Werkzeugen in der Lage waren, Steinblöcke mit einem Gewicht von mehreren Tonnen anzuheben und einzusetzen.»

Wetterleuchten bedingt. Mehrere Schiffe wurden in dieser Gegend aus unbekanntem Grund von ihren Besatzungen zurückgelassen, einige Schiffe verschwanden einfach. Immer wieder wurde von versagenden Kompassen und Höhenmessern berichtet. Für fast all diese Ereignisse gibt es sicherlich eine logische Erklärung. *Fast* immer jedenfalls. Dennoch ist die Häufung der Zwischenfälle ungewöhnlich.

Die Vorstellung, dass sich Atlantis im Bereich der Bahamas befinden könnte, weist Parallelen zu den im Bermudadreieck beobachteten Phänomenen und der Prophezeiung von Edgar Cayce auf. Ihm zufolge sollten die Ruinen des verlorenen Kontinents Atlantis und seiner fortschrittlichen Zivilisation in der Nähe von Bimini gefunden werden. Auch die bekannte Legende vom Jungbrunnen der Arawak-Indianer wird ebenfalls mit Bimini in Verbindung gebracht.

Angesichts unserer heutigen Kenntnisse über die Plattentektonik ist es kaum vorstellbar, dass sich mitten im Atlantik ein riesiger Kontinent befunden haben soll. Dennoch gibt es Gemeinsamkeiten zwischen den Kulturen der zwei Kontinente, die auf beiden Seiten des Atlantiks liegen. Nicht zuletzt könnten die Pyramiden auf einen untergegangenen Kontinent hindeuten, der zwischen den beiden Kontinenten lag. Der Pyramidenbau ist viel verbreiteter als gemeinhin angenommen. Pyramiden wurden im äußersten Norden von Queensland in Australien sowie in China und Japan nachgewiesen.

Das bolivianische Atlantis

Auch wenn Bolivien als Ort der utopischen Welt von Atlantis nur schwer infrage kommt, verdient es eine Erwähnung. Wie es der Zufall will, befindet sich im dortigen Poopó-See eine versunkene Insel. Diese wurde von heftigen Erdbeben zerstört. Viele von Platons Schilderungen über Atlantis würden auf diese Gegend zutreffen. Auch über diesen Ort gibt es eine Legende, die zahlreiche Parallelen mit der Poseidon-Legende von Atlantis aufweist. Es wird sogar von männlichen Zwillingen und einem entsprechenden Gott berichtet. Südamerika liegt jenseits der Säulen des Herakles, wenn auch sehr weit entfernt. Die von Platon beschriebene Ebene passt zum Altiplano von Bolivien, der in etwa rechteckig ist. Dort entspringen warme und kalte Quellen, so wie in Platons Dialogen beschrieben. Rote, schwarze und weiße Steine sind reichlich vorhanden.

Die Gegend ist außerdem reich an Bodenschätzen, einschließlich Gold und Silber. Ein rätselhaftes Material namens Oreichalkos bedeckte laut Platon die Säulen, Wände und Böden im Inneren sowie die Außenwände des Tempels zu Ehren von Poseidon und Kleito in Atlantis, so dass es «vom roten Licht des Oreichalkos feurig schimmerte.» Auch zur Auskleidung der Decke des Poseidontempels wurde das Material genutzt. Es gibt sogar Berichte, dass Oreichalkos für Salomos Tempel in Jerusalem verwendet wurde. Dieser Rohstoff war selten. Das Wissen darüber schien in Platons Zeit beinahe verloren gegangen zu sein. Es wurde jedoch auch in Bolivien unter dem Namen Tumbaga hergestellt. Dabei handelte es sich um eine sehr formbare Legierung aus Kupfer, Silber und Gold, die leicht gegossen, gehämmert und poliert werden konnte. Tumbaga wurde häufig von den Azteken verwendet, insbesondere für religiöse Objekte. 1992 fand man vor Grand Bahama eine versunkene Galeone mit 200 Barren Tumbaga an Bord.

Die Theorie der hohlen Erde

Ende des 17. Jahrhunderts stellte der Astronom Edmond Halley eine Theorie vor, die selbst für die damalige Zeit recht fantastisch anmutet. Er propagierte, dass die Erde aus vier konzentrischen Kugeln bestehe, vergleichbar mit einer russischen Matrjoschka-Puppe. Die Erde innerhalb dieser Hohlkugel sei bewohnt und von einer innenliegenden Sonne beleuchtet. Seiner Meinung nach war das Polarlicht der Beweis dafür, dass aus einem Loch am arktischen Nordpol Gas austrete. Mit dieser Theorie versuchte er, die Schwankungen im Magnetfeld der Erde zu erklären. Der Gerechtigkeit halber sollte hinzugefügt werden, dass Halley ein brillanter Astronom und Mathematiker war, der den genauen Zeitpunkt der Wiederkehr des nach ihm benannten Kometen errechnet hatte.

Die merkwürdig anmutende Idee erhielt durch den Schweizer Mathematiker Leonhard Euler weiteren Aufwind. Er überlegte, ob das Innere der Erde nicht durch eine Sonne mit einem Durchmesser von etwa 960 Kilometern erleuchtet sei. Euler vermutete

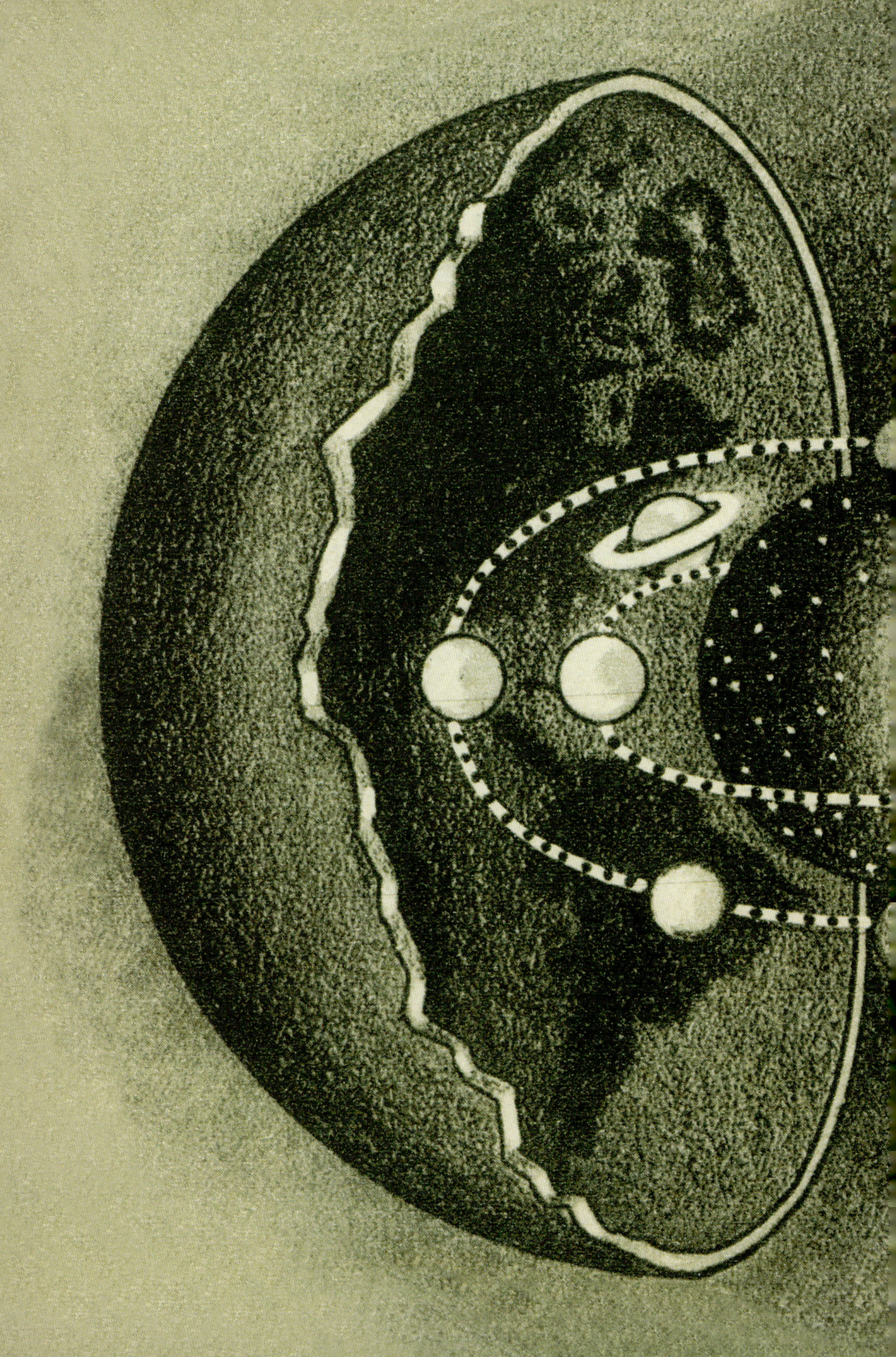

VORHERIGE SEITEN: Das Schaubild der hohlen Erde des deutschen Wissenschaftlers Karl Neupert aus dem Jahr 1933 zeigt den Aufbau eines innerirdischen Sonnensystems.

zudem, dass diese innere Welt von einer fortschrittlichen Zivilisation bewohnt sei. Der schottische Mathematiker Sir John Leslie wollte es nicht dabei belassen und stellte die Theorie auf, dass sich im Erdinneren zwei Sonnen befänden, die er Proserpina und Pluto nannte.

1818 verschaffte John Cleves Symmes Jr., ein exzentrischer ehemaliger US-Armeeoffizier und Geschäftsmann, der Theorie wieder neue Aufmerksamkeit. Dabei ignorierte er, dass diese sämtliche modernen Erkenntnisse über die Geologie der Erde außer Acht ließ. Ebenso wie Halley vertrat Symmes die Ansicht, dass die Erde ein hohles Gehäuse sei. Die Außenschale war laut seinen Angaben 1280 Kilometer dick und umgab drei innere Hohlkugeln. Jede hatte zwei Öffnungen, die sich von der innersten Hülle bis zu den beiden Polen erstreckten. Diese Öffnungen wurden zu seinen Ehren Symmes-Löcher genannt. Ebenso wie die Theorie der Magnetinsel *Rupes Nigra* (siehe S. 152) mit ihrer komplett fiktiven Geographie des Nordpols, wo das Wasser der Welt angeblich in ein gigantisches Loch hinabstürzte, entwickelte die Theorie der hohlen Erde bald ein Eigenleben. Symmes forderte die Aussendung einer Expedition zum Nachweis seiner Theorie und rief zu Spenden für diesen Zweck auf. Der amtierende Präsident der Vereinigten Staaten, Andrew Jackson, sprach sich 1829 allerdings gegen die Expedition aus. Symmes starb in dem Jahr. Einer seiner Anhänger jedoch, ein Zeitungsherausgeber namens Jeremiah Reynolds, setzte sich weiter für die Aussendung einer Expedition ein, um die Symmes-Löcher zu finden. Reynolds brachte die Organisatoren der Expedition jedoch so gegen sich auf, dass er nicht an der großen US-Forschungsexpedition 1838–1842 teilnehmen durfte, obwohl deren Zustandekommen in erster Linie ihm zu verdanken war. Die Expedition brachte allerdings keineswegs Neuigkeiten über ein riesiges Loch am Südpol mit, sondern nur wertvolle neue Informationen über die Antarktis.

Es ist hinlänglich bekannt, dass manche Menschen bei der Rechtfertigung ihrer Ideen einen unendlichen Einfallsreichtum entwickeln können, dennoch war Marshall Gardner ein ganz besonderer Vertreter dieser Spezies. Im 19. Jahrhundert war die Welt fasziniert von der Entdeckung mehrerer perfekt erhaltener Wollhaarmammuts im Eis Sibiriens. In seinem 1913 erschienenen Buch „A Journey to the Centre of the Earth" vertrat Gardner die These, dass die Mammuts im Erdinneren gelebt hätten, gewärmt von der inneren Sonne. Als sie jedoch aus dem nördlichen Symmes-Loch herausgewandert waren, seien sie in Sibirien erfroren, was ihren perfekten Erhaltungszustand erklären würde. Normalerweise schreiben wir eine solch blühende Phantasie den Menschen des Mittelalters zu!

Hawaiki, Die Heimat der Polynesier

Verlorene Heimatländer werden schnell zu utopischen Gebilden. Es scheint, als hätten die Polynesier in mehrfacher Hinsicht die Utopie, aber auch den Namen ihrer legendären Heimat Hawaiki auf ihren Reisen zu neuen Inseln mitgenommen. Die Bezeichnung ist in den unterschiedlichen Gegenden des Pazifiks ähnlich – Hawaiki in Neuseeland, Hawaii, Avaiki oder, wie auf der Osterinsel, Hiva.

In ihren uralten mündlichen Überlieferungen berichten die Polynesier davon, wie sie ihre Heimat, eine versinkende bergige Insel namens Hawaiki, in ihren Auslegerkanus verließen. Dieser Bootstyp ist heute immer noch im Gebrauch. Hawaiki soll bei den ostasiatischen Inseln gelegen haben. Auch Taiwan wurde als mögliches Heimatland vermutet, obwohl es eindeutig nicht untergegangen ist und nicht zu dem beschriebenen Land passt. Die Polynesier verwendeten auf ihren Reisen die klassischen frühen Methoden der astronomischen Navigation sowie einen Trick, den auch Kolumbus später nutzte: Sie verfolgten bei der Suche nach Land die Richtung des Vogelflugs. Alles, was sie zum Überleben an einem neuen Ort benötigten, führten sie mit sich, einschließlich Werkzeuge und Nahrungspflanzen wie die Süßkartoffel (Kumara). Um eine genetisch gesunde Population aufrechterhalten zu können, wäre eine ganze Flotte solcher Kanus für die Migration nötig gewesen. Die Maori erzählen in ihren Legenden, dass sich etwa 40 große Boote auf die Reise nach Neuseeland (Aotearoa) gemacht haben.

Es gibt nur ein kleines Problem bei dieser Theorie der Wanderung der Polynesier von den ostasiatischen Inseln in die Pazifikregion, das darauf schließen lässt, dass die polynesische Migration nicht so geradlinig verlief wie dargestellt: die Süßkartoffel. Ursprünglich ist sie im tropischen Amerika beheimatet. Wie gelangte die Süßkartoffel bei ihrer Reise von Ostasien in den Pazifik? Die Kumara, *Ipomoea batatas*, mit ihrem hellen orangefarbenen Fruchtfleisch war ohne Zweifel das Hauptnahrungsmittel der Maori, die etwa 1000 n. Chr. in Neuseeland ankamen. Die Süßkartoffel wird hingegen in Südamerika seit 5000 Jahren kultiviert.

Die Darstellung aus dem 19. Jahrhundert zeigt den Tongariro und den Ruapehu mit Einheimischen in ihren Booten. Die beiden Vulkane gehören zum Taupo-Vulkanplateau, auf dem der größte bekannte Vulkanausbruch stattfand.

In einer weit, weit entfernten Galaxie

Was wären wir ohne *Terra incognita*, diese Spielwiese unserer Fantasie? Ohne Länder jenseits der Säulen des Herakles, im geheimnisvollen Orient des Mittelalters oder in den Mondbergen? Angesichts einer Welt, die infolge von Entdeckungen und dem wachsenden Verständnis ihrer Geographie zusammenschrumpfte, schienen wir uns jeglichen unbekannten Raums beraubt zu haben, in dem die menschliche Einbildungskraft umherschweifen konnte. Ende des 19. Jahrhunderts versuchte man durch die Erkundung mystischer Künste die Tür zu neuen Welten aufzustoßen – von der Wiederentdeckung der Hexenkünste bis zu Hypnose, Kartenlesen und Totenbeschwörung. Auch die Wissenschaft beteiligte sich mit neuen Ideen daran. Zur Erklärung der Verbreitung der Spezies wurden imaginäre Kontinente erschaffen.

Während wir uns von zwei albtraumhaften Weltkriegen erholten, in denen viel grausamere Monster erschaffen wurden, als wir sie je aus dem Reich der *Terra incognita* erwartet hatten, taten sich neue Herausforderungen auf. Die Welt der Psychologie entwuchs den Kinderschuhen und wurde sowohl ein ernst zu nehmendes Forschungsgebiet als auch ein modischer Zeitvertreib. Alexander Pope, der scharfzüngige Satiriker des 18. Jahrhunderts wird häufig mit dem Satz zitiert: «Das eigentliche Studium der Menschheit ist der Mensch selbst.» Aber auch ein weiteres warnendes Zitat Popes sollte bedacht werden: «Ein bisschen Lernen ist gefährlich. Entweder man nehme einen tiefen Schluck, oder man probiere lieber nicht von der pierischen Quelle.»

Die Technologie hat uns auch die Gabe der Fische verliehen, die Fähigkeit, uns unter Wasser zu bewegen. Dank Tiefseetauchbooten können wir sogar in unvorstellbare Tiefen der Unterwasserwelt vorstoßen. Meeresbiologie und Ozeanographie wurden populär und faszinierten die Welt, während die Unterwasserwelt ihre Geheimnisse preisgab.

1957 schienen sogar die Sterne in Reichweite. Russland versetzte die Welt in Erstaunen, als es einen Satelliten mit Namen „Sputnik 1" in die Erdumlaufbahn schickte. Unsere Welt würde nie wieder dieselbe sein, und die Formulierung «das Universum, Reise in unbekannte Welten» erschien in unzähligen Publikationen. Mit der Eskalation des Kalten Krieges zwischen Russland und den Vereinigten Staaten weitete sich dieses Ereignis zur sogenannten Sputnik-Krise aus und führte zum Wettlauf um die Vorherrschaft im All. Es wurde aber nicht nur eine Tür zur Welt der Raketentechnik und Astrophysik aufgestoßen, sondern auch in eine Welt der Fantasie. Angesichts der realen – wenn auch sehr entfernten – Möglichkeit, auf andere Welten und intelligente Lebensformen zu stoßen, wurden Science-Fiction-Romane zunehmend beliebt. Auch der Blick zurück kam dabei in Mode. Wurde die menschliche Rasse in der Vergangenheit von Zivilisationen besucht, mit einem weit höheren Stand der Technik als unserem?

Obwohl viele der veröffentlichten Bücher eher Fantasy als Wissenschaft waren, gab es durchaus einige, die den ernsthaften Versuch unternahmen, sich mit den unerklärten Rätseln unseres Planeten auseinanderzusetzen. Zu ihnen gehören beispielsweise die Nazca-Linien auf dem Wüstenhochplateau von Peru, die von weit oben wie ein riesiger Wegweiser für antike Astronauten wirken. Ob eine Theorie wirklich stimmt, ist nicht so wichtig wie die Tatsache, dass wir uns bemühen, in den Rätseln unserer Zeit einen Sinn zu erkennen. Wir akzeptieren nicht mehr die konventionelle Deutung unserer eigenen Geschichte, sondern stellen alles infrage und forschen nach neuen konkreten Beweisen.

In dem Glauben, unsere Geschichte zu kennen, aber ohne genaue Vorstellung von unserer weiter entfernten Vergangenheit, könnten wir uns als die Kinder erweisen, als die der ägyptische Priester in Platons Dialogen die Griechen bezeichnete. Heute beginnen wir, eine neue Geschichte zusammenzusetzen. Das wird eine faszinierende Reise. Wie sich gezeigt hat, ist unsere Welt weder unveränderlich noch wirklich zur Gänze erforscht. In der Vergangenheit haben wir so vieles entdeckt: neue Gebiete und Orte, an denen sich unsere Fantasie austoben und neue dunkle Monster erschaffen kann. Mit einem gewissen Abenteuersinn werden wir in unserer Zukunft aller Voraussicht nach noch mehr Aufregendes finden als in all der Zeit, in der die *Terra incognita* die Weltkarten beherrschte.

RECHTS: Das All, das nächste Gebiet für Entdeckungen.

Weiterführende Literatur

Aughton, Peter. *Die Geschichte der Astronomie – Von Kopernikus bis Stephen Hawking.* NATIONAL GEOGRAPHIC DEUTSCHLAND, Hamburg 2009.

Baker, Sir Samuel White. *The Albert N'yanza; Great Basin of the Nile, and Explorations of the Nile Sources. Vol 1.* Adamant Media Corporation, Chestnut Hill, Massachusetts, 2001.

Bartlett, Robert. *Die Geburt Europas aus dem Geist der Gewalt.* Kindler, Reinbek, 1996.

Bawlf, Samuel. *The Secret Voyage of Sir Francis Drake: 1577–1580.* Penguin, London, 2004.

Bergreen, Laurence. *Marco Polo: From Venice to Xanadu.* Reprint edition. Vintage Books, New York, 2008.

Bianchi, Vito. *Dschingis Khan.* Patmos, Mannheim, 2007.

Bitterli, Urs. *Die Wilden und die Zivilisierten: Grundzüge einer Geistes- und Kulturgeschichte der europäisch-überseeischen Begegnung.* C. H. Beck, München, 2004.

Blake, John. *Die Vermessung der Meere: Historische Seekarten.* Theiss, Stuttgart, 2007.

Bohn, Robert. *Die Piraten.* Beck, München, 2007.

Bricker, Charles und R.V. A. Tooley. *Gloria Cartographiae. Geschichte der mittelalterlichen Kartographie.* Bertelsmann, München, 1989.

Carr-Gomm, Philip. *Magische Orte – Von Stonehenge bis zum Jakobsweg.* NATIONAL GEOGRAPHIC DEUTSCHLAND, Hamburg 2009.

Cook, James. *Entdeckungsfahrten im Pazifik: Die Logbücher der Reisen 1768-1779.* Edition Erdmann, Wiesbaden, 2005.

Dampier, William. *Freibeuter 1683–1691. Tagebuch eines Weltumseglers und Piraten.* Edition Erdmann, Wiesbaden, 1997.

Defoe, Daniel. *Umfassende Geschichte der Räubereien und Mordtaten der berüchtigten Piraten.* Robinson, Frankfurt, 1985.

Ehrenberg, Ralph E. *Mapping the World: An Illustrated History of Cartography.* NATIONAL GEOGRAPHIC, Washington D.C., 2005.

Elliott, John H. *Die Neue in der Alten Welt. Folgen einer Eroberung 1492–1650.* Wagenbach, Berlin, 1992.

Ellis, Richard. *Imagining Atlantis.* Alfred A. Knopf, New York, 1998.

Englisch, Brigitte. *Ordo orbis terrae. Die Weltsicht in den Mappae mundi des frühen und hohen Mittelalters.* Akademie Verlag, Berlin, 2002.

Exquemelin, Alexander. *Das Piraten-Tagebuch. Aus dem abenteuerlichen Leben des größten Freibeuters der Karibik.* NATIONAL GEOGRAPHIC DEUTSCHLAND, Hamburg 2009.

Fleming, Fergus (Hrsg.). *Legendäre Expeditionen: 50 Originalberichte.* NATIONAL GEOGRAPHIC DEUTSCHLAND, Hamburg, 2007.

Fowles, John. *Islands.* Little Brown, Boston, 1878.

Green, Peter. *Alexander der Große. Mensch oder Mythos?* Ploetz, Freiburg, 1984.

Hampden, John (Hrsg.). *Pirat im Dienst der Queen: Berichte, Dokumente und Zeugnisse des Seehelden und seiner Zeitgenossen 1567-1596.* Edition Erdmann, Wiesbaden, 2009.

Hapgood, Charles H. *Maps of the Ancient Sea Kings: Evidence of Advanced Civilization in the Ice Age.* Adventures Unlimited Press, Kempton, Illinois, 1996.

Harwood, Jeremy. *Hundert Karten, die die Welt veränderten.* NATIONAL GEOGRAPHIC DEUTSCHLAND, Hamburg, 2007.

Hatwood, John. *Die Geschichte der Völkerwanderungen – Zwischen Pioniergeist und Flucht.* NATIONAL GEOGRAPHIC DEUTSCHLAND, Hamburg 2009

Holm, Bill. *Eccentric Islands: Islands Real and Imaginary.* Milkwood, Minneapolis, 2000.

Horwitz, Tony. Cook. *Die Entdeckung eines Entdeckers.* Piper, München, 2009.

Horwitz, Tony. *Es war nicht Kolumbus: Die wahren Entdecker der Neuen Welt.* Mare, Hamburg, 2008.

Johnson, Donald S. *Die große Geschichte der Seefahrt: 3000 Jahre Expeditionen, Handel und Navigation.* NATIONAL GEOGRAPHIC DEUTSCHLAND, Hamburg, 2008.

Johnson, Donald S. *Fata Morgana der Meere.* Diana, München, 2000.

Joseph, Frank. *Der Untergang von Atlantis. Beweise für das jähe Ende einer legendären Zivilisation.* Amra, Hanau, 2010.

Krause, Arnulf. *Die Welt der Wikinger.* Campus, Frankfurt, 2006.

Las Casas, Bartolomé de. *Kurzgefasster Bericht von der Verwüstung der Westindischen Länder.* Insel, Frankfurt, 2005.

Le Carrer, Olivier. *Die Vermessung der Ozeane: Welt- und Seekarten von der Antike bis zur Neuzeit.* Delius Klasing, Bielefeld, 2009.

Magnus, Olaus. *Die Wunder des Nordens.* Hrsg. von Elena Balzamo und Reinhard Kaiser. Eichborn, Frankfurt, 2006.

Mandeville, John. *Reisen des Ritters John Mandeville. Vom Heiligen Land ins ferne Asien: 1322–1356.* Edition Erdmann, Wiesbaden, 2004.

Mann, Charles C. 1491: *New Revelations of the Americas Before Columbus.* Vintage, New York, 2006.

Morus, Thomas. *Utopia.* Übersetzt von Gerhard Ritter. Reclam, Ditzingen, 1986.

Mumford, Lewis. *The Story of Utopias.* Peter Smith, Gloucester, 1954.

North, Michael. *Europa expandiert. 1250-1500.* UTB, Stuttgart, 2007.

O'Meara, John J. *Introduction to The Voyage of Saint Brendan. John J. O'Meara*, Übersetzt von Colin Smythe. Gerrard Cross, England, 1991.

Polk, Dora Beale. *The Island of California: A History of the Myth.* Arthur H. Clark, Spokane, WA, 1991.

Polo, Marco. *Die Wunder der Welt: Die Reise nach China an den Hof des Kublai Khan. Übersetzt von Elise Guignard.* Insel, Frankfurt, 2009.

Ranke-Graves, Robert von. *Griechische Mythologie: Quellen und Deutung.* Rowohlt, Reinbek, 2003.

Ritchie, Robert. *Captain Kidd and the War Against the Pirates.* Harvard University Press, Cambridge, Massachusetts, 2005.

Robinson, Andrew. *Das Abenteuer der Vermessung: Vom Urmeter bis zum IQ.* NATIONAL GEOGRAPHIC DEUTSCHLAND, Hamburg, 2007.

Romm, James S. *The Edges of the Earth in Ancient Thought, Geography, Exploration, and Fiction.* Princeton University Press, Princeton, New Jersey, 1992.

Sammet, Gerald. *Die Welt der Karten: Historische und moderne Kartografie im Dialog.* Bertelsmann Lexikon, Gütersloh, 2008.

Schneider, Ute. *Die Macht der Karten. Eine Geschichte der Kartographie vom Mittelalter bis heute.* Primus, Darmstadt, 2006.

Schulz, Raimund (Hrsg.). *Aufbruch in neue Welten und neue Zeiten: Die großen maritimen Expansionsbewegungen der Antike und Frühen Neuzeit im Vergleich.* Oldenbourg, München, 2003.

Severin, Tim. *Auf der Suche nach Robinson Crusoe. Wer war der wahre Robinson Crusoe?* Magnus, Essen, 2004.

Shipman, Pat. *Mit dem Herzen einer Löwin: Lady Florence Baker und ihre Suche nach den Quellen des Nils.* Piper, München, 2006.

Sobel, Dava. *Längengrad: Die wahre Geschichte eines einsamen Genies, welches das größte wissenschaftliche Problem seiner Zeit löste.* Bvt, Berlin, 2005.

Sigurosson, Gisli (Hrsg.). *The Vinland Sagas.* Penguin, London, 2008.

Snyder, John P. *Flattening the Earth: Two Thousand Years of Map Projections.* University of Chicago Press, Chicago, 1993.

Zweig, Stefan. *Magellan: Der Mann und seine Tat.* Fischer, Frankfurt, 1983.

Danksagung

Mein besonderer Dank geht an Diana Hill, die dieses Buch inspiriert und unterstützt hat, und an Emma Hutchinson, die mit viel Freude sein wunderbares optisches Erscheinungsbild gestaltete. Sie beide sind wahre Goldstücke bei Murdoch Books Australia. Vielen Dank auch an Hugh Ford und Susanne Geppert für das prächtige Aussehen des Buchs und an Linda Brainwood für die Suche nach Karten und Grafiken.

Bildquellen

AKG Images: Cover, Seiten 61, 110–111, 115, 215, 227, 248, 263, 282–283
Beinecke Rare Book and Manuscript Library, Yale University: Seiten 230–231
Corbis: Seiten 2, 16, 148, 177, 196, 234–235, 278
Granger Collection: Seiten 130–131, 244–245, 256, 285
Library of Congress: Seiten 38–39, 190
München Bayerische Staatsbibliothek: Seite 37
National Library of Australia: Seiten 151, 206, 212–213, 218–219, 230–231
Picture Desk/Art Archive: Seiten 2, 12–13, 56–57, 72–73, 78, 88, 90–91, 94, 99, 118—119, 124–125, 134–135, 145, 157, 162–163, 174, 238, 243, 300
Photolibrary: Seiten 4–5, 9, 10, 19, 22–23, 26–27, 32–33, 42–43, 47, 49, 52–53, 54, 64, 70–71, 82–83, 87, 102, 106–107, 122, 140–141, 154–155, 160, 166, 180–181, 186–187, 200–201, 208–209, 222, 232, 258–259, 266, 271, 272–273, 277, 286, 289, 296–297, 303
State Library of New South Wales: Seiten 254–255

Register

B

H

I

J

K

L

M

P

Q

R

S

T

U

V

W

Y

Z

Titel der englischen Originalausgabe:
The Atlas of Legendary Lands.

Autorisierte deutsche Ausgabe veröffentlicht von NATIONAL GEOGRAPHIC DEUTSCHLAND
(G+J/RBA GmbH & Co KG), Hamburg 2012.

Mitarbeiter der deutschen Ausgabe:
Übersetzung: Wilma Kohler, Julia Paiva Nunes für twinbooks München
Lektorat und Satz: Melanie Goldmann, Jennifer Künkler für twinbooks München
Drucker: 1010 Printing International Limited
Titelgestaltung: Büro Hamburg

Printed in China
ISBN 978-3-86690-309-8